我的武大老师

（第二辑）

主　编　张发林

副主编　冯　林　李　琳

WUHAN UNIVERSITY PRESS

武汉大学出版社

李達

自强
弘毅
求是
拓新

序

大学老师之于大学的重要性不言而喻。自大学诞生之日起，老师就是大学办学的主体。“老师就是大学”(The Faculty is the University)，这是1944年物理学诺贝尔奖获得者拉比的一句名言，被世人视乎半个真理，因为更多的时候，是名师成就了名校，有好的老师才有好的大学。“大学之大在于老师之大”，主要是指大学要有尊重老师的传统和氛围，要有容忍老师的雅量和胸襟，要有成就大师的土壤和环境。大学老师作为学科知识的生产者和传播者、科学精神的倡导者、人文精神的守望者、大学传统的塑造者，是大学文化、大学精神不可或缺的重要组成部分。

武汉大学根深叶茂、源远流长，历经百余年的发展传承，积淀了厚重而独特的师德师风。黄侃、辜鸿铭、郁达夫、沈从文、闻一多、叶圣陶、朱光潜、杨端六、李剑农、李达、熊十力、刘永济、刘赜、唐长孺、吴于廑、韩德培、姚梅镇、马克昌、查谦、桂质廷、曾昭抡、高尚荫、汤佩松、李国平、杨弘远、叶雅各、夏坚白、王之卓、陈永龄、张瑞瑾、谢鉴衡、朱裕璧等先贤执掌教鞭、作育菁莪于斯；沉潜学术、著书立说于斯。当下更多的两院院士、人文社科资深教授、教学名师在这里为人师表、传道授业，以他们高尚的人格魅力和学识魅力引领一代代珞珈学子成长成才。在这里我们谨向王世杰、王星拱、周鲠生、李达等老校长们致敬，正因为他们秉持“办成一所有崇高理想、一流水准的大学”“多产生几个第一流的学者”之初心，高瞻远瞩，励精图治，罗致中外名师，延揽八方英才，才造就了武汉大学名师辈出、灿若星辰的局面，成就了武汉大学今日之地位、之声誉、之气象。

教育家梅贻琦先生曾就大学的师生关系作过精彩阐发：“学校犹水也，师生犹鱼也，其行动犹游泳也。大鱼前导，小鱼尾随，是从游也。从游既久，其濡染观摩之效自不求而至，不为而成。”这就是教育学上著名的“从游论”。即使放在今天来看，“从游”的师生关系仍然是最为理想、最为融洽的师生关系，体现了知识传播与价值引领的统一、言传与身教的统一、“经师”与“人师”的统一、“良师”与“益友”的统一。这本书所呈现的就是一卷栩栩如生的“珞珈从游图”。

武大校友喻杉以树木来比喻武大师生显得尤为精当：“那些新栽下的树，纤弱，稚嫩，但是生机勃勃，就像刚刚走入校门的新生；那些正值壮年的树，郁郁葱葱，正在撑起一片蓝天，就像那些在讲台上讲课，在实验室里研究的先生；而那些饱经沧桑的老树，树干布满了皱纹，每一条皱纹里，都包含着武大的历史，多像武大的老教授和老校长们。”“十年树木、百年树人”，树木树人自古就有关联，相得益彰，相映成趣。如今的珞珈嘉木葳蕤，一位位名师就是珞珈山上的一棵棵大树，他们顶天立地、开枝散叶；他们栉风沐雨、守望相助；他们坚韧不拔、勇于担当；他们摇曳多姿、站成风景。珞珈正因为大树和名师，才成为教书之人和读书之人的有福之地，才成为蜚声中外的科学渊薮和人文圣殿。

今天，藉由在这里负笈受教过的学子们的独特视角来讲述、感知几代珞珈名师们的为学、为师、为人之道，未尝不是一件文化盛事，相信一定有所裨益于后学、有所助力于当下。通过对师生之间点滴往事的回忆，再现珞珈名师耳提面命、春风化雨之场景；揭橥珞珈名师诲人不倦、金针度人之苦心；流布珞珈名师提掖后学、捧土培根之情怀，我们得以再次走进数代珞珈名师如烟岁月和为师境界，感悟百年珞珈历久弥新的名师文化和名师精神。

师泽绵长，薪火相传。武汉大学流传着“章黄学派”、“珞珈三女杰”、“哈佛三剑客”、“五老八中”、“吴唐时代”等等诸多学人传奇故事，细细品味，我们不难发现珞珈名师身上所体现的匡时济世、奋斗不止的“自强”精神，坚韧刚毅、志向超迈的“弘毅”精神，朴实勤严、追求真理的“求是”精神，锐意进取、勇创一流的“拓新”精神，值得新时期的我们进一步弘扬光大。

讲述珞珈黉门故事，传承珞珈名师精神，赓续优良办学传统，弘扬优秀大学文化，造就一批有理想信念、道德情操、扎实学识和仁爱之心的老师，汇聚一批安心教学、潜心治学、悉心育人的老师，是今天的武汉大学得以行稳致远、加快建设“双一流”步伐的力量之源，我们还要为之不懈努力。

珞珈山高，东湖水长，先生之风，山高水长。

目　录

CONTENTS

001　经学大家吴林伯…………………………易中天　陈书良

007　珞珈山下问学人

——忆父亲李健章………………………………李维武

014　我的老师朱东润先生………………………陈尚君

019　怀念曾卓老师……………………………高伐林

025　吾师陈美兰先生…………………………陈思广

031　我眼中的易中天师………………………郑世平

038　石屋二老：纪念任凯南、李剑农两教授……夏道平

043　特立独行的罗家伦师………………………金绍先

048　谭戒甫先生的治学之道……………………罗运环

055　回望珞珈山的师长们………………………吴令华

064　史学大家吴于廑……………………………陈　勇

075　永远的导师刘绪贻先生……………………徐以骅

081　慈母严师李涵先生……………………杨　果　张星久

085　我的老师陈勇教授………………………邹　翔

090　纯粹学者张颐……………………………张文达

096　回忆江天骥先生…………………………陈　刚

102 我的大学时光…………………………………………………… 朱九思
106 为学术而学术的祖陶师……………………………………………… 段德智
114 我的恩师李维武教授…………………………………………………… 薛子燕
119 漫游者富春师……………………………………………………… 张永恒
124 吾父吾师燕树棠……………………………………………………… 燕今伟
132 我的乐山之师………………………………………………………… 王铁崖
135 激情讲述与董辅礽有关的故事…………………………………… 邹恒甫
143 我永远的老师曾启贤先生………………………………………… 朱 玲
149 我的老师我的母校…………………………………………………… 陈东升
154 吾母吾师朱君允…………………………………………… 熊性淑 熊性美
160 吾师吾父缪朗山……………………………………………………… 缪铁夷
165 教诲将伴笔耕老
——我与老师范敬宜的点滴往事………………………………… 王慧敏
177 清泉心上流
——忆我的恩师樊凡………………………………………………… 单 波
180 我的乐山老师………………………………………………………… 吴鲁芹
187 先师曾昭安先生…………………………………………… 洪伯阳 魏木林

192　武大来的数学家孙本旺先生…………………………………………………　滕叙兖
198　追念张资珙教授………………………………………………………………　若　华
208　恩师俐娜院士…………………………………………………………………　蔡　杰
213　我的导师杜予民教授…………………………………………………………　冯　涛
217　我的导师雷爱文………………………………………………………………　石　炜
221　师者之师邓子新………………………………………………………………　陈　实
228　我的父亲石声汉………………………………………………………………　石定扶
238　恩师弘远院士和周嫦先生……………………………………………………　孙蒙祥
247　我眼里的恩师朱英国院士……………………………………………………　黄文超
256　我最敬仰的赵师梅老师………………………………………………………　俞大光
265　恩师谭声乙先生………………………………………………………………　吴裕煜
269　怀念老师俞忽教授…………………………………………　栗一凡　潘基礩
274　怀念我的老师张蔚榛院士……………………………………………………　张家发
278　我的老师邵象华院士…………………………………………………………　张兴钤
284　我与老师夏军院士……………………………………………………………　左其亭
288　吾师晓红校长…………………………………………………………………　冯　淦
294　回忆夏师坚白…………………………………………………………………　高时浏

305 我的老师陈永龄教授……………………………………………… 陈俊勇
313 我的导师李德仁院士……………………………………………… 龚健雅
321 测绘世界文化遗产的朱宜萱先生………………………………… 张　帆
327 我的老师张祖勋院士……………………………………………… 胡翔云
331 我的老师和朋友刘经南院士……………………………………… 徐培亮
335 恩师建成院士……………………………………………………… 徐新禹
339 我的老师和革命引路人陈潭秋…………………………………… 伍修权
348 后记

经学大家吴林伯

易中天　陈书良

我的指导老师吴林伯

易中天

如果说，我的文集第一卷《高高的树上》，代表了我的第一个梦——文学梦，那么，本卷和第三卷《艺术人类学》，就代表了我的第二个梦——学术梦。这个梦，始于1978年。这年，我以同等学力考入武汉大学读研究生，开始了读线装书的生活。而且，就在入学前不久，我的女儿也出生了。显然，我必须告别过去，重启未来。

这是我人生的第二次转折。第一次，是1965年高中毕业，奔赴边疆，参加生产建设兵团，从“学生娃娃”转变为“革命战士”。这次，则要由“革命文青”转变为“青年学人”。从边疆到内地，从农场到高校，从实践到理论，从创作到研究，从干活到治学，几乎一百八十度。这个弯，不好转。

幸运的是，我的运气非常之好。1978年，是“文革”后第一次招收研究生，学校上上下下极为重视。各系各专业，都派出最好的教师。中文系的古代汉语专业，是周大璞先生讲训诂，李格非先生讲音韵，夏渌先生讲文字，皆为一时之选。古典文学专业，则由胡国瑞、干启兴、吴林伯、刘禹昌、吴志达、苏者聪、毛治中诸先生组团，共同担任导师，堪称豪华阵容。更重要的是，两个专业，都要到1981年才招第二届。也就是说，这么多的“顶尖高手”，三年间就只带我们几个徒弟。现在想来，真觉得是“太奢侈”了！

第三年，写论文。我报的选题，是《文心雕龙》。于是，导师组指定吴林伯先生，担任我学位论文的指导教师。先生是湖北宜都人，早年毕业于“国立师范学院”国文系，后入复性书院，师从马一浮、熊十力诸大师。由是之故，先生于群经诸子，造诣极深。对刘勰的《文心雕龙》，更是付出了毕生精力。所著《〈文心雕龙〉义疏》，共一百万字，在先生去世四年后的 2002 年，由武汉大学出版社出版。而这部巨著在当年，却是我们的教材。

教材是油印的。所谓“油印”，就是用铁笔和钢板，一笔一画，一个字、一个字地，刻在蜡纸上，然后用油墨印刷。这样的课本，现在是看不到了。我们上课，就用这个。课毕，先生提着饭篮，和我们一起穿过操场，到对面小山包上的教工食堂去买饭。先生一辈子吃食堂，茹素，因此我总怀疑他老人家营养不良。后来，每次回武汉，便总要请先生到宝通禅寺吃素宴。又故意多点些，打了包让先生带回，多少算是改善。

先生对生活要求很低，对学术要求很高。成为我的指导教师后，第一件事就是要我用毛笔在宣纸上，把《文心雕龙》五十篇抄一遍。然后到他家里，当面用朱笔点断。那时住房条件很差。给我的待遇，是在先生的书桌旁放一张方凳，算是小书桌，然后坐在小板凳上读书。书，主要是两本，一本是范文澜先生的，即《〈文心雕龙〉注》；一本是吴林伯先生自己的，即《〈文心雕龙〉义疏》。那时这本书还没有出版，只有油印本和手稿。但先生为我“开小灶”，准许我读，准许我用，不怕我“偷”，也相信我不会“偷”。这样，直到先生认为过关，才回到宿舍写论文。所以，我的学问，不是坐“冷板凳”，而是坐“小板凳”做出来的。

论文的撰写，也有一个漫长的过程。先是写提纲。先生看过，提出意见，改；再看，再提意见，再改。如是者三。然后成文。仍是先生审阅，提出意见，改；再审，再提意见，再改。又如是者三。吴林伯先生通过后，又请胡国瑞先生和王启兴先生审看，提出意见，再改。最后，才是打印出来，正式送审，提交答辩。

现在想，80 年代的风气，实在是好。评审专家中，山东大学的牟世金先生跟我的导师吴林伯先生，学术观点是有分歧的，两人也不同门派。但牟先生对我的论文，仍给予很高的评价，毫无“门户之见”。1983 年在青岛开“《文心雕龙》研讨会”，牟先生还发函邀请吴先生和我与会，坐而论道。武汉大学哲学系的刘纲纪先生，在某些学术问题上，也跟吴先生意见不同。论文答辩时，我跟纲纪先生当面争论，针锋相对，面红耳赤。旁边同学看了，都捏把汗，刘先生却不以为忤。最后投票时，给我的成绩，也是“优等”。

显然，牟先生和刘先生的态度是：我不管你哪门哪派，也不管你跟我的观点是否相同，只管你论文做得好不好。因此，哪怕我坚决反对你的意见，只要你说得够水平，我就给你打高分！相反，则不通过。比如我的一位同学，当年就没有拿到学位。

这就是老一辈学人的风范。这样的风范，我觉得很需要弘扬。

嵚崎磊落林伯师

陈书良

1978 年，我以一个搬运工人的身份考取武汉大学，与今厦门大学易中天教授一起成为吴林伯先生最早的研究生。吴先生给我们上小课，总是在他家的客厅。讲课讲到入神处，先生往往闭目而谈，如入禅境。有次课后，师母留我吃饭，先生说起自己出身于贫苦农民家庭，从小笃志好学，1939 年考入国立师范学院(在湖南蓝田)国文系学习，直至毕业，师从著名学者马宗霍、锺泰、骆鸿凯等。我告诉他，我的先外祖父刘永湘先生当年亦在蓝田国师国文系任教，马宗霍、骆鸿凯等先生与我家还是通家之好。他听了十分惊喜，口里喃喃自语：“因缘，因缘！”

有次饭后，我向吴先生诉说考研之不易。在长沙，我是以“反动军官”之子、搬运工人的身份，顶着压力参考的。湖南一些老先生如周秉钧、马积高、何泽翰先生再三勉励我：“四人帮”粉碎了，上面政策开明了，就要勇敢地站出来响应，考就一定要考好！吴先生听了，沉思良久，说：“天下事一样，党中央虽然决心拨乱反正，各地都还有人阴着对抗，当年他们凭‘白卷’统治了学校，现在他们不愿意将学校交还给真正的学术。那么，我们就更要好好教，认真学，以实际行动与中央呼应。”类似这样的话，吴先生说过很多。这样的交流，这样的在“极左”坚冰融化之时师生之交流，我以为同样是一种“因缘”。

有些浅人，总凭道听途说，将吴先生说成食古不化、不问政治的迂朽之人。其实吴先生虽然不事钻营、不懂官场，但他也有学术报国的一腔热血，是一位爱国的正直的纯粹的学者。20 世纪 70 年代后期，武汉大学刚刚结束“文革动乱”，百废待兴；这时，吴先生鲜明地提倡“朴学”。这也招致了一些人的非议和诘难，甚至还有人因此嗤笑我和易中天。

“朴学”一词当然出自《汉书 · 儒林传》，诸儒注释，明明白白。而吴先生提倡之朴学，我以为内涵有二，一是强调从经学入手。这一点吴先生恪守他的本师马一浮先生的教导。1957 年春，马一浮先生至曲阜阙里朝孔，先生与同门高赞非请见，马一浮先生问曰：“相别三年，汝治何学？”先生回答说：“研精《论语》。”马一浮先生曰：“汝得读书之次矣。”二是重在训诂，实事求是。先生认为“朴”之言实，实则不浮。如《〈文心雕龙〉义疏》是先生一生心血之最重要的结晶，其独创的义疏体例，就体现了朴学之风。他说自己撰述《〈文心雕龙〉义疏》是“属词比事，能研诸虑，观澜以索源，援古以正今，树骨于典训，选言于宏富，术极数殚，终焉守故，而理物日新，必超前辙。”试读《义疏》确实是以训诂为本，援古索源，下足了朴学工夫。

记得 1980 年，我快毕业，选报的毕业论文是《〈文心雕龙〉释名》，亦即是对《文心雕龙》中有关理论术语的探究。在这之前，我遵照先生的治学途径，对《文心雕龙》的七八个校注本进行了三次仔细校注，写出《〈文心雕龙〉校注辨正》，此文被上海《中华文史论丛》分三次刊登。吴先生很高兴，认为这是对我从训诂考证入手的治学途径的首肯。后来《〈文心雕龙〉释名》延迁至2004年由日本首版，2007年国内出版，先师已殁，我悲从中来，于是敦请同门方铭教授赐序，封面上亦标明吴门弟子，以示缅怀。

吴先生尝自谦云唐以后的文学书籍，他只读杜甫和鲁迅，实际上他博极群书，兼治佛道经典。有些人借机说他不准学生读唐以后诗文，是误解了他恐怕学生分心、强调先秦魏晋的良苦用心。其实吴先生是很通达的。1980年年末，我在吉林《社会科学阵线》上发表了一篇对李商隐《无题》诗的笺释，起初我还担心先生会不高兴，孰料先生读完论文后，说："你将义山诗'沧海月明珠有泪，蓝田日暖玉生烟'释为上句写女，下句写儿，都是悼亡常用，没有扯上那些莫名其妙的美学意象，这就对了。"他高兴地告诉其他老教授，还奖励我一套乾隆年间精印东柯草堂刻本《李义山集笺注》。

吴先生生活俭朴，治学以勤，每日必健行数里，而后闭门读书，手不释卷。其《〈文心雕龙〉义疏》一百余万言，竟用毛笔小楷抄写，有七稿之多，积稿达两尺，此系我亲眼见之，当时心灵震撼。他曾在《马先生学行述词并赞》中说："不惧我书与粪土同损，烟烬俱灭；亦不冀君山复出，以为绝伦必传，好学修古，实事求是，鞠躬尽瘁，死而后已。"我以为，这也是先生高尚学者生涯的写照。

先生一生坎坷，以生许学，视权势为异途，弃名利如敝屣，本不应受世俗物累，但因正道直行，不识虚委，在"文革"中，以及"文革"后，常受到某些当途者的仇视，以致同事之中好学之士欲及门下拜，便招白眼，更有人必欲以打击先生之气节、贬低先生之成就为乐事。白眼横加之时，惟蕲春黄焯教授，国学名家，深爱接之。吴先生之此种遭遇，令人唏嘘。故此，我毕业离校之际，行囊在肩，两次拜别，又两次重新叩见，放不下心来。而先生对我说的还是平时常说的那句话："非议再多，坚定不移；处境再窘，坚定不移；困难再大，坚定不移。"并且握着我的手说："与书良共勉。你放心去吧！"

1981年年底，我回长沙供职，十几年来，我只看望过先师一次。我听说，由于先生恪守“朴学”之道，被学术界的时尚之人视之为异类，但他绝不“侮食自矜，曲学阿世”，闭门著书成为他对人生的最后一点希望。

1989年岁末，我接到先生从山东曲阜来谕，云：“吾门好学、能文章者惟贤，师母谢世，贤挽舜悽切，人到于今称之。愚以七月南归，决不复出，将息影湖山，以读书为务，伴奂优游，聊以终身。盼与我一联，就贤与愚共学，愚尝师事马一浮、熊十力诸大师问故命意属词，当即交荣宝斋精装，悬诸座右以自励也。”读信之余，我体味出先生所处之逆境，几次捧诵，泫然涕下。然而，由于冗务种种，我竟至今没有交出先生之命题。这也成为我的终生之憾。

四十年来，师训一日不敢忘，师恩一日不敢忘。无论多么阔气的、名盖宇内的大师向我招手示意，我都谢辞行弟子礼，因为我的先生只有一人，那就是宜都吴林伯教授。

（易中天一文选自《易中天文集》，上海文艺出版社2011年版，作者1981年毕业于武汉大学中文系，系知名学者、作家，厦门大学教授；陈书良一文选自《光明日报》2016年10月28日09版，作者1981年毕业于武汉大学中文系，系湖南商学院教授）

珞珈山下问学人

——忆父亲李健章

李维武

珞珈山，因武汉大学建校于此而闻名于世，已有近 90 年时间。在这悠悠岁月中，有多少读书人在此求学、问学、教学，把自己的人生与学问同这所大学和这座山联系在一起。我的父亲李健章先生，就是这样一位珞珈山下的问学人。

父亲是安徽合肥人，1912 年 8 月 13 日出生于当地的农村家庭。由于当时乡间的闭塞和家庭的守旧，父亲在 19 岁以前没有受过新式教育，既没有上过小学，更没有读过初中，所受到的还是传统教育，所学习的只是四书五经。对新教育新知识新生活的渴望，促使父亲千方百计寻找走出乡间的求学道路，终于在 19 岁时获得了进入城市接受中学教育的机会。经过高中阶段的发愤学习，父亲不仅补上了以前没有接触过的英语和数理化课程，而且于 1935 年成功地考取国立武汉大学中文系，由此开始了珞珈山下的问学生涯。对于这来之不易的大学生活，父亲是倍加珍惜。

但父亲开始大学生活的时候，正是中华民族因日本发动侵略战争而遭遇空前灾难的时代。父亲在武汉大学的学习生活，以 1937 年全面抗战爆发为界，大体上分为前后两个时期。大学一二年级时，由于武汉处于相对稳定的和平环境中，因而能在珞珈山下的新校园内安心学习；随后的大学三四年级，则是在战争环境中度过的，经历了随学校迁往四川乐山的长途跋涉，以及在乐山简陋校舍中的艰苦读书生活。然而，即使是在颠沛流离的日子里，父亲也没有放松学习而虚度时光。四年下来，父亲学习成绩在班上名列前茅。我在少年时曾看过父亲保存的当年成绩单，至今还清楚地记得上面绝大多数课程的成绩都是优秀，包括体育课也是优秀。这对缺乏新式教育基础的父亲来说，确实是不容易的；更何况读大学的后两年处于动荡不安的战争环境中，这就更不容易了。

大学四年级时，父亲以墨子思想研究为题，完成了大学本科毕业论文。这本论文至今保存在武汉大学档案馆中。20 世纪 90 年代中期，我曾在学校档案馆里查找到这本论文，借出来给父亲看过。论文是用毛笔小楷誊抄，书写在统一的竖行论文稿纸上，然后将抄写好的单面稿纸对折成双面，配上牛皮纸做的封面、封底，用白线装订成册，外观如同线装书一样。父亲看到半个多世纪前撰写的论文，竟然在经历时代巨变后仍然完好地保存着，十分高兴，感慨万千。他对我谈到，当时选这个题目做论文时，中文系没有老师愿意指导，因为中文系的先生们受传统学术影响很深，重视的是音韵学、文字学、训诂学研究，而对这种思想史性质的研究，既不甚了解，也不屑去做。最后中文系只好请了一位哲学系的先生，指导父亲完成了论文；但由于这位先生不是中文系的教师，所以在论文封面上没有署指导老师的姓名。这大概是父亲毕业论文最为特别的地方。父亲后来从事中国文学史研究，重视古代文学作品中的思想史因素，从大学毕业论文中实已显露出端倪。

在那个战火纷飞的岁月里，父亲虽然是在大后方求学，但也和无数中国民众一样，目睹过日本侵略者的野蛮屠杀，有过死里逃生的亲身经历。1939 年 8 月，日军飞机空袭乐山，对武汉大学校舍狂轰滥炸。当时父亲正与两位同学在宿舍中，被炸弹、大火和爆炸声所包围，不远处就有多名同学被炸身亡。这两位同学，一位高度近视，一位腿脚残疾，行动起来本不便利，何况遭遇这种紧急情况。在这命悬一线之际，父亲没有独自逃生，而是以其高大的身材和机灵的脚步，带着这两位行动不便的同学一同突围。他们先是跳进宿舍前的水塘中，躲过了敌机的轰炸，然后又钻出水塘，全身泥水冲过熊熊大火，终于跑出了险地。这一经历，成为了父亲四年大学生活中最为刻骨铭心的记忆，也是他毕业离校前交给母校的一篇精彩人生答卷。

大学毕业后，父亲在四川江津的国立第九中学任教两年，于 1941 年回到武汉大学中文系任教。1946 年至 1947 年，父亲曾前往安徽大学任教；一年后，应武汉大学之召重返母校。这时的武汉大学已经从乐山迁回珞珈山，发生了震惊中外的“六一”惨案，由国民党军警开枪杀害三名武大学生所引发的悲愤情绪弥漫着校园。为了纪念这一惨案中的死难者，学校准备修建一亭，亭中树立一碑，碑上镌刻纪念文字。文学院院长刘永济先生找到回校不久的父亲，希望他来承担撰写碑文的重任。在当时白色恐怖十分严重的局势下，承担这一任务是要冒极大风险的，这一点父亲当然清楚。父亲那时只是一个无党无派的普通青年教师，完全可以推脱此事以保自己的安全；但他又是一个具有正义感的人文知识分子，深感在这时代和历史的大是大非面前不能退缩和沉默。正是这样，父亲勇敢地承接了任务，撰写了纪念碑碑文和死难三生传。这两篇文字，分别镌刻于六一纪念碑的正面与背面，成为六一纪念亭最核心的组成部分。为了使这些文字不引起国民党当局的注意，父亲发挥了他深厚扎实的古文功底，使用了文言文的表达方式，以古奥的文字来记录这段黑暗的历史、表达悲愤的抗议。今年正值“六一”惨案发生 70 周年，我深深感到，此亭、此碑、此文已融入了武汉大学历史，成为了珞珈山下一道永久的风景。父亲给武汉大学留下的，有他的著述和他的学问，但我总以为，其中最重要的莫过于这些镌刻在石碑上的文字，和蕴含在这些文字中的精神。

自这次返回武汉大学后，父亲在以后半个世纪的漫长岁月中再未离开过珞珈山，在这里问学、教学，在这里成家、生活，在这里看着我们四个孩子的出生、成长，在这里由青年而中年而老年，直到 1998 年 6 月 12 日逝世于珞珈山边的学校医院。中华人民共和国成立后，父亲一直在武汉大学中文系任教，长期从事中国古代文学史的教学与研究，先后任讲师、副教授、教授，于 20 世纪 50 年代至 80 年代多次担任中文系系主任，并于 1979 年成为中国作家协会会员，担任过湖北省文联副主席、中国作家协会武汉分会副主席。

然而，不断的政治运动和担任的行政工作，过多地耗去了父亲中年时代宝贵的时间和精力，未能使他在科研上取得更多的成果。从20世纪70年代后期起，父亲下决心要把失去的时间争取回来，在科研上取得大的突破。但是这时他的身体状况已大不如以前，余下的时间显然也很有限。父亲经过认真考虑，改变了原来对中国古代文学史的多方面研究，而把晚年近20年的时间和精力全部投入到公安派研究中。公安派是晚明时期以袁宗道(伯修)、袁宏道(中郎)、袁中道(小修)三兄弟为核心的文学派别。三袁是湖北公安人，他们的文学思想一致、文学创作相通，因而被后人称为公安派。由于各种原因的限制，公安派长期以来不为人们所重视，认真深入研究者更少。父亲则从明清之际早期启蒙思潮开展的视域出发，对公安派予以了历史的考察和评价，揭示了这一派文学思想和文学创作的价值，希望通过自己晚年的努力对这一文化遗产加以发掘，既形成自己中国文学史研究的特色，又为后来的研究者提供进入这一研究领域的门径。同时，父亲还有一个想法：自己在湖北生活了几十年，应该为湖北做点有益之事，希望通过公安派研究，彰显湖北的文学贡献和文化传统，以报答自己的第二故乡。

晚年的父亲，独自一人以老迈之躯开展着这一研究。作为文学史家，他强调对历史上文学思想和文学作品的理解和阐释，一定要从可靠的史实和扎实的史料出发，因而他特别重视历史上文学家相关文献的搜集和考订工作。那时没有电脑和互联网，资料的搜集没有捷径可走，全靠一本本地看书，一字字地做笔记。因此，父亲成了学校图书馆古籍特藏部的常客。他当时对我说过，学校图书馆的线装书，他都摸熟了。不用查找图书检索卡，也不用图书馆管理人员的帮助，他就能知道哪本书放在哪个书架上，很准确地查找到。他还提示我，凡做中国古代文史哲研究者，都要如此熟悉图书资料。

但这一工作对父亲来说是十分艰难的。20世纪80年代，武汉大学图书馆古籍特藏部搬到了樱园山顶上的老图书馆内，那是武汉大学中地势最高的建筑。父亲那时已经70多岁了，为了查阅资料，经常一人拄着拐杖，艰难地前往图书馆。这一带本是他最为熟悉的，当年读书时就住在老斋舍，上面的图书馆是常去之地；但这时他已无力沿着老斋舍台阶直上樱园山顶，只好从樱园学生食堂旁边的环山路缓缓走向图书馆。每去一次图书馆，对父亲来说都是一次艰难跋涉。我有时也去图书馆，曾亲眼看到父亲的艰难行走，那情景至今记忆犹新。为了住得离学校图书馆近一些，父亲宁愿一直住在只有30多平方米的旧而小的二区老屋里，而不愿更换到稍大一点但路途较远的新房子。随着武汉大学图书馆在近年的扩建，这幢老房子已不复存在，只剩下门前的几棵高大的老樟树仍挺立在新图书馆的东侧。每当我看到这一道风景，总回想起父亲当年研究和写作的情景。

经过十多年的不懈努力，父亲的公安派研究取得了一批成果，在20世纪90年代初形成了三部书稿：《〈袁宏道集笺校〉志疑》、《〈袁中郎行状〉笺证》和《炳烛集》。在各方人士的帮助下，三部书稿合为一册，由湖北人民出版社于1994年出版。2012年，当父亲百年诞辰之际，三书再次合为一册，由武汉大学出版社纳入《武汉大学百年名典》丛书重新出版。这次重版，证明了父亲公安派研究的价值和著述的生命力。

我与父亲的治学领域并不相同：1977年，我参加恢复后的第一次高考，考入武汉大学哲学系，由此走上了哲学道路；以后，又相继考取武汉大学哲学系中国哲学专业硕士研究生和博士研究生，并留系从事中国哲学的教学与研究。40年来，我之所以沿着哲学道路一直走下来，受教受益于武汉大学哲学系诸多老师。当然在这里也有父亲的影响，只是这种影响大多不是通过耳提面命，更不是通过课堂讲授，而是通过潜移默化来发挥作用的。

父亲在珞珈山下求学、问学、教学，使我从小就生活在一个书香环境里，对读书学习兴趣盎然。即使是以后务农做工的十年中，我也从来没有放弃读书学习。正是在这种特殊的读书生活中，我萌生了对哲学的最初兴趣。1968年12月，我中学毕业离开武汉前往农村插队务农时，随身所带的东西，除了简单的生活用品外，还有一只木箱，箱中装的是从父亲书架上挑选的书籍。当时父亲正在驻校工军宣队办的学习班里学习，过着管理严格的半军事化生活，没有能够回家与我告别，这些书都是我自己挑选的，其中就有艾思奇主编的《辩证唯物主义历史唯物主义》。下乡以后，我在农村泥土屋的煤油灯下通读了这本书，这是我读的第一本专业性哲学教科书。尽管我进入武大哲学系读书后，发现在乡下时对这本书并非真正读懂了，因而又多次认真重读，但在那时的读书毕竟引发了我对哲学的最初兴趣。不管以后在哲学道路上走得多远，这最初的与哲学接触永远留在我的记忆中。1991 年，我的博士学位论文《二十世纪中国哲学本体论问题》由湖南教育出版社出版。在书的后记中，我回顾了自己学习哲学的经历，而首先提到的就是在农村读这本书。至今，这本书还放在我的书架上，里面的书页上还保留着当年夜读时煤油灯的烟灰。

在我走上哲学道路后，父亲当然对于我的专业研究不可能有更多的指导，但他晚年所开展的公安派研究，对我从事的哲学史研究确实产生了相当大的启发。从父亲的研究工作中，我深切地感受到哲学史研究也应当和文学史研究一样，不仅需要对断代史乃至通史作多方面的研究，而且需要在个案研究上下工夫。这种个案研究，是着重对学术史上的某个人物或某个派别做深入研究，包括搜集其资料、整理其著述、考察其生平、阐释其思想。这就使我在进入专业研究后，比较早地开始注意寻找适合自己研究的哲学史个案。1987 年，我借助参加“现代新儒家思潮研究”课题组的机缘，终于选择以湖北籍现代新儒学代表人物徐复观作为自己的研究个案。在以后的问学生涯中，我一直以 20 世纪中国哲学为研究方向，而其中最主要的个案研究就是徐复观研究。这种持续不懈的研究取得了多方面的成果，使武汉大学哲学学院在这一研究中处于国内领先地位。而通过徐复观研究，我又把自己的哲学史研究与湖北文化研究密切地结合起来。在这个方面，我与父亲的研究呈现出某种相似性。

细想起来，父亲对我影响更大的，其实并不是他的著述和学问，而是他的那种人文学者的形象以及后面的精神。我感到，父亲作为一个人文学者，当然是与他的求学、问学、教学相联系的，是与他的著述和学问相联系的，但在这些的背后总存在着一种独立思考、奋力探索、不屈不挠的精神，父亲当年甘冒风险撰写六一纪念碑碑文是如此，晚年独自一人以老迈之躯开展公安派研究也是如此。这种人文学者的形象和精神，在今天已经日益少见了。一些人以为，要找回和重塑这种人文学者的形象和精神，非得求之于古人，以至一些电视中讲道德谈伦理的宣传片，都是衣着古装的人物上场。其实，在这方面真正有亲近感的，应是当代，应是今人，应是离开了我们但尚未消失的那些身影。正是这样，我写下了这篇回忆，希望同学们走进武汉大学开始求学生活的时候，能够多少了解到珞珈山下的这种问学人，多少感触到这种人文学者的形象以及后面的精神。

（作者系武汉大学哲学学院教授，李健章之子）

我的老师朱东润先生

陈尚君

1939年，朱东润先生43岁。年初经过艰难曲折的旅行，到达内迁四川乐山的武汉大学。虽然院系人事有些小的冲突，相比较全国热血烈火的抗战，乐山大体平静，弦歌不辍。夏间日机轰炸，乐山有学生蒙难。朱先生上半年继续讲授文学批评史，暑假随同事往游峨眉、青城，下半年初拟开六朝文，改而安排讲授他课。

平静中有可说的事实。请从两年前说起。

全国抗战的爆发，显然不在朱先生预料之内。1937年年初，因为居家狭窄，子女众多，准备在泰兴老家动工造房，春间采购物料，5月动工，至8月还未完成，武汉大学开学已近，只能将事务交代给夫人邹莲舫，赶回武汉。此后战火遍及江东，先生忧国忧家，待到课程一结束，马上取道香港、上海回到泰兴。所幸当时日军在江北仅靖江有驻军，泰兴还未波及。

武汉大学停课没有消息，先生在泰兴度过1938年的大部分时间，到11月，上海转来电报，告学校已内迁四川乐山，正式上课，“大家都在后方为这即将来临的大时代而努力”，要求在次年1月15日前赶到。先生稍有犹豫，但在夫人“家庭的一切有我呢”鼓励下决心西行。12月2日到上海，13日乘船往香港，17日抵达。办理经越签证，23日搭广元轮往海防，27日抵达，28日到河内。仅停2日，其间曾参观玉山寺。30日入云南，31日到昆明。就在这两天，汪精卫发表“艳电”，为全国所关注。

1939年1月8日，先生到达重庆，因为车票紧张，停五日。感觉到新都的气氛是权贵张扬，高官得势，党派纷争，好为空谈，感到很失望。其间曾访问老师吴稚晖，旧友王世杰，所谈也没有头绪。报到日期迫近，只能改乘飞机，在13日提前到校。

离开武汉很匆忙，先生刚完成《中国文学批评史大纲》三稿的修订，交到印刷厂里，上半部排出校样，带在身边，下半部留在厂里，从此下落不明。课还得开，只好将上半部和1933年旧本的下半部合在一起，在乐山印出，以便授课。1944年此书公开出版，就是乐山的面貌。这是战争留给学术的印记。

文学院院长陈通伯要求朱先生下半年开设新课六朝文选读。先生觉得六朝的散文和骈文，自己都曾熟读，而且能规仿写作，唯有最具代表性的大赋，仅读过，没有写作的体会。没有写过大赋，要作讲授，就很难传达大赋的成就。自己艰难西行的经历，不正可以成为大赋的题材吗？于是仿西晋潘岳《西征赋》，历述自泰兴至乐山西行沿途之所见所感，成《后西征赋》五千余言，伤痛时事，纵论得失，感慨苍茫，意境雄浑，为近代以来罕见之宏篇。赋从抗战爆发写起，写出淞沪抗战之壮烈，也写到上海沦陷初期的光怪陆离，写到经停香港，听闻广州沦陷的情况，是对余汉谋大言而疏于战守的批评。对于沿途所经之山川名胜，风土人情，也都有很具体的描述。先生认为其中最重要的部分，是在重庆所见所闻的感慨，以及从重庆飞到乐山一段的描摹，自传中有所节引，此处从略。现在我们在大学也讲授古代文学，诗词文赋都说得头头是道，能写诗词的不多，偶写古文也很难把握分寸。民国间的教师因为要讲授汉晋大赋而尝试写作大赋，真是可贵的追求。此赋当年刊在《宇宙风》100期，知者不多，上海古籍出版社即将出版《朱东润文存》，据先生自己校订本收入，可以让更多读者了解。

1932年，朱先生从外文系转入中文系，讲授中国文学批评史，讲义经过两次增订，相对成熟，出版后公认是此学科三部奠基著作之一。同时，他在武汉大学《文哲季刊》上连续发表十多篇有关文学批评和《诗经》研究的专题论文，稍后结集为《中国文学批评论集》和《读诗四论》出版，广受好评。然而他始终不感到满足，他总想为中国古代文学研究开拓一条新的道路。那时正是他一生学术精力最鼎盛的时期，加上他早年从师唐文治，对历代文章有深刻体悟，留学英国，更对欧洲特别是英国文学有深切认识。20 岁以前，他就用文言翻译过几十万字西文小说（均为中华、商务民国四五年出版），后来教授英文超过十五年。相比较一般研究中国文学的学者，他对欧洲文学有很深的了解；相比研治外国文学的教授，他对中国文学造诣独到。在对中国文学作出全面观照后，他更多地考虑中国文学无论研究还是写作，都应该有大的突破，他希望从西方文学中找寻新的道路。

朱先生这年在乐山，先住府街安居旅馆，乐山被轰炸后，移住半壁街，再迁竹公溪，与叶圣陶对溪而居。他曾写到当时生活之艰苦："住的是半间幽暗的斗室，下午四时以后便要焚膏继晷。偶然一阵暴雨，在北墙打开一个窟窿，光通一线，如获至宝，但是逢着寒风料峭、阴雨飞溅的时候，只得以围巾覆臂，对着昏昏欲睡的灯光，执笔疾书。"然而这样的环境和繁忙的授课之余，他想到的是："世界是整个的，文学是整个的。中国的小说和戏剧，受到新的激荡，正在一步步地和世界文学接近。"诗歌"还在大海中挣扎，一边是新体诗底不断地演进，一边有人眷恋以往的陈迹。只有中国的传叙文学，好像还没有多大的进展"。他坚持认为"传叙文学底使命是人性真相底流露"，决心为此作彻底的探究。他这一年的选择，坚持到生命的最后一息。

先生的努力从阅读西方理论开始。当时能够找到唯一的理论著作是法国莫洛亚的《传叙文学综论》，他从图书馆借出，用一个月时间连读带译，掌握了这部理论。他结合早年对英国文学的阅读，特别推尊鲍斯维尔的《约翰逊博士传》和斯特拉哲的《维多利亚女王传》，稍后对英国古典和近代传叙的做派有一简略说明。

他的工作从两方面展开。一方面是研究中国历代传叙文学的历史，在 20 世纪 40 年代前中期曾先后发表《大慈恩寺三藏法师传述论》、《关于传叙文学的几个名辞》、《传叙文学与史传之别》、《中国传叙文学的过去与将来》等论文十多篇；另一方面是探索中国传叙文学的创作，反复斟酌后，选定明代隆庆、万历间的权相张居正，一位在生前身后都有争议，但朱先生认为是一位在错综复杂的政治纠葛中，为民族生存和发展作出重要努力的人物，在抗战最困难的时期，写出这样的人物，具有激励士气的意义。1943 年完成《张居正大传》，成为中国现代传记文学的经典。

朱先生在自传中说到当年的著作有《中国传记文学之发展》和《八代传叙文学述论》，因为“自己对于这部叙述很不满意”，因此一直没有出版。我在最近十年间，先后在先生家人处借到这两部手稿，后者在 2006 年整理后由复旦大学出版社出版，作为先生诞辰 110 周年的纪念；前者近期整理中，准备明年复旦大学校庆 110 周年时，作为《复旦文史名家丛书》中的一种出版。

朱先生有许多特立独行的卓见，显示读史的锐利眼光。“徒观斧凿痕，不瞩治水航。想当施手时，巨刃摩天扬。垠崖划崩豁，乾坤摆雷硠。”韩愈致敬李杜的诗句，我想借用来表达对朱先生当年研究的敬意。作为他的学生，我的看法不免有所偏失，但在整理他的遗著过程中，我希望能够体会他当年的生活和工作状况，希望理解和体会他的追求和建树，因此不能不为他当年的致力方向和学术成绩感到惊骇。

20 世纪 30 年代的武汉大学，是当时中国最好的大学之一。我去年见到朱先生当年开设文学批评史而编写的四版讲义，都是大字铅排线装本，即便避地乐山期间仍然如此。每版讲义都有朱先生详密的批补。学校印讲义，教师授课，都显得极其庄重。朱先生 1939 年的工作重心在授课，所作研究也围绕课程展开。当年没有立项，也没有考核，教授而能有专著，已经是很好的成绩，但朱先生显然不愿止步于此。在极其艰苦的条件下，他努力开拓学术的新域，从最基本的文献工作做起，对传叙文学的历史作两千多年上下贯通的考察，这种气魄，“真是使人大吃一惊”。他的工作文史贯通，特别强调史德与史识，比如写《张居正大传》，要梳理明初以来政事举措之得失，要揭示张的家世渊源与人事纠葛，要在详密的事件脉络和人事冲突中揭示张的政治建树、成功与失败的根源。虽然最后完成的是三十万字的传记，但所作文献阅读当在千万字以上，所作文件考订如写出来也可有几百万字之多。按照英国近世传叙的做法，这些虽然没有写出，但细节却一点也没有简省，这是认真阅读朱先生传记创作的每一位读者都能体会到的。朱先生是对己严格而待人宽厚的学者，心气很高，始终追求卓越。2006 年我将《八代传叙文学述论》整理出版，送给海峡两岸的学人，都认为足以代表 40 年代古代文学研究的最高水平，但他生前始终没有交付出版。这部《传叙文学述论》也是如此。其中《史记》是他用力极深的典籍，如隋代佛教与政治、朱熹出处与文学、全祖望对清初节烈的表彰，则他并无其他论著述及，但凡议论所及，都有特别的见解。即便这些论著当年写出后一直秘藏书箧，在相隔四分之三个世纪后问世，仍然保持新锐而前沿的创见。今人多喜议论民国学术之长短，我认为在朱先生身上，可以见到当时学术如此多元，完全遵循个人之兴趣，读书治学是求道阅世，发表与否并不重要，考核、量化更谈不上。

从 1939 年转治传叙文学，朱先生为此奋斗了近五十年，直到去世前两个月为最后一部著作《元好问传》写下最后一个句点。虽然他曾在 1981 年参加国务院首次学位工作会议时，建议设立传记文学的博士点，但他倡导的以英国传记文学为参照的传记写作之后继无人，也是不容回避的事实。我仅略有所知，为才识所限，似乎没有能力继承这项工作。写下我的认识，也希望朱先生的工作有更多的人发扬光大。

（选自《转益多师》，上海辞书出版社 2015 年版，作者系复旦大学教授）

怀念曾卓老师

高伐林

时惟十月，序属三秋。我在北美的阿帕拉契山旅行，从高高的山脊上俯瞰远眺，被那千峰万壑如火如荼的辉煌秋色所震慑。不由得与我妻子一起回忆起15年前的秋天，曾卓、薛如菌夫妇访问美国，在我家小住，我陪他们游览熊山、七湖的往事来。

记得很清楚，那是1996年10月22日。我们开车来到纽约州的那座州立公园。群山连绵，湖泊澄澈，改王勃的名句，可以说是“潦水‘盈’而寒潭清，烟光凝而暮山‘赤’”，魁伟的黄樟、橡树，婀娜的山茱萸、石楠，还有茂密的鹅掌楸、山胡桃和好几种枫树，猩红明黄，亮紫鲜橙。我曾写文章形容这里的秋树：“腾起一柄烈焰烛天的火把”或者“一炷火星飞溅的喷泉”，但这些比喻都不足以形容眼前秋景的恢弘气势和灼人热度——那是一望无际的炽热山火，连荡漾的湖波，也都成了熊熊燃烧的火海……

曾卓老师久久凝视无语，对我说：“我活了74岁，从没有见过这么壮丽的秋色！”

老师的这句话，让我铭刻于心。至今每次看到红叶，我都会联想那天的景色、那天的人：他和薛老师童心萌发，仿佛年龄倒退了60年，在湖畔、坡上拣红叶，拣起了一片，还要拣更红、更完美无瑕的另一片。有的地方，乱石陡峭或水边泥泞，但曾卓若看中了那儿有一星嫣红，就像任性的孩子一样，非要自己过去拣不可，于是我们只好一人拉一人：我一手抱着树，一手攥着薛老师，她又紧紧拽着曾老，曾老则不管不顾地弯腰伸长了胳膊……

红叶何其有幸！这一星星灼人的火苗，被中国的著名诗人小心翼翼地捏在手心，又揣进怀里。

红叶夹进了曾老的书帧之中，记忆则存进了我的脑海深处。此刻，我和妻子眼前又是万山红遍，不禁油然发出叹息：若能陪曾卓老师夫妇到这里来，这位以“老水手”自况的诗人，更要为在烈焰拍天的火海中劈波斩浪而连声欢呼了！

说也真巧，晚上开到北卡罗来纳州的阿什维尔（Asheville），住进旅馆，上网打开邮箱，看到老友宏量从武汉发来的邮件：“曾卓老师去世10年，市文联拟出一本纪念文集，薛阿姨找到我，想请你写一篇怀念文章，望本月内交稿……”

去世十年了？可曾卓老师看红叶、赞红叶、拣红叶，不是分明就在昨天吗？

之所以看到红叶就想到曾老，还有一重原因——曾老本身就是一片“红叶”。风雨交加，烈日暴晒，干旱冰雹……都未能让之夭折，他顽强地积聚能量，坚持思考、坚持写作，终于在那个神州万众欢腾的秋天盼来了转机，他自己文学人生的秋天也终于燃烧起来，这才是“枫叶如丹照嫩寒”、“霜重色愈浓”，“霜叶红于二月花”啊！

还记得，30年前，我在武汉的珞珈山麓求学，有时也到研究生宿舍去聊聊天，后来名震中华的易中天、邓晓芒以及曾卓的女婿肖凡等人，当时都在那儿悬梁刺股。有一次聊天，易中天说：“曾卓有一首60岁庆寿诗，写得太绝了！”

不等我们询问，他就脱口而出，开始背诵：

当我年轻的时候，
在生活的海洋中，
偶尔抬头遥望六十岁，

像遥望一个远在异国的港口。

经历了狂风暴雨，惊涛骇浪，
而今我到达了，
有时回头遥望我年轻的时候，
像遥望迷失在烟雾中的故乡。

我听呆了，这首诗，语句那么平实晓畅，看不出什么刻意炼字炼句的痕迹，但是它浓缩了万语千言，概括了如此深广的感悟，这哪里只是写人生的时序代谢？分明写出了当时社会变迁的沧海桑田，也写出了古往今来一代又一代人的共同感受！

那时的我，离“六十岁”还很遥远，但是经过“文革”，已经有了一定阅历，也多少了解曾卓在1955年被打成“胡风反革命集团”成员之后遭受的数十年厄运，能够体会曾卓不动声色却又浸透在字里行间的深沉感慨。那时，又正是中国大转型刚刚启动，牵动人心的政治变迁接踵而至，我感到曾卓的这首短诗，既囊括了这一切，又远远地超越其上，涵盖了更深更广的心理内涵，充满了张力……

其实，“文革”前我就听说过曾卓的名字，但是那时年幼无知，既没有看过他的作品，更何谈体会他感情世界的充沛深厚。第一次为这个名字一震，是在武大读书时，得知于1979年11月举行的中国作家协会第三次全国代表大会上，诗人柯岩在大会发言中，竟然朗诵了曾卓的诗《悬崖边的树》。她仗义执言，情深意切地为曾卓等多年受迫害的作家、诗人鸣不平——须知作协三大上柯岩发言时，“胡风反革命集团”案尚未平反，她的发言，虽然无疑会促进曾卓等“胡风分子”走出噩梦，但是毕竟在大会上朗诵“敌人”的作品，是冒着相当大的风险的。

曾卓这首写于“文革”中1970年的诗，堪称他的代表作之一，给我强烈的心灵震撼：

不知道是什么奇异的风
将一棵树吹到了那边
——平原的尽头
临近深谷的悬崖上
它倾听远处森林的喧哗
和深谷中小溪的歌唱
它孤独地站在那里
显得寂寞而又倔强
它的弯曲的身体
留下了风的形状
它似乎即将倾跌进深谷里
却又像是要展翅飞翔……

这棵人格化了的“寂寞而又倔强”的树，是曾卓自况，又涵盖了所有身处逆境中的人的共通感受，尤其是对于经历过“文革”的人。很自然就能唤起共鸣——甚至包括那些在“文革”前和“文革”中还是红人的人。在那个身不由己的年代，谁又敢说，自己并不是“即将倾跌进深谷里”的“悬崖边的树”呢！而这首诗充满了顽强坚持、昂扬向上的精神，勉励自己并鞭策读者：不论“奇异的风”如何吹，也要“展翅飞翔”！

后来与曾卓老师夫妇多次见面，越谈越知心，共处时间最长的就是那次他们夫妇访问美国，在我家住的那四五天，朝夕相处，促膝长谈。我对他们讲美国生活的酸甜苦辣，更听他们讲数十年来的惊涛骇浪，他讲得最多的，除了中华人民共和国成立前将文学创作与投身革命结合起来的经历，就是他在被打成“胡风反革命集团骨干”、前妻离他而去之后，与薛老师相逢、相知、相濡以沫的经历。

他也讲述同被打成“胡风分子”的其他难友的遭遇——曾卓最痛心的就是路翎。他认为，比自己小一岁的路翎，是中国20世纪四五十年代最有才华的青年作家，“比××强，比×××强！”曾卓一口气举出了在现代文学史上赫赫有名的几位作家，认为路翎的才华超过他们，“他20多岁就写出中国现代文学史上的长篇杰作《财主的儿女们》！”而1955年的批判胡风、肃反运动，使这颗中国文坛上正在冉冉升起的巨星陨落、熄灭了。曾卓说，路翎在狱中受到残酷摧残，完全疯了，不时发出像野狼般的令人毛骨悚然的长嗥；出狱后又只能接受街道的安排当清洁工，成天扫地……而让悲剧色彩加倍浓重的是，当春回大地后，曾卓去看望他，眼前是一个十分木讷的老人，“口将言而嗫嚅”。路翎给老友捧出了在极其艰难的环境下写出来的一大摞手稿——但那是些什么“作品”啊？都是按照“文革”中“样板戏”“三突出”原则写出的所谓“小说”，可以说就是一堆垃圾，完全无法卒读！“他的才气，他的灵气，全都毁了，毁了！中国最有才华的文学家路翎已经被窒息至死，再也无法苏醒了……”相形之下，曾卓深感庆幸，而我，就更感庆幸了。

我决定带着女儿前往美国陪读之前的最后一个夏天，回武汉看望师友。曾卓老师邀了十来位年轻的文朋诗友们到他家，欢送我远赴美国。记不得是谁提议唱歌了——可能是最爱放开歌喉的董宏猷或胡发云，也可能就是曾卓老师本人？于是，一首接一首唱个没完没了，有时是独唱，有时是二重唱，有时是大家一起扯起喉咙；有时薛老师弹钢琴伴奏，有时我们唱的歌过于“生僻”，又没有乐谱，她也束手无策，于是就清唱。万幸啊，我居然当时带了袖珍录音机！录下了这个终生难忘的时刻。圆润嘹亮也罢，五音不全也罢，带着醉意也罢，谁在乎呢！所有的歌声，既凝聚了深厚的友情，又抒发了对未来的向往。

当时年近古稀的曾卓，也跟我们这些年轻一辈比拼歌声，印象最深的就是他唱的“青春小鸟一去不回来”——后来我才知道，这首歌名为《青春舞曲》：

太阳下山明天依旧爬上来
花儿谢了明年还是一样的开
美丽小鸟飞去无踪影
我的青春小鸟一样不回来
我的青春小鸟一样不回来……

忘情放声高歌的曾卓，分明就是一只“青春小鸟”，唱得那样投入，而眼角分明又绽出了泪花……

这天我栖息的阿什维尔，是美国著名短篇小说家欧·亨利的长眠处。我不由得想起欧·亨利最动人的一篇作品《最后一片叶子》。主人公贝尔门为了让一位悲观绝望的女画家琼西鼓起生活的勇气，画了一片叶子，挂上了凄风苦雨中的藤蔓。曾卓不也是用生命最后的岁月画出了红叶来鼓舞我们后辈吗？

第二天，我们驾车继续驰行，秋叶飘飞，漫天火星，那不都是“青春小鸟”嘛，它们并不是“一去不回来”，而是年年飞去了又飞回……

（选自《他还爱着：纪念曾卓文集》，武汉出版社 2012 年版，作者 1981 年毕业于武汉大学文学院，系作家、诗人）

吾师陈美兰先生

陈思广

时间过得真快，转眼间恩师陈美兰教授已过古稀之年，执教也满 50 周年了。去年 5 月，师兄师姐们动议秋天为陈老师庆贺一下。这真是一个绝好的倡议，我自然积极响应。陈老师是我人生中对我影响最为深远的老师，作为她的弟子，在这样一个令人期待与回味的时刻，回想与她交往的点滴往事，内心无不充盈着幸福的暖流。

2000 年从师以后，我发现，陈老师很看重学术，尤其注重质量，而不仅仅是数量，对于当下只讲数量不讲质量的风气，她并不认同。她常说："不要光看数量，更要看质量，写得多但没有任何影响，有什么用呢?"可以说，锻造精品是我师从陈老师后感受最深的一点。陈老师学术的黄金时间是 1978 年至 2008 年，这 30 年间写的主要论文基本收入《文学思潮与当代小说》和《我的思考——在当代文学研究路上》两书中，共 60 万字。其中，《我的思考——在当代文学研究路上》因收入《中国当代长篇小说创作论》以及 20 世纪 90 年代以来的主要文章，成为陈老师对当代文学创作及其现象所作的思考的集大成之作。在收入该书的 60 篇文章中，虽不能说篇篇都是精品，但大多是有分量之作，经深思熟虑而成，其中不乏在当代文学界影响深远，堪称研究中国当代长篇小说的必读之作。

严谨治学、厚积薄发、秉笔直书、真诚宽宏，是陈老师多年秉承的学术操守；以强烈的理性色彩、浓厚的人文关爱、清醒的问题意识、鲜明的文体观念，锻造自己的批评风范，是陈老师多年信守的学术品格。我想，陈老师晚年将她的论著定名为《我的思考——在当代文学研究路上》，一定饱含着她对自己这份信念的体认，这份理想的坚守，这份执著的自信，这份收获的宽慰。“我的思考”，这种强烈的主体意识就来自于陈老师这30年来对当代文学创作与现象的深刻体察，来自于对当代作家特别是那些成长中的青年作家的理解与关爱、切中肯綮的剖析与把握，来自于对当代长篇小说创作独特的诗性感悟与高屋建瓴的理性建构，来自于卓尔不凡而个性鲜明、虽入稀寿而自强不息的精神力量。这也是陈老师的学术影响持久广泛而又生机勃勃的重要原因。

20世纪50年代，丁玲曾因“一本书主义”而遭到批判，但无数事实证明，“著作等身”虽然可以作为炫耀一时的资本，但如果“等身”之后是“无声”，则远不及“一本书主义”更具有说服力与影响力。18万字的《中国当代长篇小说创作论》，既是陈老师的代表作，也是奠定陈老师在当代文学特别是当代长篇小说研究中重量级地位的扛鼎之作，称其为传世之作绝不为过。我想，将陈老师视为“一本书主义”的认同者与实践者，应该是不会有太多质疑的。

《中国当代长篇小说创作论》出版后，陈老师没有再撰写宏大的巨著，但她对于当代文坛的发展现状，特别是长篇小说的发展态势还是一如既往地沉潜关注。

2002年7月的一天，我在烟台师范学院中文系资料室翻阅杂志，突然发现第6期的《新华文摘》上，全文收录了陈老师发表在《当代作家评论》第2期上的《行走的斜线——论90年代长篇小说精神探索与艺术探索的不平衡现象》一文，欣喜之余立刻给她打电话报喜。其实陈老师早已知道，当然也表现出欣慰之情。后来她告诉我，《文艺报》得知那篇文章后，以《这个时代会写出什么样的长篇小说》为题先行压缩发表，获中国文联2001年度文艺评论奖一等奖，《文艺报》还发表了评论文章。我当即找到这两篇文章，一篇是韩瑞亭的《时代需要有深度的文学批评》，另一篇是仲呈祥的《治学精神与学术操守——读陈美兰教授的一篇文艺评论有感》。读后再一次深刻地体会到陈老师宁可少写或不写也绝不粗制滥造的精品意识。她说，那篇文章给《当代作家评论》后，仅一个星期编辑就打来电话表示祝贺。我当时就想，我以前常抱怨一些刊物的编辑不体谅我们这些无名小辈，投过去的稿子常是几个月甚至更长时间不见消息，实际上还是自己没写好。我把我的想法告诉了陈老师，她赞同地说："其实哪个刊物都不缺稿，但同时哪个刊物又都缺稿——缺好稿，只要你把稿子写好了，没有发表不了的，关键是写好稿。"写好稿，写深思熟虑之作，锻造文艺精品，是我应终生铭记的写作姿态与创作信念。陈老师的这篇文章就是这样，它不是一时的产物，其中的一些观点，我在陈老师家里听课时就听她说起过。其实，陈老师对 20 世纪 90 年代以来长篇小说创作潮已经观察了 10 年，就其中的问题也已思考了 10 年。其间虽有多次可以成文的机会，她都以再看看、再想想为由搁下了，直到成竹在胸时，才率笔成文，一气呵成，终成定论。我知道，这不仅仅是一篇文章，也是陈老师对"一本书主义"的传续与播扬。虽然看似老生常谈，但它却是颠扑不破的真理。它既是陈老师垂范于学生的一座标杆，也是她瞩望于弟子的永恒的目光。

在陈老师的相册里，珍藏着许多宝贵的记忆。看选刊在《语文教学与研究》上的照片就会发现，那里既有英姿飒爽、朝气蓬勃的青年陈老师，也有稳重睿智、慈母情深的中年陈老师，当然，还有坦然淡泊、大家风范的老年陈老师。这些照片记录了陈老师不同时代的人生足迹，留下了陈老师咀嚼回想的幸福见证。在这些生活照中，陈老师最喜欢的是怡然坐在沙发和藤椅上的两张，她将它们分别选用在《中国当代长篇小说创作论》与《我的思考》的扉页上。前者彰显智者风采，后者流溢淡泊心境，特别是后一幅，阳台上，红花旁，素装，藤椅，静坐，微笑，将陈老师热爱生活而又淡泊宁境、慈爱亲善而又不失大家风范的学者情怀定格得恰如其分，贴当至极，也将她那份大爱的情怀映现得温暖如春。

2002 年年底，我开始寻找就业的去处。当时，有好几所著名大学都对我表示了接收的意向，其中北京和四川的两所大学让我犹豫不定。若图地利，北京是首都，当然应是首选，但讲授非专业课的安排还是令我有些不甘；四川这所高校虽地处偏远，工资待遇低，但学科实力强大，有利于专业发展。何去何从，我去征求陈老师的意见，她让我自己拿主意，我也不知如何是好。良久，陈老师好像感觉出我有点思忖北京的倾向，于是说："我是不去的。"我明白了，实际上，在我将"难题"告知陈老师时，她的倾向已经很明确了。当然，如果我去了北京，她同样也很高兴，但她无疑更希望我能去一个适合专业发展的地方，所谓首都的光环她并不看重，这也与我更看重专业发展的愿望十分契合。

2003 年 7 月，我到四川大学报到，第一次领的工资居然只有区区五百多元，怎么都不敢相信，我怀疑是财务处弄错了，这比我原来在烟台工作时的收入少了整整一千元。果然，财务是按普通博士生毕业的工资级别发的。但半年后按博士、副教授的待遇发放时，每月工资仍为七百余元，仍远远低于全国高校同等水平。我将这事告诉了陈老师，她说："怎么能这样呢？"我说："陈老师，不是'怎么能这样'，而是已经这样了。"陈老师安慰我，不要光看钱，要看事业的发展。我想，她说得也对，既来之则安之。这时，我才知道，四川大学教师收入长期稳居全国高校倒数第一名，学校领导为此常举的典型例子就是，四川大学的老师佩戴的校徽被称为"防盗牌"，只要佩戴"四川大学"校徽，小偷绝不下手。

2008 年 5 月 12 日，汶川发生八级大地震，地震发生时，我在家里正准备去给学生开题，突然发现桌上的电脑晃动起来，便马上意识到发生地震了，转身叫上母亲下了楼。我家住在二楼，从地震发生到出门也就几秒钟，到了外面我感觉大地一片绵软，人走在上面就像走在翻浆的泥路上一样。我和母亲听到对面楼上的玻璃哗哗发出巨响，楼顶左右摇晃，门前的冬青此起彼伏，但并没有觉得有多大危险。因我们已安全出来，全校没有发生任何倒塌事故，妻子和上小学的女儿也很快平安到家，家里东西也都完好无损，于是，我仍按计划去给学生开题。刚坐在草坪上要与学生商讨提纲时，收到陈老师发来的短信："汶川大地震，家里怎么样？"我说："全家毫发未损，全校也无人员伤亡。"等开完题回来时，我看到许多师生散坐在草坪上，收音机里不断播报着伤亡情况，当听到死亡人数不断上升时，我才感到事态严重，才意识到一场大的灾难真正降临在以“天府”自居的四川盆地上。这之后，我陆续接到了一些亲朋好友的电话，他们的关怀令我十分感动，我也一直铭刻于心。但是，陈老师发来的那条短信更让我难以忘怀。这是第一时间的问候，第一时间的温暖。后来，这条短信成为我力举地震之后手机信号并不是马上中断的重要证据。

陈老师不仅常常关心我的生活，还常常与我一起分享学界优秀的学术资源。记忆最深刻的是 2010 年 5 月 31 日，陈老师给我发来一封邮件，标题是“看看哈佛教授讲课的风采”。虽然收到邮件时已是夜里十一点十分，但我仍马上按网址下载并认真看了起来。视频内容是哈佛大学的公共课《公平与正义》，迈克尔·桑德尔教授不愧为世界级的一流大师，他讲得非常精彩，把复杂、抽象的哲学课讲得深入浅出，趣味横生，令人兴致盎然，回味无穷，成为哈佛大学最受学生欢迎的公共课，当晚，我不仅下载了全部课件，而且第二天就组织我的学生认真观看并专门进行了讨论，同时在 QQ 群与手机短信上广为推荐，在学院掀起了一股“迈克尔·桑德尔热潮”。以至于一些老师至今见到我还问有没有可推荐的视频，我笑着说：“目前还没有，因为我导师还没有给我发来呢。”

陈老师视自己的学生如自己的孩子，时刻都惦念着。2011 年春，我因胆结石做了胆囊切除手术，之后跟陈老师说：“少了个零件没什么，所痛苦的是，以后不能与贵党肝胆相照了。”陈老师听了笑笑说：“可以心心相印嘛。”她还说，她的女儿很早就做了这个手术，对生活没有什么影响，不用担心。每逢新年，陈老师都会给我发来贺卡祝福新年。2012 年元旦，陈老师以“祝思广全家新年好”为题发来一个精心制作的电子贺卡，附件是陈老师与宗老师在樱花树下幸福而甜蜜的合影。我看了后非常高兴，马上给陈老师回复了邮件，真诚地祝愿陈老师、宗老师健康长寿，阖家幸福！

我清楚地记得，2002 年 10 月，80 岁的郑敏先生在《文学评论》上发表了

《中国新诗八十年反思》一文，陈老师看后深有感触地对我说：“80 岁了，思路依然很清晰，很敏锐，我很佩服。”我知道，那是陈老师对自己年届 80 岁时仍能保持这样的思维活力的一种期望与自信。我对此从不怀疑。说实话，自毕业分别以来，我从不担心运动员出身的陈老师的身体，也从未为陈老师将进入耄耋之年后可能会出现思维问题而担心。我的《中国现代长篇小说编年史》一书，还等着她作序呢，这是她早就应允的。但因我 2012 年获得了一个教育部项目，只好先把这个交差后再续做《编年史》。这样，《编年史》最终完成的时间会在 2017 年左右。我不止一次地想象过这样的情形，当我读到陈老师的大序时，情不自禁地说：“80 岁了，思路依然很清晰，很敏锐，我很佩服。”

转眼间我离开陈老师已九年了，虽然 2005 年在西安开会时与陈老师见过一面，但再也无缘相见。2010 年 11 月曾想借武大开苏雪林会议期间专门看望陈老师，但不巧她南下随宗老师治病去了，我只好怅然地从陈老师的楼前走过，默默地向陈老师告别。但我想，以后一定还有机会重逢。

（选自《读书文摘》2013 年版，作者 2003 年毕业于武汉大学文学院，系四川大学教授）

我眼中的易中天师

郑世平

2000年，我写过《闲话易中天》一文，发在《解放日报》，后来又被《书与人》杂志转载。那时，知道先生的人不多，所以我开篇即牢骚——京官适合外放，便于捞银子。文人应该进京，容易名天下。以下的议论，则多是为先生鸣不平的。那时先生和我，大抵皆未料到偏安一隅的他，还会真有一步如日中天的晚运。

其实，先生执教武汉大学时，已然是校园的一道风景。1986年，我插班进中文系，那时就已经开始实行必修课和选修课制度。选修嘛，学生挑老师，景况有点残酷——有的门庭若市，有的门可罗雀。高年级的师兄则跟我们参谋——易中天的课，不管他讲什么，都该是必听的。于是，我就抱着试试的态度在他帐下做了记名弟子。那门课本身，我原无多大兴趣，叫着"《文心雕龙》美学研究"。

那时的插班生，是刘道玉校长首创的恩科拔贡，在学校有点天子门生的感觉。仗着都阅历过社会，小有薄名，不免腹笥中空却眼高于顶。待到走进先生的教室——那是武大最大的阶梯教室，先自吃了一惊。三百多的座位早被占满，讲台下的空地也已摆满了小凳，窗台上还挤着男生。这阵仗，在我从前的大学生活中却未有过。以后便也知道，要想亲聆謦欬，那是必须提前半小时去占座的。

先生那会儿初进不惑，条纹衬衣牛仔裤，背直腰挺，用今天的话说——酷。听了几回，确实觉得有味，我这个老逃课的也就被吸引进去，竟从此构成一生的缘分，这，也真是始料未及的。能把《文心雕龙》讲得好听，即使在我今天来看，仍然认为是种大本事。

该课结业有两个学分，先生的考试却也特别——各自回去写篇文章，只要与原著相关即可。我为了博先生的青睐，斗胆用文言写了篇论文，后面还卖弄地附了一首律诗，记得有“谭龙谅必屠龙手，说美岂非解美人”一联。许多年后，与先生戏谈当初的交往，果然他是从这回考试注意到我这个姓名的——他给了个最高分——95。只是现在想来，我仍为年轻时的轻浮孟浪深感汗颜。

20 世纪 80 年代的大学，于今天来看，确实恍若隔世。那种自由浪漫和求知欲，在眼前这个商业时代，似乎已很难重现。

先生的课，一直是人满为患。他每个学期，又都开新课。因为怕挤，后来我只断续听过他和邓晓芒合讲的“中西比较美学”。邓是哲学系的才子，还是著名女作家残雪的哥哥。易邓当时在武大齐名，且都是 1978 年以高中文凭直接考取武大的硕士。

真正走近先生，所谓入室，也是因为文字之缘。那时武大有个文学校刊，准备发我一篇习作。那正是一个时兴探索和实验的年代，我写的个小说，是把诗和叙事两条线并列而下的，形式上显得有点怪异。主编好意，专门拿去想请先生写个评论——那时老师在文学期刊开文评专栏的，只有他和於可训先生。先生似乎还对我略存印象，便要主编约我到他家去座谈。我未想到这竟成了敲门砖，自然，心底原是欣喜和忐忑的。他住在南三区，的确算是蜗居，主卧兼客厅，我们就在床前闲话。针对拙作，先生反倒没说几句，大意是好故事，这样就发表，有点可惜。我自然懂得先生的深意，至今也未敢贸然投出。

但自此之后，我则借梯上楼，与先生的过从渐密了。他在课堂上，原本对许多人事，都持皮里春秋的说法——这也正是他讲课的迷人之处。单独面对时，先生的嘻嘻哈哈之中，自然带着更多的机锋。那时，他还是副教授，曾经被刘校长赏识，一度做过系副主任。后来老校长下马，他也就洁身而退了。那阵子高校还比较正规，因而教授也难免捉襟见肘，先生忽然就说要戒烟了。我不忍看他连这点雅癖也要断交，故意送他一条烟一瓶酒一斤茶，并附赠了一首五古——

人生有三害，俗号烟酒茶。持之呈君子，献芹复自夸。烟为百害首，灼灼芙蕖花。舶来非国粹，盛行推中华。一支燃在手，焚香熏白发。暗夜见明灭，清宵练吐纳。喷之驱蚊阵，如鹤舞云霞。个中观世相，何似雾中花。冉冉作云游，功效胜大麻。酒是万恶源，亦乃食精华。哲人千古醉，醒者皆堪杀。白眼夹醉眼，酒花掩泪花。一壶能遣闷，三杯聊解乏。飘然百病退，一梦登仙槎。谵呓皆珠玑，着书自有法。此亦属隐术，用之可避邪。茶本闲人趣，并称为一家。造化来指掌，无地入胸夹。荼蘼舌尖放，清泉齿上滑。清苦有回味，品味度生涯。三物皆有害，幸不违宪法。人不可无癖，嗜此非穷奢。劝公莫捐弃，悟道必无差。

也许这首打油诗还真的起了点作用，以至于今天他还保有这些恶习。

先生和我，应该论得上谊兼师友。这种关系在我毕业之后，似乎更渐深浓。那时我分到琼岛，彼此尺素往还，说些非关家国的闲话。再以后，我又突然辞职回了武汉，之后是比较漫长的闭关索居生活。而此阶段的先生，在武大则也过得比较压抑。虽然著书几册，讲课很受欢迎，却由于众所周知的诸般人事，竟连正高职称也被卡着不评，住所则依旧是蜗居。于是，先生渐萌去意。

楚材难为楚用，这大抵是自古而然的可悲潜规则。好在天下尚大，自不乏人犹能于风尘中辨物色，很快厦大就来了调函。从当日的频繁通信来看，初迁海崖，风俗尽殊，不免有去国怀乡之叹。我在禁中，无以相慰，尝遥寄过一首词——

念奴娇赠易师——燃烟枯坐，想先生何在？黑云遮月。望处霜风吹泪眼，又到团年时节。海岸无涯，仙踪难觅，应悔曾轻别。几回提笔，苦衷难以重说。犹记忝列门墙，谆谆垂教，常使心肝热。当年门生今孰往，护侍师尊身侧。随俗红尘，争逐蝇利，多是江湖客。夜深东望，但看云水千叠。

在那个特殊岁月，先生对我鱼雁殷勤，鼓励甚多。每次返汉省亲，也必弯到起义街55号来探视。难中相见，他给我推荐当年有哪些小说文章可以一读，说起刘震云的《新闻》，他竟能随口背出原文，并分析其中笔法的机智。师生相与禁中论文，确实每让陪侍之人跌破眼镜。至今想来，那样的画面实在温馨。

那时在厦门有个陌生女孩，经朋友介绍，与我时相笺候，有点近似今天的网恋。我托她去看望先生，一来二往，先生便多了一些了解。后来先生又来探我，很郑重地规劝，说彼此并不适合。他认为人在困境中不必盲目急于选择，来日方长，先欠人情则势必背负道义的十字架，最后使自己进退失据。想想人生所谓良师益友，云天高义，也就莫此为过了。

先生学的是美学，讲的是文学，到厦大后执教的却是艺术，晚年得名的反而是史学和杂学。作为学者，他自有《艺术人类学》《文化人类学》等高头讲章摆在那里，如今更是世人皆知。但他还是作家，写得一手好小说，这却是大众不晓的。

那时先生初到厦门，心中耿然还有一些孤愤。他把高校制度的弊端及知识分子在一个变革时代的失态，写成了一个中篇小说《文火慢熬》，甫一发表，就被《中篇小说选刊》拔为头条。我是深为先生的才气折服的，那种老到的文笔，犀利的解剖，冷冷的幽默，说实话，远远胜过许多专业作家。我们今天的教授，多不如民国时代那些学者，能把创作和治学都弄得非常像样。而先生，正是具备了如此的大器。但辞章小道，于他看来，雕虫而已，偶尔玩玩，只是聊遣雅兴。任我如何进言蛊惑，他都只肯稍展鳞爪。后来，他还写过一个中篇，名叫《高高的树上》，也是讽刺当下的学术腐败，看罢无不拊掌大笑。其实，即使先生今天已经名闻天下，私心里我还是有些扼腕而惜——倘他玩创作，也必将给这个无趣的世界，留下一批足以传世的经典。

大约从 1994 年开始，先生感于商业时代对学术出版的冲击，开始跳出专业来写一些平民化的学术随笔。1995 年穷困潦倒的我开始要自谋生路准备当书商，他听说后，马上把已经签约给了上海文艺出版社的一部书稿，即后来畅销不衰的《闲话中国人》，又要了回来给我，说你拿去做，赚了就给点稿费，赔了就给点样书。这种古道热肠，在这个日渐势利的世界，实在是不复多见。

可是，那时的我于出版还是菜鸟，加上几个朋友资助的一点钱，捉襟见肘不敢多花。结果为便宜找了个烂印厂，印出来完全是残次品。印费搭了进去，书却难于销售，一本非常好读的书，却被我砸在手里。我深感有负先生美意，他却没有半句责言。就是这本当时名为《中国，掀起你的盖头来》的书，使我懂得了出版之道。我想，这部仅仅流传了几千册的书，今天也该是玩收藏的人们手中的珍本了。1996 年，一个有心的编辑读了这本书，决定重新包装，我让出了版权，该书当即成为畅销书而让别人赚得盆满钵满。

先生为了帮我，见我做书也基本上道，又把他的第二部畅销书授权给我，这就是眼前还在热销的《中国的男人和女人》。也正是从这两部书开始，先生成为了当代最具人气的思想学术随笔作家之一。

先生是我见过的最博闻强记的人之一，因而谈锋甚健。和他对话，寻章引句，信手拈来，你多半只有听的分。关键是他本性情中人，不古板，不装深沉，无论荤素都可以开谈。在酒桌上侃段子，那是他的一绝，满座人都会为之前仰后合。“百家讲坛”因是央视栏目，大众传媒难免诸多讲究——个人演讲的真正风采原是不易展现的。即便如此，他仍在其中异军突起，小露锋芒便赢得粉丝无数。

先生是重情重义之人，所以走到哪里都有朋友。1995 年他回汉，要我陪他去看看老校长刘道玉，这时的刘老已经去职多年。只为若干年前的一段知遇之恩，他却不敢或忘。想想尘世中的种种缘分，总还是有些仿佛古风的东西，值得我们在心底温存和珍惜。也正是那回，我们出校时邂逅了中文系的一位领导，那位爷半真半假地说：你走了，我们还是很惋惜的，还是调回来吧。先生笑着答曰：那我确实有病。

善与人处的人，不一定没有脾气。前年我知道，他是大怒过一回的——要把长江文艺出版社和一个作者海默告到法庭，起因是该社出了该作者的一本书，其中一些文字，则直接取自先生前几年的旧著《读城记》。好玩的是，社里的法人周百义是我师兄，那也就是他的学生。而作者海默是湖北写诗的青年，与我则也算旧交。媒体生怕他们打不起来，希望这个世界多点茶余饭后的谈资，遂几面拨火，先在舆论上掰扯。冤家宜解不宜结，后来大家知道我与先生的交情，便托我私下调解。百义兄不用说，本乃他的高足，无辜成了被告，话到礼到即可。海默兄则因在媒体撺掇下，原先说过些伤人的气话，先生难免不快。我知道劝他莫过于情，他是深谙情理的，于是只在电话里说——海默跟我一样，外省人到北京，拖着老婆孩子卖文为生，您要索赔，那就是逼人讨饭了。只此一句，先生就动了恻隐。最后只象征性地要海默付了110元稿酬，我问为什么要这个数字，他说代表报警而已。就这样，官司化解，我想这就算是古人所说的恕道了。

其实早在央视主讲汉代风云人物之前，先生就已经是畅销书大家了。除开前面提到过的那几本，他还连续出了《品人录》《艰难的一跃》《你好，伟哥》《帝国的终结》等。在整个书业皆现萧条的现在，他这种独具个性风格的随笔体学术书，却很奇怪地一路蹿红，成为各个出版社追抢的对象。即便如此，以我对他的了解，仍认为那时的他，还是未被这个世界足够认识，依然有其寂寞不爽之处。

不可否认，电视这种强势传媒确有其巨大能量。而他这样深怀利器的人，早晚也必将要被镜头发现。一旦崭露头角，则肯定要成为公众人物，要面对无数大刊小报的评头论足。这是人生的一个两难困境，毋庸讳言，每个囊中藏锥的人，都渴望舞台，都愿意有朝一日脱颖而出小试锋芒。正如林语堂所说，即便做和尚，也愿到都市大庙去对万千僧尼讲经，而不想就在深山孤寺对一个小沙弥说法。这是因为热衷思想的人，多愿把自己的寸心所得传播给社会。人类文化的薪火相承，也正有赖于此。

但大众传媒往往也是双刃剑，能成就人也能损害人。做公众人物，没有从容面对毁誉的气度显然不行。名高则谤生，这是自古而然的。连你的收入也成为市民话题时，你就别想还有什么隐私了。更何况许多同行文人，内心难问，交相攻伐，也在事理之中。于是，许多朋友看着现在的先生，就想起前些年的余秋雨，不免为先生捏把冷汗。但我知道，以他的智慧，游走于这根钢丝绳上，应该还是优裕自如的。

我知道我在此际来写先生，难免私淑之嫌。况且以其盛名，原也无需在下的锦上添花。只是因为见到一些流言，想到二十年来与先生的交谊，自觉有必要还原一个真实的先生，让世人了解一下这个性情男人。而我所述的他那些为人品格，我相信，在如此世风的今天，肯定仍旧是许多人所稀缺和景仰的。

（作者1988年毕业于武汉大学中文系，系作家）

石屋二老：纪念任凯南、李剑农两教授

夏道平

战前在珞珈山居住的校友们，大概都知道“半山庐”，没有听说过“石屋”。石屋是我为写这篇东西特给半山庐取的一个外号(其实应该说是“本”名)。因为我觉得：石屋的“石”和我所写的两位主人公有些相同的属性。半山庐不过是表明这座建筑物的地理位置而已。

说明了这一点以后，校友们一望这个题目该会马上想到两位教授：任凯南(戆忱)和李剑农老师。因为珞珈山的许多建筑中只有这一座石屋；这座石屋，在战前也只住过这单身的二老(老，是我们学生当年的印象。现在，翻开我们的毕业纪念册一看，这两位老师的肖像比今天镜中的我要年轻得多)。

石屋建在珞珈山腰。矮矮的四面围墙，全是就山取材的花岗石砌成的，面积，用我们在台湾听惯了的用语来讲，大约有40个建坪。周围，除高高低低的花树和灌木以外，是一片松林。所以右上方相去约300公尺的那幢二楼小洋房(来宾招待所)叫做听松庐。

听松庐这个名称很幽雅，但它的风格不像石屋那样纯然古朴。

“石屋”与“二老”这两个概念在我脑子里发生关联，不只是因为“二老住在石屋”这一事实，更重要的是这一具体事实所蕴涵的抽象意义。

二老，在外形上有些类似之处：身材比一般人要高大，重浊的湖南口音，而且都有点口吃；任老师蓄短胡，李老师戴眼镜，但他们的面部表情同样是庄严而又自然。稀有的笑容，像不多见的冬天太阳那么可爱。他们二人在一起的时候给我印象最深的一次，是民国二十二年(1933年)秋天的一个下午。那时，我同政治学系的同学李俊绕山腰的马路散步。途中望见这二老从山下消费合作社那个方向走上来。我们故意慢步，跟在后面看他们和他们的行动(学生们对于所敬爱的老师往往如此)。任老师长袍上罩着蓝布大褂，布鞋子；李老师穿一件古铜色的袍子，皮鞋。他们都带着手杖；也都把手杖挂在左肘上。两手呢？左手拿一小包花生米，右手一颗一颗地向嘴里送。边嚼边谈，边谈边嚼，谈些什么，我们当然听不清楚。奇怪的是沿路上看不到他们扔下的或唾出的花生皮。当时我向李俊开玩笑：你们湖南佬，吃花生米是连皮吃啊？玩笑是玩笑，事实是事实。山回路转，我终于从侧面望见他们是把花生皮捻脱在纸包里面。

快走近石屋的时候，任老师的花生米吃完了。捏成一团的小纸包，从左手递到右手，往衣襟里面的口袋一塞，接着，右手在大褂上擦两擦，再拿起手杖，有节奏地一步一步走回石屋。石屋不紧靠马路。其间有山坡，有石级。

斜阳从洪山那边柔和地辐射过来，穿透枝叶疏落的秋林，摇晃地画在石屋的围墙上。

这些情景：柔和的阳光、松林、石星、蓝布大褂、手杖、花生皮……当时的我，除了觉得有一种模糊复杂而未概念化的和谐美以外，再也说不出什么来。今天，整整三十九年以后的今天，从体验上，从书本中，我对于我们生长于其中的中国文化，以及这二老身受熏陶的以英国为代表的近代西方精神传统，多少有了一点认识。这时，再回想当年这幕似乎“无啥稀奇”的情景，自觉有了一个较明朗的概念化的认识。现在，我想我可以这样大概地说：石屋二老所代表的精神，有：中国儒家兢兢敬业的有所为(后面再讲到)，和道家潇洒自得的无所为。手杖和花生皮，象征 Job Locke，David Hume，Adam Smith，John Stuart Mill 所建立发扬的近代西方人文传统——个人尊严和“群己权界”。

同住一屋的二老，任老是经济学系的教授，李老是史学系的教授。经济学系是我的本系，我与任老师的接触比较多。以下分别写点他们的故事。

任老师教过我们西洋经济史和西洋经济思想史。这两门课，尤其是思想史，他是下过很大工夫的。伦敦经济学院的 B(S. ec.)学位，任老师不是轻易得来的。他从名师 Edwin Cannan 苦读了五年，回国后始终专心教学，而且锲而不舍地在钻研。他造诣的境界，我们不得窥见；但其造诣之深，我们是可以领会的，从他上课时的那股劲儿领会到。他讲课时，口吃的湘音尽管叫人难懂，但我们从无倦意。相反地，我们更注意听。当他讲到得意的时候，他使劲想把满肚子的东西一股脑拿给我们而又难于尽量拿出。好像一股上涌的泉水，涌到一个狭窄的出口那种情况。这时，他举手投足，面部的静脉管也发胀，甚至眼睛急得向上翻。遇到这种场面，我们就像球迷看球赛似的，全身肌肉随着球员的一举一动相应地紧张起来。不用说，任老师一定是满身大汗。像这样负责任，竭精力的老师，我这一生只遇到这一位。从这一点，我们也可想象他在伦敦经济学院苦读的那股劲儿。

谈到任老师本人的经济思想，我在做学生的时候，当然辨识不清。但我记得有这么一次：这好像是我进三年级的时候，任老师带着新来的朱祖晦教授(教统计学)向我们班上介绍。朱教授在讲话中讲到当时在美国尚未失势的制度学派，并且大为吹嘘。接着任老师很礼貌地带着微笑给他一个软钉子碰。任老师讲的词句，我现在记不清楚，大意是说，制度学派不过是历史学派的延长。他们至多是经济史的解释者，算不得经济学家。这些话，我当时不懂得它的重要性。现在我可从这几句话认知任老师经济思想的路数，是承袭 Cannan 教授的心传，植根于以个人尊严为中心的社会哲学基础。第一次世界大战后的经济学界，在欧洲的，几乎风靡于各形各色的社会主义，在美国的，又以制度学派占上风。任老师在这当儿，固守原则，宁可在“经济学家”的正路上默默地走，决不趋炎附势，转入左道旁门，这是何等气概！目前各国的所谓经济学界，几乎都是经济工程师当道，真正的经济学家少得像凤毛麟角。怀念吾师，益增惆怅。

任老师还有一点值得我们记述。从世俗的观点看，这也许是最不该记述的一点，这就是他终身没有出版一本著作。他只在《武汉大学社会科学季刊》上发表了若干篇学术论文，关于这一点，我深深同情任老师。这其间有这么一段故事：我在四年级的时候，为着毕业论文的写作，有过多次到石屋去请教任老师。有一次他的话题转到一般的写作，他特别郑重向我讲："你们在三十岁以前，应该大胆地就你们的知识发表一点东西，好坏没大关系，不然的话，过了三十岁就难得有勇气拿出自己的东西来了。"最后一句话，是任老师的现身说法，给我勉励和警惕。我惭愧，有负老师的厚望。三十岁以前既没有什么东西发表，三十岁以后根本没有什么"自己的"东西可拿出来，只是翻译了几本心喜的经济学名著而已。任老师是有"自己的东西"的，可是他谦虚，他诚实，他所说的"难得有勇气"，意思是自己尚未满意的东西，不敢拿出来欺世以盗名，这一点，也和他的老师 Cannan 一样。

Cannan 只有两本论文集子发表，没有成书的专著。任老师的论文，尚有《武汉大学社会科学季刊》在，我们至少可以看出他的思想片段。

现在，我再来回想李剑农老师。

李老师教过我们的政治学、世界史和中国经济史。政治学好像不是他的专长，他用的教科书是高一涵写的。李老师似乎没有发挥过自己的见解。世界史是以 H. G. Wells 的 The Outline of listory 做教材，他一边教，一边把它翻成中文印成讲义发给我们。我把译文和原文对照，十分敬佩译文的信达流畅，丝毫没有生吞活剥的痕迹。那时，我就开始有点翻译的兴趣了。偶尔把尚未讲到的地方，挑选看得懂的章节试译两三段，送给李老师批改，他很高兴很耐烦地给我指点，并鼓励我有计划地译下去。可是我没有这样做，原因是生字太多，翻字典太费时。

李老师所教的中国经济史，可能是他用力最多最勤的一门课。他的讲义，大多是他的创作。许多材料搜自历代民间的笔记，再以他自己的观点来写，而不是从史书的货殖传、食货志这一类的制成品硬抄过来的。可惜这本讲义我没有好好地保存起来。来台后我常常向同学们打听，也找不着一本。《中国近百年政治史》，是李老师的一本名著，我没有上过这门课，可是这本书我是在某个暑假当中，一星期以内一气读完的。我现在知道，写现代史是最难下笔的，尤其是在我们台湾这种政治环境下，更是难上加难。李老师这本书从史学的观点来看，分量怎么样，我没有资格评论。但就此文字与材料的安排来说，真可说好极了。

李老师的教学认真与做人之足以示范，与任老师没有什么差异。就志趣方面讲，任老师是日无旁瞬地终身勤于教学。李老师是有政治抱负的。他早年热心联省自治，是湖南省宪的起草人或起草人之一。联省自治运动的不成功，我想，李老师的感慨是很多的。假若他生活在一个政治真空的环境，我不知道他的中国近代政治史又如何写法。

（选自《夏道平文集》，长春出版社 2013 年版，作者 1935 年毕业于武汉大学经济系，系台湾著名经济学家、政论家）

特立独行的罗家伦师

金绍先

罗家伦先生，字志希，是旧中国的著名学者、政治家，“五四”运动中的著名学生领袖之一。北京大学毕业，先后留学于美、德、英、法等国，获哲学博士学位。他和胡适先生一样，都是美国实验主义“大师”杜威的门徒。1926年回国后，参加国共合作的北伐战争，任蒋介石的总司令部文职少将。此后，又转入教育、学术界。1929年下半年，曾一度任武汉大学教授，我从此开始认识罗先生。

一次罗先生做《历史哲学》的讲演，学生纷纷递上纸条提问，先生耐心地逐一答复，我当时也递上一纸条，请罗先生谈谈关于实验主义在中国具体运用的问题，罗先生在回答时笑着说：“我研究过实验主义，但是如何运用实验主义来解决中国现实社会中的种种问题，我却是想也没有想过。”说完便把纸条放置一边，台下响起笑声，我当时既尴尬，又莫名其妙，心想罗老师的架子可真够大的。不料事后罗先生却派人来邀请我和几名同学去他的寓所面谈，他很诚恳地说：“你们提的问题是很有意义的。但会场上又不可能三言两语说得清楚，所以请你们来面谈。”我很感动，也就无所拘束地提出：“我认为胡适博士所说的‘多研究些问题，少谈些主义’，便是实验主义的具体运用，主张我们应该踏踏实实地、有实用价值地来研究问题，诸如‘人力车夫的生计问题、总统权限问题、妓女问题、农民破产问题’等等，而不要生吞活剥地空谈西方那些五花八门的主义。”罗先生回答说：“我以为，如果不谈‘主义’又用什么来指导我们解决这一个个的实际‘问题’呢？”中华人民共和国成立后的50年代期间，学术界在批判胡适思想时，不少批判文章的论点，竟与罗先生当年说的这句话一模一样。

当然，绝不可能想象罗先生是站在马克思主义立场上来批判胡适先生，无论他在私交上或是在学术、政治活动中，与胡先生都有着极亲密的关系。当时他向我们申明自己的观点：“我认为，我们中国人的大缺点之一，就是太讲实用，太急功近利，缺乏西方人那种追求纯粹真理的精神。胡先生曾说：‘真理之所以为真理，就是它有用。’我个人对此不敢苟同，古希腊哲人探索宇宙的奥秘，哥白尼的‘太阳中心说’，牛顿研究天体均衡运动的原理，在当时来说，何尝有丝毫的实用？他们只是为求知而求知，为探索真理而探索真理，唯其有这种精神，所以他们能进步、能昌盛、能最终得到‘实用’之利。而我们中国人几千年来只讲‘修身齐家治国平天下’，其他一概斥为虚妄空谈，其结果是以最无用的八股文章来满足自己最实用的富贵追求，这样的社会如何能进步？近世我们同西方文化接触了，又震慑于其物质技术文明的先进，更误认为西学从来尚实用，中学从来尚空谈，这就更加助长了我们急功近利的老毛病，看见一样西方的学说，马上问它在中国有何实用。殊不知，倘若我们没有一种追求纯粹真理的精神，就是要想得到它的‘实用’也是不可能的。”

这次见面，罗先生给我的印象是一位诚挚谦逊，具有“纯粹学者”气质的人。不久他转任清华大学、中央大学校长，成了国民党内文化教育系统的“红人”。

抗日战争期间，罗先生转入政界工作。1943 年，他任西北考察团团长，赴陕、甘、宁、青、新考察，由于我曾长期任职于蒙藏委员会，再度与罗先生接触。记得我曾拿出他刚出版的《新人生观》一书，请他签名留念，并谈及自己对国民党党政部门中种种复杂难处的人事关系深为苦恼，说：“即使像先生这样特立独行、素有名望的学者，不也蒙受过许多无中生有的诽谤吧？”罗先生没有正面回答，只慨然一笑说：“在科学上，直线是两点间最短的距离；在政治场中，直线却是两点间最远的距离。”他略为一顿，又说：“不过，我还是希望你不要走曲线这条终南捷径!”时隔多年，我仍记得他这句寓意颇深的话。罗先生在《新人生观》一书中曾写道:“政治本来是求公道的，是发扬真、善、美的，是使人性变得更加高尚的，然而，近来的政治，却成为钩心斗角，倾轧排挤，不择手段，互相吞食的假的、恶的、丑的黑暗场合。”我认为这是他带着极度愤懑情绪的一种发泄，并非无的放矢的空论。

1943年年末，我被派赴新疆工作，当时罗先生任新疆监察使。但长期割据的军阀盛世才，对国民党中央政府阳奉阴违，对国民党派驻人员监视、限制，甚至制造过将国民党驻新人员几乎全部逮捕的事件，在这样险恶的环境中，罗先生处境的艰苦可想而知。我抵迪化(乌鲁木齐)后即拜会罗先生，他向我介绍了新疆特殊的政治环境，告诫我谨言慎行，以保人身安全第一。他说:“我们只有以‘如临深渊，如履薄冰’的精神，兢兢业业地工作，首先是不给盛世才抓我们、赶我们的借口，我们是代表中央的，我们在新疆的存在本身，便是向世人昭告着新疆是中国领土这个事实，我们的目的，是努力让中央的力量渐渐地、持续地渗透进来，终有令盛氏不得为所欲为的一天!”

罗先生在新疆的确是如此自处的，我曾多次亲眼见到过他与盛世才会见、吃饭的情景，一般是在接待朱绍良之类“中央大员”的小型宴会中，盛在表面上非常尊重他，总是把他安排为陪客的首席，而他则唯唯诺诺、守口如瓶，绝不议论政治，有时谈一些游天池、南山、迪化八景等的观感和有关诗词，或谈一些笑话助兴，很明显是事前做了精心准备的。然而罗先生的“韬晦”之略，并不等于无所作为，记得有一次我陪罗先生去参加维吾尔族人一宗教节日，罗先生同几位维吾尔族代表人士很融洽地交谈，他特别指出，维吾尔族一向是最拥护中央政府的。维吾尔族古称回纥、回鹘、回回等，其实这都是“维吾尔”一词不同的音译，唐朝中叶，回纥的怀仁可汗控制了今新疆、内蒙外蒙，及至东北的广大疆域，强盛莫比，却不仅未进攻唐朝，倒是派遣大队骑兵帮助唐朝平定“安史之乱”，维护国家统一。此种事例在历史上是仅见的，因此，中央政府也历来对广大维吾尔族同胞怀有特别亲切的爱护感情，在今天抗日战争的艰巨时代，我们期待维吾尔族同胞发扬平定“安史之乱”的光荣传统，为国家利益作出贡献。当时我在一旁怀疑罗先生是否过于书呆子气，这几位维吾尔族人士连汉语都说不太好，如何能懂得“安史之乱”“郭子仪借兵”之类的典故。不料这几位维吾尔族人士不仅懂得而且感动地表示，他们从小只读《古兰经》，对本民族的历史一无所知，很希望今后能多了解一些这方面知识，罗先生随即对身边一位盛世才的陪同人员说：“我要向盛主席建议，找一些通晓维吾尔语的人士，写几本这方面的维吾尔文读物，向维吾尔族同胞作些介绍。”罗先生就这样既利用机会向新疆各族人民宣传一种“中央感情”，又以谈古说今的形式让盛世才抓不着什么把柄。到 1944 年 9 月，在国民党军队逐渐入疆的情势下，盛世才终于告别了“新疆王”的宝座，被蒋介石召往重庆，新疆这块大好河山结束了自辛亥革命以后一直游离于中央政府之外的状态。对此，罗先生“如临深渊，如履薄冰”的“渗透”之功是应该算在内的。

盛世才倒台后，罗先生即内返重庆。在重庆，他根据在新疆、西北地区的考察见闻写成《新民族观》一书，对包括新疆民族在内的中国各少数民族作了大量的翔实的介绍。当时，蒋介石氏在《中国之命运》一书中用“大汉族主义”的“宗族”一词来称呼各少数民族。罗先生不得不在书中亦采用“宗族”之说，但他是不赞成这个词的。抗战胜利后，我卸任迪化市长回南京，在一次与罗先生晤谈时，他说，“宗族”这个词“定义不明”“易生歧解”，且与中山先生“各民族自由联合”的遗训不符。事实上，罗先生对少数民族同胞不仅不轻视，甚至还认为他们具有汉族所缺乏的许多优良素质，他非常赞美地回忆起维吾尔、哈萨克青年男女骑马驰骋的矫健英姿，惋惜地说：“我们汉人本来也是具有这等如熊虎一般的阳刚之气的，试看杜甫写杨贵妃的姐姐：‘虢国夫人承主恩，平明骑马入宫门’，你看她是骑着马，而不坐着轿，更没有缠小脚。公孙大娘舞剑‘㸌如羿射九日落，骄如群帝骖龙翔，来如雷霆收震怒，罢如江海凝清光’，唐代妇女如此，男性可想而知，不料后来一天天的萎靡不去，如今人们竟把苍白瘦削、油头粉面的‘小白脸’视为美男子，何其可悲！我在重庆，每看见那躺在滑竿上让人抬着走的阔少爷便生气，这样的民族如何能振兴呢？”这使我想到罗先生在《新人生观》中一再倡导“强者的生活”“道德的勇气”“体魄的雄健”，并专门批判“小白脸”说：“我研究古画，见那历代帝王图，大凡开国的君主，都是方面大耳，虎背熊腰；而每当‘小白脸’嘴脸出现时，不是亡国之君，也离亡国不远了！”这些，实在都是有所指的。

1947年后，罗先生曾任驻印度大使，1949年去台湾，1969年逝世。前不久，我与台湾友人会见，谈起罗先生任台湾“国史馆”馆长时，主张推行简化汉字，罗先生举例说，繁体的“臺灣”二字的笔画多达38画，为推广教育，发展民族科学文化起见，这类繁复的汉字实有整理、简化的必要。当时台湾方面正在大骂大陆文字改革是“毁灭中华文化”，因此罗先生的主张一时引起轩然大波，甚至有人著文攻击罗先生与大陆中共“隔海唱和”。我由此感慨良深：罗先生尽管从不以特立独行为标榜，尽管每以“谨言慎行”忠告于人，但他的为人、为学、从政，终不愧为一个产生于“五四”时代的有良知的大知识分子。

（选自《我的父亲罗家伦》，商务印书馆2013年版，作者1936年毕业于武汉大学历史系，曾任迪化市（今乌鲁木齐）市长、四川省人民政府参事室主任，第六届民革中央委员，第六届全国政协委员）

谭戒甫先生的治学之道

罗运环

作为学者，著书立说，勤奋终生，无不希望自己的著作能流芳百世。然能如愿者罕见，谭戒甫先生则是一位幸运者。诚如中华书局编辑部所云："谭戒甫先生几乎毕生从事《墨经》研究，成绩卓著"。他先后著有《墨经易解》《墨辨发微》《墨经分类译注》等墨学著作，构建了谭氏墨学体系。旁及诸子其他、楚辞、金文，著作甚丰。其中所著《墨辩发微》及其姊妹篇《公孙龙子形名发微》，是其治墨学的代表作。此二书先由科学出版社出版，继而转由中华书局再版，并收入《新编诸子集成》，不断重印，流传后世，在国内外学术界享有较高的学术地位。谭先生成功的奥秘，就是"真积力久则入"。

"困惑""兴趣"，"真积力久则入"

谭戒甫先生(1887—1974)，湖南省湘乡县(今涟源县)人，武汉大学教授。曾任湖南第一师范等学校教师，西北大学、西北师范学院、贵州大学、贵阳师范学院、之江大学等大学教授，湖南大学文学院院长兼中文系系主任。先生治墨学具有深厚的家学渊源，其父生平讲求朱、王子之学，言行不苟，然颇过于拘谨，先生自小即深受其父的影响，其父常引曾国藩"以儒家治身，以道家治心，以墨家治事"的话教育先生，所以先生后来爱好周秦诸子并对于周秦诸子颇多研究。十二三岁，在其先祖墓庐读书，墓庐内藏有周秦诸子书。先生曾读过《墨子》各种，每遇谈名理处即难懂，常感困惑。十五六岁时，其父延请其六舅颜畏庵师主讲，理解亦进。未几，到长沙，考入游学预备科英语班，专门学习外文、数、理、化和“论理学”等功课，为研读《墨经》初步奠定了基础。1906年，预科停办，学途屡梗，因锐意自学，购得王壬秋《墨子注》、曹镜初《墨子笺》，反复研读，遂对《墨经》的兴趣独为浓厚。1909年，考入上海高等实业学堂(今上海交通大学)，学电机工程，为研究《墨经》进一步奠定了基础。

辛亥革命间，先生寓居南京毗卢寺，时向往印度因明学，闻杨仁山长老由日本抄回很多中国久已失传的佛书，并设金陵刻经处翻版流通，前往购得唐义净译的《因明正理门论》及玄奘译、窥基疏的《因明入正理论》。1912年在长沙任教，先生利用课余时间研读此因明二书。同时，又购得严几道所译的《名学浅说》和《穆勒名学》二书，相互参照，所得启发甚多。

1914年，章行严先生主办《甲寅》杂志，先生获读《章氏墨学》。章氏善谈逻辑，能汇《墨经》为一炉，见解深刻，当时对先生影响很大。稍后，认识渐进，发现章氏墨学不涉及因明，意若未惬。先生认为：“逻辑、因明与墨辩三学当鼎足并峙，而墨辩与因明尤为接近，不独理论多同，即论式组织亦多符合。”从此，先生意欲与章氏墨学相抗衡，遂不再步章氏后尘，立志要钻入因明学。

1918年，先生的《墨经长笺》编成，里面颇杂有未成熟的因明论法作为比附；但到1921年，见解渐深。于是，用《墨经》的《小取》前三章和《大取》末一章为基础，复引“经说”中比较明确的论式为例证，撰成《墨辩轨范》一文。又先后撰成《经说释例》《论式源流》《三辩义例》《辞过义例》《类物明例》各篇，而先生的墨学体系也就基本形成。先生治《墨经》甚久，虽牵于人事，不时辍作，而方寸之际，实未尝一日或忘。即使遭到挫折也从不气馁。《墨辩轨范》初成时，先生曾就正于其舅父颜息庵先生、宝庆石苍石先生，二位先生皆谓：“此(墨辩)与因明、逻辑，鼎足而三，应为举世公有之学，可与世人共究之。恐非一人之力所能胜耳；盍寄刊沪报，庶来纠评乎？”先生深受鼓励。于是，摘抄《小取》前二章所论辩术各节目，命曰《墨辩大纲》，邮付《学衡杂志》，希望能够发表。不意迟延数月，未见刊登。先生并不气馁，随即索回原稿，再四钻研，略为改定，敝帚自珍。

先生在发现墨辩、形名二学后，研究的兴趣更浓更刻苦，常冒寒暑，忘寝食，因而亦大病几殆。及年余病愈，名墨、形名二学进展颇速；至 1924 年，《墨辩发微》和《形名发微》二书句读几和今本相同了。到了 1928 年，《墨辩发微》和《公孙龙子形名发微》成书。先生的墨学体系亦随之成熟。先生曾在《墨辩发微》和《公孙龙子形名发微》成书之时，回首对墨辩的研究过程，感慨万千，他说："余性拙钝，区区之作，历十余年。善夫荀卿子之言曰：'真积力久则入；学至乎没而后止也。'予今粗有所入，固未尝止；无所积乎真，抑亦力久而已。然中有极难者，每穷神殚智。"此后，数十年间先生也未停止对墨辩和形名的研究，不断修订《墨辩发微》和《公孙龙子形名发微》。1956 年，中国科学院成立哲学所，先生又同苏联科学院立约译注墨经，1957 年完稿，书名为《墨经分类译注》，1981 年由中华书局出版。

"取重于辩学"与"两个发现"

学问之道，贵在找准研究方向，有所发现有所突破，并在新的发现、新的突破中形成独特的学术体系。先生成功就贵在如此。墨子生平所探究的主要是：尚贤、尚同、兼爱、非攻、节用、节葬、天志、明鬼、非乐、非命等十事；而《经》(上下)《经说》(上下)《大取》《小取》等六篇则在其次。先生何以轻墨子之要道，反而取重于辩术？对此问题，先生曾作过回答，其曰："墨子驾说，为类至繁。尚贤十事，理致原属通义，上说下教，言盈天下，亦足见其易知而简能、惟名辩一科，深沈博洽，每为常人所不易憭，即墨子当日亦未臻极成，迨传之相里祖夫邓陵三墨，始得修整，晚年结集，删存为《经》。徒属虽云俱诵，盖亦未尝分三：一则惧其纷杂更难懂理，二则虑其繁多易滋纷杂，故至晚世删存为《经》者，实已非常重视之矣，然汉代排斥《诸子》，名辩尤在摒弃之列；虽鲁胜崛起于晋世，亦无救于复兴之机、自后长夜漫漫，幽室久闭；逮至有清中叶以后，纵有二三聪睿之士，仍等诸矇瞽索途，终未窥见大业之所在也，降及近数十年，治墨学者烽起，尚贤诸说，久已充塞于著作之林矣。虽然，荀卿有云：‘五帝之中无传政；非无善政也；久故也’(《非相篇》)。墨子至今已二千余年，其各类创说在当时固有相当之值，而在今日以殊久之故，苟以之施诸国家，不必尽皆善政也，且兼爱、非攻、节用、非命诸端，今人所认为无可非议、行之有益者，亦已讨究无余矣。而惟其当日之辩学，尚无明澈之解悟，条贯之研寻，超越之整理，美善之纂辑，长此以往，恐遂陵夷。余故宁取人之所轻以为吾之所重，虽所得有限，齗齗于此而终不舍也”。

先生取重于辩学，锲而不舍，两大发现，促成谭氏墨学体系。先生回顾其辩学两大发现时说：“我研究形名学略后于墨辩学，但发现形名家还在发现墨辩家的《小取》论式之前一点，我因有这两个发现，一部《墨经》和一部《公孙龙子》才有可能轻松愉快地读下去，这是我个人的一种体会。”

先生在讲述其发现形名学的经过时说：“我认识形名家之学是从《墨经》内部引起的，《墨经》都是名家之学，而形名学是由名家之学的反面发生之故。1919年1月，先兄毅甫卧病长沙，我往省视，即住其寓。时兄咯血斑斑，呼吸不匀，我感忧虑。夜深略定，我坐火旁，忽入遐想。顷刻若醒，随手取身边《墨笺》稿本一看，得读《经说下》‘若敷与美’一节(今本第四条)，辗转推究，颇悟入形名之理，不觉大叫一声。兄忽惊问，我乱以他词，因即就寝。明日，以实告，兄亦首肯，病渐略佳。过数日，怡怡如常，对我说：‘你用心至此，书必有成，但不要蹈我的覆辙!’我听罢一惊。不久，兄雇木船回乡，因交《墨笺》稿本请其作《序》。7月，我往梧州任教，遂于暇时再攻《说文》《尔雅》，亦兄所命。11月，兄竟去世。1920年11月，我回长沙，才专究《公孙龙子》，对形名学说渐有门径、先本辑有《公孙龙子》各种材料，至此又变更计划，结合《墨经》进行，而二书同时得解，心颇快慰。”

先生在讲述其发现墨辩学的经过时说："辛酉(1921年)春，忽有感悟，发明《小取》论式，持以衡之《经说》，怡然理顺；又《经》《经说》皆名家言，顾别有形名之学，门户独启，绝不混淆。"由是将《墨辩长笺》改名《墨辩发微》。先生还特别强调两点，他说："(一)周秦《诸子》里面多有名家言，自来不少学者利用西方逻辑三段论法的形式，把来一模一样地支配，因说东方也有逻辑了。及仔细查考，只是摆着西方逻辑的架子，再把我们东方的文句拼凑上去做一个面子、这不是我们自己的东西，虽有些出于自然比附，但总没有独立性。其实，我国本有独立性的辩学，其论式组织即在《小取》《大取》二篇中，而《经》《经说》各条就是辩学论式的例证。通过这一发现，然后分条更有标准，句读更易明白，而意义也更加联系了。(二)《经》《经说》共有一七八条，《大取》《小取》也有几十条，都是名墨二家的话。但里面有些段落却夹杂着驳辩的语句，立破明显，对扬剧烈；自来学者们都把它统同起来，混为一谈，当然要发生很大的矛盾，纠缠不清了。我经过几年钻研，竟发现里面另有一派形名家的学说，是由名家引来驳辩的；及介限画清，才知是二派的互相争鸣，针锋相对、破此一关，就觉得彼此通明无碍，各成其是了"。

因为有了这两个发现，名墨、形名二学研究进展加速，到1924年，《墨辩发微》和《形名发微》二书句读几和今本相同了，形成了学术独到的谭氏墨学。到1928年，诞生了相互关联的《墨辩发微》和《形名发微》两部名著。对此，先生曾指出："形名家和墨辩家是一对互相关联的亲姊妹，也就是在一家中两个爱斗嘴的顽皮角色。它们吵起来，有些好像是同声相应的话；但针锋相对，确实是各有心胸，分寸不乱的。因此，《墨辩发微》和《公孙龙子形名发微》也就是两个相互关联的姊妹篇"。

"学过电机工程的基础"加上"涉猎旁门杂术"

研究方向的确定，以及研究中的新发现、新突破，乃至新体系的构建，都离不开研究者所具备的知识结构和治学方法，谭氏墨学体系的形成过程就是如此。《墨子》书中《经》(上下)《经说》(上下)《大取》《小取》等六篇，所包含的门类很多，如辩学、哲学、光学、力学、数理学、几何学，以及经济学、政法学、教育学、伦理学，等等。和现代科学精神相悬契的，在我国，此书当首屈一指；在世界古代，像这样的作品也不多见。这真是我们祖国的瑰宝，民族的光辉。此六篇书，不仅有人文社会科学的，而且有自然科学的内容，素号难读，梁任公曾在其著作《墨经校释》中举出对其研究有“八难”，是确实的。先生研究此书历时数十载，因学过电机工程，就在物理、数学、逻辑一些知识的基础上，得到门径。随后大感不足，又先后专习文字、音韵、周秦“诸子”、“经史”要籍，以及佛学因明学，还涉猎旁门杂术，远及于东、西洋各种相关著作。据先生回忆：“在这断断续续几十年中间，像作战一样，总是紧紧包围着这六篇书，向它发动无数次的进攻；虽吃过很多败仗，只因艰苦奋斗下去，终于拔除了很多要塞和据点。所以当时照先生个人的意识，认为这六篇书是大概弄清楚了的，料想人家看了也会懂得了的；因而于 1935 年，先把《上下经说》在上海商务印书馆出版，改题《墨经易解》，就是这个原因”。《墨经易解》发行于 1935 年，当年 5 月到 11 月 14 日，天津《大公报》的《图书副刊》“书评”栏载有笔名“与忘”的先生，对此书作了诚恳的介绍和细致的讨论，当时先生和他互答过二次，也登在《副刊》。据先生回忆：与忘先生当时对先生有三项启示，其中第三项缺疑问题，先生对此发表了不同的见解。先生指出：“我是主张不缺的。有疑不缺，必提出论证，委曲求通，以供人家去取，也可能得到一个意外的解决。如人人缺疑，永远下去，就无从启发后学，阻碍进展。但有些实在无法解决，自然会要缺疑的。不知学者们的看法如何?”

先生治《墨经》过程中，凡疑难处，莫不广引古籍，委曲以求其通。而于光、力诸科，则又远征西学，以实现学术升华。先生在数十年的亲身体验中，深知独学无友，冥行擿埴之苦。据先生说：“计自《墨经易解》出版以后，到《墨辩发微》出版以前，经过二二年之久，虽陆续不断地加以修正，但总觉得不够水平。即如此在译注《墨经》(指 1956 年中国社会科学院请谭戒甫先生译注《墨经》事)即《墨经分类译注》过程中，又发现很多错误和偏缺，或全条改释，或半节改释，甚或一二字改释，这是否以前不曾精思慎虑，而粗枝大叶地略过去了呢？不是的。总起来说，大概经过学习以后，有些进步的缘故。”先生还说：“我今后的唯一希望，就寄托在全国好学深思的青年身上。他们为数不少，若把我这一点成绩作为基础，再运用辩证唯物主义的观点和方法，像接力赛跑一样大踏步前进，那么，灿烂的光辉就要到来。”

(选自《武汉大学学报》2005 年版，作者系武汉大学历史学院教授、武汉大学中国传统文化研究中心研究员)

回望珞珈山的师长们

吴令华

胸有千秋史的高亨

第一次见高亨，大约是1939年秋冬在四川乐山。

那天下午，我放学回家，听见客厅后的小餐室里有客人说话，这在我家是少有的事，便扔下书包进去看个究竟。

只见父亲和一位伯伯正在逼仄的小屋里喝酒，俩人的面孔都红红的，看来已喝了好一会儿了。见我进去，父亲对我说："过来，见过高伯伯。"我腼腆地叫了一声，刚要退出，父亲又说："告诉妈妈，酒菜不够了，再拿点来。"于是妈妈又切了些卤鸡蛋什么的，还夹了一碟腌瘤芥菜(大概与做榨菜同一原料，不过我母亲是连嫩菜叶一同腌的)，说："在北平时，你爸爸的同学都爱吃我腌的菜。"我端着小菜送去，爸爸随口问我下午上的什么课。当知道是音乐课教唱《长城谣》时，高伯伯兴奋起来了，一定要我唱给他听。爸爸说："高伯伯是东北人，他的家人都在东北，你好好唱。"我不好意思地唱起来，高伯伯听不够，要我唱了一遍又一遍，还让我唱《松花江上》《高粱叶子青又青》等。我唱得很用心，紧张得声音有点发抖，但高伯伯听得很动情，闭着双眼，轻扣节拍，眼角微微渗出泪水。

那晚，他和我父聊到很晚，过不了江，便住在我家。次晨，天微亮，他起床不辞而别。后来，父亲问他："这么冷的天，为什么不吃早点，至少也洗个热水脸再走?"他笑了："洗热水脸？那出门才冷呢!"父亲对母亲转述高伯伯的话时，提到"他在清华时就爱在盥洗室光着身子用冷水擦澡，冬天也不停。"多年以后，我从戴家祥先生写的怀念我父的文章中，印证了此事，并知道了当时校园流行这样几句话："研究院，三宗宝：高叟杨妃吴其老。"其中"吴其老"是指我父亲吴其昌，因在全校大会上唱《道情》"老渔翁""老书生"而获此尊号；杨妃是杨世恩，曾在《贵妃醉酒》中演杨贵妃而得此美称；而高叟，就是高亨，则以寒冬腊月洗冷水澡引人瞩目。可惜的是，"三宗宝"中的杨、吴二位，寿皆不永，杨世恩自研究院毕业几个月内便在上海溺水而逝，吴其昌也仅只活了四十岁，只有高亨，得享八十六岁的遐龄。

当时高亨也任武汉大学教授，常来我家，与父亲喝酒长谈。我记得他好像不是在历史系，而在国文系或哲学系。不久，他就离开武大了。

高亨(字晋生，1900—1986)，清华国学研究院第一届研究生。在《清华学校研究院同学录》上，有"其所著《韩非子集解补正》六卷，梁任公先生称其'冠绝'等语"。梁先生还曾对他说："陈兰甫把《说文》带到广东，希望从你开始把《说文》带到东北。"我父亲也说高文"任公师许以'不朽'，且谓'白山黑水之间，绝塞荒寒，文献种子，以高君为第一人矣。'"无论"冠绝"或"不朽"或"第一人"，都可以看出梁先生对弟子高亨的喜爱及高度肯定，并赠以对联："读书最要识家法，行事不须同俗人。"在做学问上，高亨恪遵师训，认准了清乾嘉学派的高邮二王夫子(王念孙、王引之)的家法，并继承发扬之。1926年他从研究院毕业，回东北在吉林法政专门学校任教，完成《老子正诂》二卷，父亲认为足以与乾嘉大老"抗颜夺席"。"九一八"事变起，他全家陷敌，只身入关，来到北平。其时父亲也正为抗日奔走呼号，愤极哀绝，生人之痛，知得与老友诗书消磨，聊至沸血。不久，父亲南浮江汉，执教武大。高亨又寄来了《诸子今笺》，将出版，父亲为之作序，提出：中华民族近古一千年来，先师先哲学风之因革命转变的动力是"求真"。宋明学者之非汉唐，清贤之否宋明，都只是为“求真”，并历数乾嘉以来至当代诸子研究之成就。序作于 1933 年，补充于 1939 年，但高书却迟迟未得出版。直到 1961 年才以《诸子新笺》面世，其中缘由，不得而知。我猜想，这一方面是因为高先生精益求精的严谨学风，另一方面也可能是时局动荡出版不易所致。

高亨晚年执教于山东大学。他为世知名是因为那首《水调歌头》“掌上千秋史，胸中百万兵”，确是好词，以致有些人误会是毛泽东所作，很快传播开来。于是《人民日报》不得不专门发表一次，署高亨名，以正视听。这也使得他在浩劫的年代里少受些磨难，多做点学问。依我看，高亨胸中烂熟中国千秋史，尤其是两千多年前的上古史，他的本色，还是学人，如他自己定位的，过“三书”(读书、教书、著书)生活，而不是政治中人。他在易学、诗经学、先秦诸子、文字训诂学等领域的成就，奠定了其在学术史上的地位。他对《周易》的研究，独辟蹊径，主张将“经”“传”分开，开创了《易经》研究的新路子。他的《诗经今注》，是我常置案头随时请教的老师。他对先秦诸子书的训诂，以文字声韵通训诂，匡正旧说，言之有据。据赵俪先生说，“除了唐兰，就数他了。”其有些训诂成果已被《汉语大字典》收录。而他的文字形义学、通假字会典，又是汉文字学研究的一座高峰。

读书友谊度时艰

年末检点陈物，几页华笺映入眼帘。那秀丽的笔迹，隽永的诗句，引我回到七十多年前的乐山，父亲吴其昌和王献唐(凤笙)、高亨(晋生)二先生的诗酒交往。

抗战前一年暑假，父亲自武汉先到北平，旋游到山东，到青岛做《民族复兴的自信力》演讲。在济南，获交于时任山东省立图书馆馆长的王献唐先生，晤谈甚欢。抗战起，父亲抱病随武汉大学内迁四川乐山。王献唐先生则将图书馆馆藏善本典籍、金石宝彝，装箱运载，移曲阜，过铜山，经汉口，上万州，抵重庆，复西行，计程七千余里，于1938年底达乐山。图书文物妥藏于乐山凌云寺俗称大佛寺侧的岩洞内，而看守人员的工薪一直由王献唐个人负担。在乐山，王曾执教武大，不久，辞去教职。专事著作，寓居于凌云寺下院。

说来也巧。父亲的清华同学、被恩师梁启超先生许为“白山黑水之间，绝塞荒寒，文献种子，以高君为第一人矣”的高亨先生，几经辗转，此时也到武大任教，也住在大佛寺，与王献唐朝夕过从。同时，马一浮老师也把他的复性书院迁到了乌尤寺。

这时父亲可兴头了，授课撰文之余，不顾新染咯血重症，时而踏乌尤，与马老入藏经阁读经，吃斋饭，时而登凌云，与王、高谈史说文，煮老酒。乌尤清幽，凌云高阔，嘉州美景，尽收眼底。国难时艰，朋友相聚，诗书唱和，极文史之乐。高亨抗战前即已撰成《诸子今笺》一书，父亲曾为之作序，此时更加以补充，指出：“中华民族近古一千年来，先师先哲学风之因革转变的动力是‘求真’。宋明学者之非汉唐，清贤之否宋明，都只是为‘求真’。”对学术界有些人认为中国传统文化缺乏求真的科学精神提出不同的见解。另外，我手头还存有一纸词作，可惜没有落款，但我依稀记得是某次高亨先生来我家饮酒时用我的作业纸笔写的：

沁园春

休说嘉州，苏子楼空，尔雅台荒。叹金瓯形缺，铜驼暗影，沙虫泣月，猿鹤惊霜。河浪膻风，江潮羯雨，不敌英雄血迹香。涂毒处，是千秋涕泪，一度沧桑。

思量。往事堪伤。记当日仓皇去沈阳。更燕台漂泊，梁园羁旅，武关南下，鄂渚西航。万里流萍，八年零雁，直把他乡作故乡。家何在，有愁云漠漠，大野茫茫。

子馨大兄哂正

“八年零雁”，原为“十年”，随更为“八”，可证此词作于1939年。高亨先生是吉林人。清华毕业后，他在沈阳教书，“九一八”事变起，全家陷贼，他只身逃到北平。八年流浪，家国之痛，无过于此。如果我少年时的记忆无误，不知高亨先生的诗词集中除有“掌上千秋史，胸中百万兵”外，是否还收有此阕？

1940年夏，高先生要去北川，王先生也要到重庆国史馆任职。知音告别，何况又是离乱时期，分外伤感。王先生取出他珍藏的两册“清贤手札”，是清代朴学大师如戴东原，章学诚等十八家的遗翰。他对此书十分珍爱，特写了题记及两手绝句：

青李来禽故不如，风流还似永和初。昭陵劫后铜驼冷，珍重儒林尺素书。（其一）

虫鱼注罢便相寻，一炷清香直到今。正是乾嘉全盛日，论交如见古人心。（其二）

郑重约请高、吴二人题咏。高亨先生的题记畅叙两年相聚之欢：“揖峨庐中，三峨曦曜，孤塔月华，九峰秋云，两江春雨，相与啸敖，时而商论古籀，摭谈经史，杂以谐言，共为拊掌，亦避寇旅居之胜概也。”并期望战后重逢：“异日千佛山边，大明湖上，重开此轶，当别有会心也。”父亲则题四绝句（二和原韵）：

奉题凤笙太史所藏清贤手毕

湖上相逢记昔游，历城亭子饮清秋。兵戈今日西南见，恰似杜林客宜州。（余于二十五年秋薄游济南，始获定交于献唐先生。殇余于东鲁酒家，甚欢。今因国难故重邂逅于川南之嘉州，至可感也）

赤文青简传奇书，戴孔邵章到硕甫。何必来禽珍逸少，尽堪朴学驾黄初。（集中有戴东原、孔巽轩、邵二云、章实斋、张介侯、周书昌、刘楚桢、刘孟瞻、冯鱼山、何子贞诸帖，下逮陈硕甫，东原再传弟子也）

张许南雷万代芳，东来寇盗正披猖。纲常忠烈无今古，我欲范金铸陆娘。（内三浦张庚一帖，表彰唐张睢阳之姊氏陆家姑忠烈殉国一节，尤使余心感动不止）

野史亭荒不可寻，中兴实录草自今。集贤清閟应多暇，独注虫鱼别会心。（最近中枢新创国史馆，征献唐为史官，不日即上渝都矣）

并在后记中表露依依不舍之意。值得玩味的是，三人的诗文中，都提到了“会心”“见心”之语，可见相知之深，友情之重。三年多后，父亲谢世。王先生闻知，伤感不已。

多年后，他检阅旧藏，重睹古人手迹，又写下一阙《醉蓬莱》：

更几番尘劫，踏遍西川，又来东土。倦眼重开，看海宁题署。细字蚕眠，孤灯残蜡，梦向黄炉去。羽换宫移，天荒地老，问君无语。

回忆昔年，凌云峰上，煮酒谈经，乱红飘絮。一曲高歌，欲行行还住。喋血疆场，欧心坛坫，报国身同许。如此江山，重翻旧恨，凭谁听取。

亡友吴子馨先生，治卜辞金文为世推重。所《金文世族谱》《金文朔历谱》《殷墟书契解诂》诸书多已刊行。“九一八”事变，方执教清华，绝食三日，生徒哭劝乃止。继执教武大。抗战入川，与余同居嘉州，过从甚密。时患欧血，仍日授课，曰：“战士死于疆场，教师应死于讲坛。”哀其言，不忍卒听也。箧中旧蓄《清儒手翰》两册，将去嘉州，为余题四绝句。月前由川寄来，灯下展读，枨触万端，念子馨之墓木已拱矣。寒夜不寐，为赋此解。时庚寅大除夕，越岁元月三日书之。献唐庚寅除夕，是 1951 年初。当年 7 月底，王时任山东古代文物保管委员会副主任、研究员，他所护卫的古籍文物，此时方从四川运回点检。

今年是父亲一百一十年冥诞，离世七十周年，记下这段佳话，以为深切的纪念。

方壮猷与勾践剑

想起我童年时期十分熟悉的、父亲的清华老同学方伯伯——方壮猷教授。

20 世纪 60 年代我国考古界的一大成果，是在湖北江陵楚墓中发现了越王勾践剑。那是一柄精美绝伦的青铜剑，剑身刻有八个变体篆书。时任湖北省文物管理委员会副主任委员、年逾六十的方壮猷受命主持宝剑的研究工作，首先解读铭文、确定剑的主人。他们初步释读出剑铭中的文字：“越王□□自作用剑”。然而中间两个应是王名的关键字，却难以破译。于是方壮猷发起了一场书信大讨论，参加者有郭沫若、唐兰、商承祚、夏鼐、容庚、徐中舒、陈梦家、胡厚宣、于省吾、苏秉琦等一大批国内顶级的考古学家、古文字学家。方壮猷将铭文的拓片寄给诸专家，请学者们各抒己见。从出土的竹简确定墓主人姓邵，邵是楚国的望族，方最初提出剑铭中间的两个字可能是“邵滑”，得到郭沫若的确认；但公认为识得甲骨文最多的唐兰却推断这两个无人认识的“鸟虫书”是“鸠浅”，而“鸠浅”，则是“勾践”的通假字。经过两个月的书信切磋，学者的意见趋于一致，认定了剑身铭文是“越王勾践自作用剑”。以后又有专家对剑的工艺进行专项研究，发现此剑被硫化物镀过，故能千年不腐，而这项技术比西方早了两千多年。

一件埋藏地下两千三百年的国宝级的文物、一柄真正的王者之剑的身份终于认定，一场轰动一时的学术大讨论也圆满落下帷幕。学者们的书信被编成《楚墓通讯集》，永远记录下这段考古史上的佳话。而这也是方壮猷晚年学术生涯中的最辉煌的一页。四年以后，一代学者方壮猷被迫害病逝。

方壮猷(1902—1970)，字欣安，湖南湘潭人。据我父亲吴其昌的介绍，年轻时的方壮猷兴趣广泛，尤爱文学，“浸淫于西洋文学，凡诗歌小说剧本无不毕嗜，亦时有创作，然君自言自娱而已，非示人者，随即脱手焚之。后此治毛诗，攻中国文学”；入大学后，“又转其志于社会科学，凡政治、社会、经济、法律、宗教、心理、哲学诸书无不攻读。且及于吾国史、汉、通鉴、通考及记事本末、宋元明学案诸籍，益期有所成。”在清华国学研究院期间，他“治文史之学，著《中国文艺史》十四卷，《太平天国志》若干卷，此外积稿尚多。然君素不表暴，扃诸箧而已矣。”父亲说他：胸怀大志，“为磊落慷慨奇男子，然外又以和易隐之，温柔敦厚，人目之为妇人女子，君笑颔而已”，“得于诗教者独深”。奇怪的是，父亲总把他当做弟弟看，“与余同年，日月后于余。故其亲予也，亦殊异于他人云”。但我从克立教授给我的《方壮猷传略》得知他比我父亲足足大了两岁。这也可以看出方壮猷平时为人的谦逊温和。

方壮猷在研究院学习一年后毕业，到上海一些大学教书。1929 年，赴日留学，从东京大学白鸟库吉研究东方民族史。次年归国，在北平各著名大学讲课，并连续发表《室韦考》《契丹民族考》《匈奴语言考》等多篇有关我国北方少数民族研究的论文，风头正健，其间发生了一些事，便复南下，1934 年赴法，入巴黎大学研究院，从伯希和继续研究东方民族史，两年后回国，到武汉大学任教。

我记忆中第一次听到方壮猷的名字就在那时。一天，父亲和母亲说起在北平时与宾四(钱穆)、欣安等同游长城的趣事，两人大笑，父亲顺便提道：“欣安从法国回来了，景况还不好，我对某某说了，请他来武大教书。”又过了些日子，方携全家来访。与以往不同的是：每次来客，都在客厅接待，除非深入探讨学术问题，才请进书房查书。而这方伯伯初次来访，略事寒暄，父亲便把他让进书房，留下母亲陪方伯母在客厅聊天，我则和克强、克定兄弟在地毯上玩“过家家”。过了许久，我们的游戏角色已经变换多次，我已想不出新鲜花样了，他俩才从书房出来。后来父亲对母亲说：“欣安全家刚来，人生地不熟，你多陪陪方太太”，又叮嘱我多和克强兄弟玩。正好他家和我家同住在新二区，所以，从珞珈山到乐山，我们两家来往一直较多。记得1937年夏，父亲大病初愈，老同学戴家祥出川，特意到珞珈山探望，方壮猷设宴，父亲作陪。过了一个月，日寇入侵，平津陷落，一大批文化人逃出北平南下，叔叔吴世昌夫妇也来到我家。一天，沈从文、杨刚、萧乾同来我家访父亲和叔叔。父亲专门从汉口订了“北平烤鸭”，也请方壮猷作陪。这可能是我第一次吃烤鸭。那次宴请使我现已八十八岁的表哥徐璇（人民大学教授）至今齿颊留香，认为现在只有一些酒家的“精品烤鸭”差可比拟，并对我的无知健忘深为遗憾。我则一直搞不明白那时从汉口到珞珈山，是怎样保持烤鸭的嫩脆的。

方壮猷在武大授课，有自己的特点，很受学生欢迎。有一位学生说，他讲《宋史》，准备了两套书，发给学生，让学生按不同专题整理剪贴，剪贴完了，一部“宋史资料分类长编”的雏形也出来了。学生们则学到了一种治学方法，受益匪浅。

父亲去世以后，方壮猷撰写的《吴其昌教授事略》中强烈呼吁国民政府改善教授的生活境况，“顾自入蜀以来，物价指数率增至三五百倍而有加无已，大学教授薪津所得，远不逮贩夫走卒之差足温饱。学课之余，卖文售益，力竭声嘶，犹不足糊口腹，赡妻子，更何暇乎节劳养疾之足云哉！更何暇乎节劳养疾之足云哉！”批评当局对“既成之才，弃之若敝屣，悉任其贫病潦倒”，并列举武大抗战中死去的教授：“前乎君者，既繁有徒（武汉大学教授先君而卒者为郭泽五、黄方刚等三君，其余讲师助教死者尤多），踵乎君者，恐更将接十连百而未已也！是岂国家前途之幸哉！”我记得，在我父之后，又有萧君绛等教授相继病逝。直到抗战胜利复员之前，方伯伯对我家这流落异乡的孤儿寡母曾多加关照，至今铭刻在心。方壮猷继我父任武大历史系主任。中华人民共和国成立后，调任湖北省图书馆、文物管理领导职务。1983年我公出武汉，特到珞珈山访旧，问及方壮猷夫妇，已含冤故去多年，空对旧居，唯有长叹。

（选自《回首萧瑟处》2016年版，作者系吴其昌之女）

史学大家吴于廑

陈 勇

吴于廑(1913—1993)，原名吴保安，祖籍安徽休宁，少年时代成长于大运河畔的江苏宝应，1935 年毕业于苏州东吴大学。1939—1941 年入南开大学经济研究所研习经济史。

1941 年秋考取清华大学第五届留美公费生，入哈佛大学文理研究院，1944 年、1946 年分获文学硕士及哲学博士学位。1947 年应周鲠生校长邀请，回国任武汉大学历史系教授，新中国成立后先后兼任系主任、副教务长、副校长等职。

吴于廑先生为新中国世界史学科建设作出了突出贡献，合作主持了两批全国性世界史大学教材的编纂，主要论著集结于《吴于廑学术论著自选集》。在中国史学界，其倡导的整体世界史观，被誉为“世界历史新理论在我国兴起”。所撰《中国大百科全书 · 外国历史卷》卷前专文《世界历史》，以及 4 篇专论世界史整体进程的系列论文，是对整体世界史观的系统阐述以及运用新史观对人类历史的宏观勾勒。诚如齐世荣先生所言，1978 年以来中国学者对世界史体系的深入探讨，以吴于廑先生的成就“最为突出”。

吴于廑先生的世界史研究有多方面建树，按学术类别有通史编纂、世界史资料汇编、世界上古中古史研究、15、16 世纪东西方历史综合比较、西方史学研究及史学名著编译、中西文化比较等。其才、学、识为学界广泛称道。成就的取得源自长期的潜心求索所积淀的深厚学术底蕴。早在青年时代，其留学哈佛的同窗好友、后来驰誉海内外的著名美籍华人学者杨联陞，就曾以一首归国诗送吴于廑先生："思能通贯学能副，舌有风雷笔有神，同辈贤豪虽不少，如君才调恐无伦。"笔者不拟就业师的学术作全面评价，仅以受业中印象深刻的若干方面作些追忆。

治学三阶梯

20 世纪 60 年代初，我入风景秀丽的武汉大学读历史学本科，在一次师生迎春会上，教授们纷纷吟诗赋词，时为系主任的吴于廑先生书赠 4 个大字勉励同学："由博返约"，意为青年学子应打下宽厚的学术基础，以便将来于某一领域作出专门性成果。十余年后的 1978 年，本人有幸重返珞珈山母校，直接跟随吴师读研究生。先生对我等"文革"后首批 4 名弟子谈治学，又进一步提出人生治学之"三阶梯"：宽——窄——宽。据先生解，人在青年时代求学应博览群书，学历史不仅要认真阅读专业方面的"看家书"，如基本的历史典籍，而且应当涉猎与此相关的其他学科的知识，如与经济史相关的经济学名著，与思想文化史相关的中西哲学，避免学识单一、视野窄狭。这就是三阶梯中的第一个"宽"。中年时代治学者已有一定的基础学养，可集中精力选择某一专题探讨，以期深入下去，在前人基础上做出自己的成绩，形成自己的学术主攻方向和治学特色。最好能在某专门领域中发现一系列连锁性研究课题，使专门研究赋有生命力。应力避中年治学仍方向不明，"打一枪换一个地方"，浅尝辄止，事事无成。此谓之"窄"，即向专深方向发展。至相对老年阶段，由于基础扎实，专门研究业已取得拓进，治学者便可重新放宽视界，在专精基础上转向综合，于较大学域内提升研究界面，获取更新的成果。此谓之第二个"宽"。

吴师在随后讲西方史学的课程中，又以近代西方客观主义史学创立人兰克为例加以说明。兰克青年时代在莱比锡大学先后学习语言学、神学和史学，毕业后任中学古典文学教师，进一步钻研西方古典时代希罗多德、修昔底德、李维、塔西陀等人的名著，为日后研究打下了较好的语言文字和史料基础。29

岁时发表处女作《拉丁与日耳曼各族史》，附录《近代历史学者批判》提出“如实记述”的客观主义史学原则，在西方史学界引起强烈反响。渐入中年后以16至18世纪西欧政治史为主题，以各国档案库原始史料为依据，撰写了一系列包括德、法、英等西欧国家的国别史以及突出上层政治人物的教皇史。晚年编纂7卷本《世界史》，虽仍以西欧为中心，但毕竟超越国别史界限，体现其综合趋向。

“宽——窄——宽”的治学三阶梯说并非一个呆板和僵硬的治学格式，而是反映治史应当重视的成才之路：学步时要奠定厚实的基础；研究问题切忌大而空泛，应科学选择自己的学术主攻方向；综合应当在专深的基础上进行。这些从学术发展史总结出来的经验之谈，对有志向抱负的青年学人无疑起着引路指向的启蒙作用。历史研究需要多方面的知识素养和较长的周期，史学家往往不易在青年人中大量涌现。治史者应尊重学科自身的发展规律和特点，作长期求索钻研的思想准备。治学三阶梯说为人们学习史学乃至整个人文学提供了闪光的学术智慧和门径。从吴师习史的众多研究生弟子，多年后仍体会到这种教诲的可贵。

学术转弯与学科发展

吴于廑先生讲究师德，也十分尊敬自己的老师，更善于从老师的谈话中吸取治学的营养。吴师生前多次与弟子谈及自己被南开大学经济所免试录取为研究生的经历。先生所撰《自传》中对此有更翔实的记载：“1938年冬，在经历了抗日战争初期一段流离失所的生活之后，我到达了昆明。当时昆明已经设立了包括北大、清华、南开三大学在内的西南联合大学。陈序经先生任西南联大法商学院院长兼南开大学经济研究所研究主任。……陈先生同我谈话约一小时，问了我好些问题，其中有的涉及东西方对知识的看法。谈话将要结束了，他说：‘南开经济研究所正在恢复，计划招收几名研究生。你来吧，不用考试了。’……在他同我仅仅作了一次谈话就决定收我做研究生，这对我确实是出乎意外。”其实，这种不拘一格的录取方法，正反映了这位具有很高办学才能的学者之慧眼所在。陈序经(1903—1967)毕业于复旦大学，赴美留学时获伊利诺大学哲学博士，后又赴德国柏林大学深造，31岁即受聘为南开大学教授并主持南开经济研究所，35岁已任西南联大法商学院院长。“免试”其实不“免”，只是变换为更讲实效的“面试”。陈序经先生的眼力很准，他此次“破例”录取的学生，两年多以后与毕业于武汉大学经济系的张培刚一起，成为清华大学第五届公费留美学生(总数17人)中仅有的两位文科学子。

吴师从陈序经先生谈话中尤为受益的是另一种学术上的“潜影响”。尽管陈先生已决定收他为研究生，青年吴于廑仍感犹疑，原因很简单：“大学学历史出身的人能否改读经济类研究生？陈序经先生对此问题的答复也很简单：“在学术道路上，不怕转弯，多转几个弯，自有好处。”一番话语拨开了学子心中的疑云。在南开学习期间，吴于廑先生不但首先从经济史入手试行“转弯”，而且进一步认真阅读亚当·斯密、大卫·李嘉图、马歇尔、张伯伦等西方经济学大家的原著，也读经济地理方面的书籍。进入哈佛后，又在治经济史的同时兼治西方政治思想史和法制史。经历诸次学术转弯，吴师渐渐萌发对东西方文明作比较综合的构想，并在南开和哈佛的研究生论文中进行了专题探讨，其中南开论文引起吴景超等前辈学者的注意和推荐。20世纪70年代后期起，做历史比较研究的想法又在他的脑海中再度活跃起来，并最终形成从全局考察和研究世界历史的整体史观，使海内外学人为之瞩目。

联系前述杨联陞先生赠吴师由哈佛学成归国的诗句“思能通贯学能副”，自然会想到学术转弯与学科发展之间的内在联系。吴师晚年对学术转弯的益处有深刻的总结：“所谓转弯，就是多踏进一些相关的学科领域。这样做的好处，在于能够开阔视野，不以一隅自限。学术上转弯，看来有不同发展的可能。一种是转弯后不再回头，一种是转了弯又踏上原路。不论是前者还是后者，都有利于祛除狭隘之弊。学历史的人……应当力避狭隘，因此不妨转转弯。”以开放的心态治学，善于从相邻学科中吸收于本学科有益的成分，是推动学科发展的重要途径。这也就是当今国际学术界盛行的“学科交叉”。某种学术的突破性进展，往往出现于学科的交叉点上。美国芝加哥大学教授罗伯特·福格尔和华盛顿大学教授道格拉斯·诺斯之所以荣膺 1993 年度诺贝尔经济学奖，就因为他们把经济学、社会学、统计学和历史学结合起来研究经济问题，为经济史研究的新发展作出了开创性贡献。诺斯与罗伯特·托马斯合著的《西方世界的兴起》一书，早已为我国读书界所熟知，其中对近代早期英、法、荷兰、西班牙四国的历史比较，就吸取了人口学、制度经济学的理论和方法。以陈序经吴于廑先生的话语来说，也就是运用“学术转弯”的方法。

直至晚年，吴于廑先生一直保持着这种开放的治学心态，从不故步自封。先生病故后，弟子们清理他所借图书，其中一本为借阅不久的英文《气候史》。法国年鉴派史学近年开辟气候史、体质史、心态史等新史域，为原有经济社会史范围的扩展，这种新的史学动向受到吴师的及时关注。我们无从得知吴师对这本气候史的具体看法，但从他生前与学生的谈话中可以大致领略，人类社会与环境自然的关系是历史研究不应忽略的层面，气候变迁也是治史者应适当具备的知识成分，对这方面情况的了解或许也可称作学术转弯，同样便于扩大视野。

关注和推行学术转弯的人多了，便会出现相应的交流园地。值得一提的是吴师生前为系资料室选订的一份史学刊物《跨学科历史杂志》，由美国麻省理工学院于 1970 年创办。与办刊历史悠久的《英国历史评论》等史学刊物相比，这份刊物还显得那么年轻，而且出自一所理工大学之手。然而事实证明创办者颇有人文眼光，《跨学科历史杂志》现已成为国际上主要的史学刊物之一，吸引了包括剑桥、牛津、耶鲁、普林斯顿等一流大学的诸多著名学者前来投稿，具有很高的学术质量和鲜明的创新特色。武汉大学世界史专业研究生的论文撰写，包括资料的引用和学科交叉思想的熏陶，已从这份杂志的成果中受益。

治史与治史学史

谈起"史学史"，不少学生对此感到陌生，连一些历史专业的学生也是如此。实际上，史学史就是历史学学科的发展史和学术发展史。1978年从吴师攻读15、16世纪世界史硕士研究生，他所开设的第一门课就是近现代西方史学，从人文主义史学一直讲到现代西方的形态学派。开始我也不甚理解，为什么导师不针对专业和研究方向直接先谈历史本身？以后渐渐明白，治史者必须兼治史学史，这既是吴师本人的治学特点，也是每一位习史者应当观照的两个相互关联的方面。

吴师在一次学术讨论会上提出："任何一个时代的历史学，包括治学方法、学术观点、历史思想以及由此完成的著述，其自身就是历史的产物。"之所以如此，盖出于以下两项原因：

其一，任何史家在治史过程中总离不开自己所处时代的影响。他们选择的课题、研究的侧重点和所得出的结论，总是或轻或重地带有时代的烙印。代表某一历史时期主要发展方向的史学流派，其著述和观点往往就是为了回答时代提出的问题。其二，任何史家也总离不开史学学科发展状态的影响。"任何一个历史学家，不论他们成就或大或小，都是历史学这门学科发展链条上一个或大或小的环节。关于这一点，不一定每个从事历史学习或研究的人都很清醒地意识到。但是不论怎样，他总不得不受这门学科已有发展的影响，他的先行者的影响。"吴师强调指出，要认识治史与治史学史的关系，必须看到这第二种影响。

近年来自己也指导研究生，对治史与治史学史之间的关系便有了更为深刻的体会。任何学科都有自己的学科和学术发展史，如哲学有哲学史，文学有文学史，自然科学诸学科有数学史、物理学史、化学史、天文学史等。同样，历史学也有自身产生、发展和演变的历史。学习任何学科的人都应当知晓本学科的学术渊源与沿革。治史者不可能毫无学科上的历史依凭，也就是前人的学术遗产。史料、历史编纂方面的承继关系自不必说。没有《史记》，就不会有《汉书》。即便在史学思想、学术观点方面，治史者也不可能脱离这种依凭。后学之人当然不会一概墨守成规，完全袭承师法。但他们总不可能摆脱史学发展水平的总体制约。如果他们赞同前人的体系和观点，那么其所从事的研究就是在此基础上的延伸和扩大。如果他们对已有的学术成果持不同意见，那么其后续工作就是批判或扬弃，乃至另辟蹊径、别开生面。即使是后种情况，后学者的研究仍需以前人的基础为前提，以前人的观点为自己思考的起点和参照点，而不能凭空展开自己的研究，一切从零开始。不仅如此，后人在历史研究中的发展和创新，其所能达到的程度，亦不能脱离史学学科已有的基础和条件。总之，治史者必须关注学科的发展状况及其对史学研究的制约作用，清醒地认识自身在整个史学发展长河中所处的地位和阶段，既善于在前人基础上创新，又贵有历史的自知之明。

吴于廑先生对自己弟子的培养既宽容又严格。通过西方史学的讲授，他使学生看到长期受西方影响的世界史学科确实需要开拓和发展，尤其是摆脱西欧中心论和堆砌国别史的不良影响，有许多研究课题等待人们去探索，使后学之人看到自己拥有的学术活动空间和发展前景。另一方面，他又以历史唯物主义的态度实事求是地肯定西方近现代史学业已取得的积极成果，指出一个多世纪以来西方史学在专门研究上的多方面积累，已经为世界历史的比较、综合研究准备了可以认真着手的条件。他要求学生认真研读西方史学名著，密切关注西方史学的新成果，在厘清学术前史的情况下搜集资料、策划选题，明确论文写作可以达到的深度和广度，防止枝蔓旁生，大而无当，使学生感受到哪怕在一个具体问题的论述中要取得成绩，也要付出艰辛的劳动。他充分肯定兰克开办讨论班（"习明那尔"）的培养方法，在研究生论文的具体选题方面发扬学术民主，尊重作者本人的意愿，不以导师的研究兴趣作取舍。曾与笔者先后同期攻读硕、博士学位的一位学友，在吴师着力探讨的社会经济史范围以外选择了宗教改革思想的课题，亦受到积极鼓励。凭借宽容的学术氛围和导师渊博学识的播化，其论文水准不仅获得外来专家的一致好评，而且拓宽了所在研究集体的学术层面。

跟随吴师在治史的同时兼治史学史，诸弟子的学术视野为之大开，学术思路也变得活跃起来。西方史学过去经历了哪些流变，形成了哪些史学传统，有哪些史学遗产值得借鉴？这些问题经常出现在学子的脑海里和彼此的讨论中。带着这些问题再去阅读西方学者的史著，对历史的观察就比以往深入和全面得多。事实表明，兼治史学史不仅促进了研究生论文的写作，而且作为一种基础学养，也为他们以后的治学研究提供了后劲。由于接触了风格各异、流彩纷呈的历史题材、史学思想、编纂方法、写作技巧，也利于学子博采众长，逐步形成自己的治学特点。

“眼高手低”新解

“眼高手低”作为既定成语，本意是指一个人的眼光高而能力低。此语颇具贬义。吴于廑先生在论世界史学科建设时却赋予此文字以新解，谓“眼在远处，手在近处，视野要开阔，研究要具体，这是从事历史学任何一个分支学科研究者能够取得成绩的必由之路。”

对于这个问题，吴师的思考可谓由来已久。西方史学经兰克强调“如实记述”原则后，收集考订汇编史料在西欧各国蔚成风气。19 世纪下半叶起各类国别史、专门史研究成果的大量涌现，是兰克客观主义史学影响下的产物，也标志着史学在西方成为一门独立学科。专门研究将史学发展引向注重历史的局部和细节，虽取得无可否认的成绩，却易于使史家的眼光偏于窄狭。当时只有少数人为之忧虑，如英年早逝、著有《英国文化史》巨篇的博克尔就曾说过：“人类史最不幸的特点是，各部分虽已片断地备采无遗，但却未能将其集合成整体而确定彼此之关联。”及至 20 世纪中叶，形态学派大师阿诺德 · 汤因比更进一步指出，绝大部分西方的历史学家都在向研究细节的历史这一方加权，他们明于观木，而暗于观林，因而有必要把森林带回到人们视力的焦点。汤因比的这番议论，是在回顾自己为什么要写作考察人类历史的巨著《历史研究》时所说。正因为如此，吴师高度评价了汤因比为西方史学发展所作的“再定向”。

然而，汤因比所称的“细节的历史”和“整体的历史”，即历史的局部和历史的全局，其两者间的关系在具体的史学研究中毕竟是一个不容易处理好的问题，对于初涉史林的人来说尤其如此。吴师对“眼高手低”所作的新解，为人们寻求两者的平衡提供了宝贵的思路。或者说，它本身就是一种辩证的史学方法论。

吴师十分强调治史者眼界要高远，特别是世界史，应当把研究重心置于关系人类社会发展的全局问题。他有一个颇为形象的说法，世界史要勾画的是“长卷的江山万里图”。在 1982 年应云南省社会科学院之邀所作的学术报告中，又借滇池西山的石刻旧联改至新联，认为研究世界史要“置身须向极高处，放眼通观大世间”，对广大世界的历史加以通观，进行全局的考察。但是吴师又指出，通观必须以对一个一个关键问题进行具体深入的研究为前提，不但自己要研究，还要熟悉别人专门研究的成果和著述，尽管他们不一定是从较为宽阔的广度来进行考察的。没有这个前提，通观就会流于模糊，就不会是一种比较透彻的、在大小轻重之间能够取舍得当的通观。这实际上就是吴师所说的“手低”。

吴师曾对研究生多次谈及“眼高手低”问题。他认为，研究生作论文，题目不宜过大，但眼界却不能偏窄。他借用兰克的一席话作诠释。兰克说，真正的历史学家必须具备两种品质：其一是必须乐于进入其本身具有意义的具体事物，其二是必须注意事物有普遍意义的一面。吴师认为，兰克所说的第一种品质在今天可以理解为治史者应具有“钉子”精神、能对具体课题进行深入钻研。第二种品质则要求人们不局限于就事论事，而能在比较宽广的背景下审视局部，看到局部与全局的内在联系，以全局在胸的姿态从事专题研究。受先生教诲，使 15、16 世纪世界史专业学习的弟子们，多能注意从这一时期世界历史重大转折的全局出发去选择课题，在所确定的专题中又注意辛勤搜集史料，反复推敲学术思路和写作大纲，确定论文的重点和难点，努力在历史研究中作出具有创新意义的成果。赋予新解的"眼高手低"，不仅是一种史学研究方法，也是一种学风建设规范，其包含的学术内涵是丰富而又深刻的，这是一位在世界史学科终生耕耘的著名史学家留诸后世的治学格言。

语文是史学基础的基础

跟随吴师习史，语文基本功的锤炼是又一难以忘怀的收益，也可以说是治史者终身应当力行的修炼。这种体会不仅是吴门弟子的一致看法，也为国内史学界诸多学者所强调。长江学者、美国史知名教授李剑鸣近年著有《历史学家的修养与技艺》一书，深论研究历史必须注重的基本要领，引起读者强烈反响和热议。在论及史学写作的文字功底时，该书特地将武汉大学的唐长孺和吴于廑先生，与北师大的陈垣和北大的田余庆先生一起，称为中国近世史家的"写作高手"。例如吴于廑先生晚年的论文《世界历史上的农本与重商》，在最终展望 20 世纪世界经济格局后，以"略一涉及，以觇前景"八个字作结，构成一个"精妙的结尾"，"寥寥数语，确有余响不绝的意味"。在新著《隔岸观景》中，李剑鸣再度谈到吴先生极高的文字境界，即"用词准确考究，行文从容流畅，文风庄重典雅，叫人百读不厌"。

当年一位同窗学友听课休息时，得到准许，细细观看导师吴先生摆在讲台上的讲稿，不由得大为感叹，认为讲稿文字完全达到成书出版而无须修改的精致程度。据出版界有关人士介绍，吴先生应约为《中国大百科全书》外国历史卷撰写长篇卷前专文"世界历史"，这篇两万余字的文章成稿后，负责此项编撰出版工作的胡乔木在审阅后的意见是，一字不改，照发。吴先生深厚的文化修养和精湛的文字功底，使从师的弟子们获益匪浅，更得到国内史学界尤其是世界史学者的交口称赞和公认。弟子们深切感到，语文是史学基础的基础，任何时候都不能忘记加强阅读，磨炼语文，推敲、斟酌、打磨、凝练行文文字，不断提高自己文字表达的修养、意境和水平。研究历史需要多方面的学养，理论、史料积累和辨析、史学名著的阅读分析、史学动态与学术前沿的观察与思考、交叉学科的借鉴与融汇，然而毫无疑问，语文是史学基础的基础。用更加通俗的话来说，历史研究拼到最后，往往拼的是语文，文字功底的磨炼永无止境。

吴先生晚年多次谈到自己的求学经历，非常怀念自己幼年读私塾时候的发蒙老师。或许先生擅长诗词歌赋和书法，与这段经历打下的基础有着密切关联。作为国内世界史的著名学者，吴先生又善于将旧学、新学和留学获得的西学有机结合融通起来，从而奠定了深厚的语文功底和精湛的文字底蕴。眼下人们在开放大潮下容易出现中学欠缺、西学欠通的双重不足和夹生文化教育现象。从事世界史学习和研究的学人，尤其应当防止和克服这种现象在自己身上发生滋长。吴于廑等老一辈学者在这方面身体力行所达成的学术基础修养，特别是语文和文字修养，为后学之人和史学同仁树立了非常值得学习的榜样。

（选自《史学理论研究》2000 年版，作者系武汉大学教授）

永远的导师刘绪贻先生

徐以骅

屈指算来，我离开武汉大学已逾四分之一世纪，关于母校的记忆已在渐次消退。适逢恩师刘绪贻先生百岁寿辰，赶紧打开尘封的记忆，回到那常常念叨的珞珈山。50岁后的我们，如果双亲和恩师都还健在，那真是人生的幸事。

我是1982年春到武汉大学历史系报到、师从刘绪贻先生专修美国史的。我15岁从上海赴贵州，先后种过田、养过猪、当过工人共七年有半，1977年参加"文革"后第一次全国高考，被贵阳师范学院历史系录取。记得当时所报三个志愿分别是武汉大学图书馆系、复旦大学历史系和中文系。后来分别在此两所当时心向神往的大学就学和任教，颇有些梦想成真的喜悦。

记得1981年参加研究生统考时，试卷中有一道题是批判"人都是自私的"。此"人皆自私论"出于《中国青年报》在此前不久所举办的由一封来自署名潘晓的题为《人生的路啊，为何越走越窄?》的读者来信所引发的关于人生观的讨论。这场讨论被称为"一代中国青年的思想初恋"，在一些具有"思想分量"的讨论文章中就有现已是武大哲学学院名教授的赵林的《只有自我才是绝对的》一文。赵林也参加同一年研究生统考，并且要应答在某种程度上批判自己言论的考题，十分有趣。

也许还是自我批判最能到位，尽管研读史学非其所愿，当年"考研"报考哲学专业的赵林最后被母校武汉大学历史系美国史专业以高分录取。同时被录取的"刘门弟子"还有武大英文系和历史系的应届高材生李洪山和何宏非。洪山在结束研究生学业后便去美国留学，目前已是肯特大学的资深教授。1970

年 5 月该大学曾发生因学生抗议越战示威而遭国民警卫队枪杀的轰动全美的惨案，而洪山在武大所作的硕士论文探讨的正是尼克松政府的国内政策。宏非毕业留校，后去哈佛–燕京学社深造，目前在美经商。我们四人入学时，在校的刘门前期学生有韩铁、王受之、郭晓源、张大化四人。

是时武大的美国史研究在刘绪贻先生的领导下正处于“巅峰期的起飞阶段”，研究阵容相当齐整。历史系美国史教研室的元老级教授除刘绪贻先生外，还有研究美国政治制度史的曹绍濂先生，而中青年学者则有李世洞、李承训、李世雅、王锦塘以及钟文范先生等。资料员则是华中师范大学著名古代文献史专家张舜徽先生的女公子张平。我们在读期间，复旦大学国际政治系陈其人先生的高足谭君久以及师兄韩铁也加盟美国史教研室。当时在国内美国史研究领域中国社科院的黄绍湘先生、刘绪贻先生、南开大学的杨生茂先生和东北师范大学的丁则民先生并称“四老”，但就机构影响力而言，武大历史系美国史教研室和南开历史系美国史教研室显然是南北对峙的双峰。武大美国史研究还在客观上得到当时由吴于廑先生坐镇的世界史研究的呼应。吴先生的公子吴遇也是我们同届世界史专业的研究生，视野开阔，颇得家传，毕业后赴美国留学攻读博士学位，但学成后并未能从教，殊为可惜。

记得当年武大美国史教研室开设的研究生课程中有许多是小课，听课的通常只有我们新入学的四位学生。上述诸位先生给我们开的就是这种“小灶”，地点就在美国史教研室唯一的一间有三四张办公桌的办公室内，隔壁则是资料室，那里保存了不少黑人民权运动的资料，而这是此前武大美国史教研室研究的重点。曹先生当时年事已高，且行走不便，所以我们去他家上课，坐小板凳，把大板凳当桌子，分了四摊。开设小课的好处自然是师生间的良好互动，可随时提问，随时答疑，随时讨论，可惜当时我对美国史所知甚少，并不能发表什么像样靠谱的意见。

武大美国史研究的从无到有、筚路蓝缕的发展历程，上述诸位师长比我更清楚，恩师更是以他录像机般的记忆，在其回忆录和回忆文章中对此做了详尽生动的描述。因此我这里只是谈一些个人的肤浅观察，并从学生的视角来介绍在此“起飞阶段”恩师治学和组织学术研究工作的特点。

第一，当年刘先生和他所领导的美国史教研室非常重视美国史基础教学，要求研究生仔细研读美国史学史和美国通史论著。由于当时国内有关研究资料相当匮乏，我们所读的美国史学史论著竟然是苏联学者著作的中译本，书名已不记得；而美国通史著作除读了黄绍湘先生当时已出版的《美国早期发展史》《简明美国通史》外，其余便是已译成中文的苏联学者的美国史著如谢沃斯季扬诺夫主编的《美国现代史纲》(上下册)，还读过美国共产党创建人威廉·泽布朗·福斯特的《美洲政治史纲》(亦为中译本)。英文史著则主要读塞缪尔·埃利奥特·莫里森等所著的《美利坚合众国的成长》，当时尚未被南开美国史教研室诸位先生全部译成中文。记得为督促我们认真研读美国通史，刘先生还专设了有点类似现在的资格考试制度，把美国通史科目的考试作为学生研读美国史的基本门槛。现在我对中西历史的许多史实经常需要查阅有关资料才有把握，而对美国史仍有较强记忆，当年的严格训练显然是原因之一。业内人士皆知刘先生与黄绍湘先生的学术笔仗，但刘先生对黄先生始终敬重有加，反复叮嘱我们要仔细研读黄先生的美国史论著。

第二，为弥补国内美国通史尤其是美国现当代史资料的不足，并开拓新的研究领域，刘先生组织武大美国史团队翻译了美国著名史学家阿瑟·林克及威廉·卡顿所著《一九零零年以来的美国史》。该书 1993 年 6 月出版时我已入武大，当年的定价只有 5. 2 元，但该书的出版却使当时的国内学人对 20 世纪初以来的美国史有了系统的、且在立论和史料上完全有别于国内流行美国史著的了解，促进了国内美国现当代史整体研究水准的提升。刘先生和武大美国史团队后来所撰写的一系列论著，都把该书作为一部重要的参考书。西洋学术著作中译的数量和水准与某一学科在国内的发展有莫大的关系，甚至可以说是该学科发展的重要前提，这在发端于西方的一些重要学科如国际关系学中几乎是通例，不少译者也因此成为这些学科有关领域的专家，这种现象可被称为“译而优则学”。当时国内美国史研究的重镇武汉大学和南开大学均重视美国史著的翻译，形成了美国近代史和现当代史著翻译的分工，而且因有学贯中西的几位老先生把关，翻译质量均属上乘。这种学术论著翻译机制的建立，为后来国内美国史研究的发展奠定了基础。

第三，与国内美国史研究的其他开拓者黄绍湘、杨生茂、丁则民先生等不同，刘先生在美留学期间专攻社会学，后虽因种种原因转入历史研究，但他的跨学科背景和学养却成为使他在美国是研究领域独树一帜的重要原因。刘先生极有远见地把对经济学理论尤其是对凯恩斯主义的研究引入他对罗斯福新政以及美国当代史的研究，并把他关于“新正式国家垄断资本主义”的史学观点建立在对马克思主义和当代西方经济学理论的深入分析之上。我们在校期间，他亲自联系让我们选修武大经济系出身哈佛的名教授刘涤源和谭崇台先生的课，后来还专门邀请刘涤源先生担任我们硕士学位论文的答辩委员会主席，我等能获中国经济学理论界泰斗级人物的耳提面命，终生受益。跨学科甚至后学科研究是目前所有社会科学和人文学科研究的题中之意，但当时在国内却属于全新研究思路。因此刘先生不但在理论探索上勇于创新，而且在研究方法上也开风气之先。

第四，李先生是国内最早打破美国史学研究在时间上不越罗斯福新政的潜规则的学者之一，并且组织了研究团队专事新政以来美国理解政府内外政策(主要是内政政策)的研究。在这一团队中，刘先生除总揽全局外专门研究罗斯福“新政”、李存训先生研究杜鲁门的“公平施政”、韩铁师兄研究艾森豪威尔的“现代共和党主义”、何宏非研究肯尼迪的“新边疆”、我研究约翰逊的“伟大社会”、李洪山研究尼克松的“新联邦主义”。刘先生本人还对尼克松到里根的美国历届政府做了深入研究，他对后来的其他研究人员和研究生也有类似的安排。因此刘先生所率领的团队除完成《富兰克林 · D. 罗斯福时代(1929—1945)》以及《战后美国史》等重要研究成果外，还撰写出版了《当代美国总统与社会——现代美国社会发展简史》一书，填补了当时国内美国史研究的空缺。

韩铁师兄所撰《艾森豪威尔和现代共和党主义》一书，也被纳入刘先生主编的《美国现代史研究丛书》出版。因各种原因该丛书在出版三辑后停刊，否则可以想见，在刘先生的组织下，会有关于包括新政以来历届美国政府国内政策研究专辑的陆续出版。从现在看来，以总统任期作为划分美国现代政治史或国内政策史的依据显得不尽合理，但当时这却可能是组织团队进行学术公关的最好方式，并且在某种程度上还预示了国内社会科学研究的发展趋势。我个人认为这种学术团队集体攻关的做法也是武大美国史研究另辟蹊径、脱颖而出的原因之一。

在武大求学期间，自然少不了受到刘先生的“三批”(批评、批语和批改)，但却从未受过刘先生的当面“训斥”。记得有一次协助李存训老师编写《美国史通讯》，因我的译稿中有错别字，刘先生批评李老师把关不严，对我却未置一词，但这种间接打板子的做法真是“此时无声胜有声”。在校期间也曾多次陪同李先生接待美国学者，当年随刘先生陪美国左翼史学家杰克·方纳参观黄鹤楼的景象至今仍历历在目。

1985 年 2 月从武大毕业后到复旦大学国际政治系以及美国研究中心任教至今，其间曾负笈美国，加上开始从事中国基督教会史、美国宗教以及宗教与国际关系的研究，在学术道路上与恩师“渐行渐远”，少有交集，但平时函件(以及电子邮件)往来倒是络绎不绝，给恩师电话拜年或问候更是逢年过节的头一件事。近年来恩师听力不佳，所以也改成通过电子邮件拜年了。2008 年从南开杨令侠教授处得知中国美国史研究会第十二届年会即学术讨论会将于当年 5 月在母校举行，其中一档节目就是庆祝恩师 95 岁华诞，即决定报名参加，在会上除见过恩师外，还遇见阔别多年的李存训、王锦瑭等师长，共同回忆起武大美国史“往日的好时光”和刘门弟子的离散飘零，令人唏嘘不已。还活跃在国内学界的恩师及门弟子中，韩铁师兄因病在武大其父(国际法泰斗韩德培先生)家中修养；赵林正在湖南岳麓书院讲演。是时离恩师带我们参加 1982 年在苏州召开的美国史第三届年会也已相隔了整整 26 年，记得当时还与南开张友伦先生的研究生倪亭合写了年会报道刊于《历史研究》。参加当年苏州年会的青年才俊有刚从南京大学毕业留校的时殷弘以及在东北师范大学在丁则民先生门下攻读研究生的黄仁伟，他们现已是国内顶级的国际问题专家。事实上当时国内正逐渐趋热的国际关系学对美国史研究造成了人才分流和竞争的局面，对当年国内美国史研究三足鼎立的重镇——南开、武大和东北师大都形成了一定的冲击。

恩师在 2008 年美国史年会和 95 岁华诞的庆典上应接不暇，我不便打扰，所以未登师门便打道回府。同年 8 月，因赴同城华中师范大学章开沅先生和刘家峰教授组织的基督教史讲习班授课，得空再访恩师。时值盛夏，恩师汗流浃背仍摇着蒲扇在辛勤写作（不用空调，因老人不宜在空调房久待），并对我说因年事已高，他已把每天工作的时间从八小时压缩至六小时，实在令我等每天工作不足六小时的弟子无地自容。现在，武汉大学美国史研究也许已盛况难再，但恩师在继续着他辉煌的学术生涯，而他在我们学生心目中的崇高地位更是永难撼动。

（选自《野老丹心一放翁》，湖北人民出版社 2012 年版，作者 1985 年毕业于武汉大学历史系，系复旦大学教授）

慈母严师李涵先生

杨　果　张星久

李涵先生是武汉大学历史系教授，国内著名的宋辽金元史专家，中国宋史研究会前理事，中国蒙古史研究会前理事，原名缪希相，祖籍江苏江阴，1922年生于北京，青少年时代先后就读于北京女一中、贝满女中、四川自贡蜀光中学和燕京大学。自读燕京大学始李先生便选择了历史学作为自己的终生追求。在陈寅恪、聂崇岐、翁独健等先生的指导下学习。她修习了聂先生开设的历代官制史课程。在聂先生亲自指导下写作本科毕业论文，并在翁先生讲授的蒙古史课堂上第一次接触到神奇的蒙古国历史由此萌发出对宋史、辽金蒙元史研究的浓厚兴趣。李先生后来的学术方向和治学方法，就奠基于这一时期。

也是在燕大读书期间，追求进步的先生积极投身于学生民主运动，1948年9月进入华北解放区，在正定华北大学学习，为防止国民党政府对留在“国统区”的家人的迫害，她改名换姓，从此以“李涵”一名行之于世。

《蒙古前期的断事官、必赤、中书省和燕京行省》是李师较早的一篇论文，发表于1963年。围绕辽金元时期的政治制度与民族关系问题，李师还撰写了《金初汉地枢密院试析》《金元之际汉地七万户》《也论郝经》以及辽金的奚族等一系列文章。李师注意到，对于这样一个重要的民族，以往的研究多局限于某个时期、某些问题的论述，而对于奚族的来源与发展，特别是在辽、金两代，奚族如何通过民族迁徙与杂居，导致其原有民族部落组织逐渐破坏的历程，以及奚族与契丹、女真、汉族等如何互相影响、逐步融合等重要问题研究很不充分。李师遂以《略论奚族在辽代的发展》和《金代奚族的演变》二文，对上述问题进行了全面、系统的深入探讨，作出了令人信服的阐释。从人物活动看政治变迁，是李师研究的一大特色。李师对宋元时的不少人物作过研究，除对范仲淹的研究是从全方位展开之外，其他多着眼于通过人物来考察政治变迁。李师从人物活动入手研究政治制度，表现出独特的学术眼光，也使制度史的研究变得新鲜活泼，充满生机。李师的研究善于贯通比较，由此及彼，前后左右加以比较、考量，从而得出超越一时一事局限的科学结论；善于以小见大，从对具体问题的分析反映大场景的面貌，凡此种种，都是李师治学的特点。

由于各种原因，诸如工作性质的变动，政治运动的干扰，以及作为妻子、母亲须当兼顾家庭、子女，李师真正能全力投入学术研究的时间并不充裕，但李师能够坚持下来，并对学术发展作出富有创见的贡献。

从 1954 年到武大执教，至 1989 年在武大离休，李师在历史教学的园地中辛勤耕耘了 35 年。在李师看来，教书育人、培养学生是比自己读书写作更为重要也更有价值的事业。我们几个研究生，多数是从本科阶段就直接受教于李师的，直到今日仍有机会得到老师的耳提面命。

李师培养学生的做法有自己的特点。

第一个方面是特别重视学生的志趣和悟性，采取多种方法开启悟性，发挥学生的主观能动作用。李师认为，从事史学研究，首先要耐得住清贫、寂寞，不受外界的纷呈诱惑。李师招收研究生，不仅考查考生的业务，而且通过面试、交谈、向其他同学了解等方式，重点考察考生的动机和品质，对以考研作为择业“跳板”的不取，对通过读研为自己“贴金”的也不取，只关注那些有志于史学研究者。她说自己招收研究生的时间不多，不能无谓地浪费精力。悟性，也就是学术资质、学术前途，这是李师十分看重的一点，她认为，为人师者就应当善于发现与开启学生的悟性，发挥学生的主观能动作用。在这方面，李师采用了不少独特的做法。做法之一，让学生自我磨炼。李师认为，最好的教学方法是能够激发学生主动精神的方法，教学生不是教他们现成的结论，而是得出结论的过程，引导他们一起来实践这种过程。做法之二，带领学生参加学术会议，外出参观考察，学习书本以外的知识，开阔眼界，增长阅历。在校听名师讲课与外出参加学术会议，在培养学生科研能力上有着各自不可取代的重要作用。李师十分重视借用校内外的学术资源来提高教学质量，只要有机会，就要安排我们外出考察，参加高水平的学术会议，以此打破学校相对封闭的环境，使我们增长见识，丰富阅历，接受更宽泛的学术熏陶。每次参加会议，李师都要求我们必须提交学术论文，参与学术讨论。所有这些，对于我们青年学子能尽快进入学术领域无疑有莫大的帮助。为了让我们写作毕业论文能够掌握最新的研究动态、搜集尽可能丰富的资料，李师利用暑假亲自带领我们出外考察，北上北京、洛阳，南下南京、上海，每到一地，就带着我们熟悉当地的图书馆，查阅、复制在校内看不到的重要资料。炎炎烈日下和我们一起在长途汽车上颠簸，在路边小店里用餐，而当时的李师，已是年逾花甲。

第二个方面是强调创新、求实、严谨的学风，以自身的表率加以引导、教育，把学术规范的训练放在极其重要的位置。有关学术规范的问题在许多学界老前辈那里，做学问要讲究学术规范早已是其自觉遵守的准则，李师也不例外。李师对我们文章中的引文不时抽查，个别舛误尚允许校订改正，错误多了就退回去重新做。如此反复训练，使我们习惯成为自然，但凡引用资料，不核对几遍是不放心出手的。

第三个方面是重视基础知识、基本训练。李师教我们研治古史的基础知识分为四类：目录学、版本学等入门的工具，各种基本史籍、史料，中国史的基本构架，治史的基本理论与方法。版本学、目录学、年代学等，是史学研究的“四把钥匙”，掌握这四把钥匙，才能具备研究历史的最基本技能，得其门而入。研究生阶段的第一个学期，李师就为我们安排了这方面的课程，她请图书馆系的老师为我们讲授古籍版本与目录的课程，并把我们带到校图书馆线装书库，请资深馆员现场指导。

在对学生进行治史的基本训练方面，除了前述学术规范的训练、史料搜集与分析的训练等等之外，李师还格外重视文笔、文风的训练，认为史笔是史才的重要组成部分，与史识、史德一样，不可或缺。

为了加深我们对学科知识的基本了解、提高我们的教学实践能力，李师为我们开设了专题课，她是主讲，我们每人也有一个专题的任务，自己找资料备课，与老师讨论讲稿，然后在课上和大家交流，在这个过程得到锻炼和提高。

李师对学生的影响，不仅是所教的知识，而且还有她的思想精神、行为方式。李师生性耿直，疾恶如仇，为人坦诚，喜欢雪中送炭，不愿锦上添花，为此自己没有少吃亏，但也因此得到别人的信任，交了不少好朋友。她曾冒着风险为中学老师翟宗沛先生的政治冤案平反而奔走，使之终得昭雪；她曾在被打成"右派"家属的沈祖先生倍遭歧视之时登门探望，不计他人的议论……她的正直、率真，她的反对趋炎附势、淡泊名利的人生态度，昭示着我们做对社会负责、于他人有益的人。

作为严师的李师，同时又像慈爱的母亲，把学生当做自己的子女，不仅在学业上，而且在思想上、工作上、生活上全面关心学生的成长。我们找工作，李师帮忙联系，大力推荐；我们走上教师岗位，李师教我们备课、板书直至讲台上的仪表；我们在婚恋、家庭上遇到麻烦，李师帮我们梳理、沟通；有同学病了，李师四处寻医问药，甚至亲自带学生上医院看医生，李师的家，对不少同学来说就是自己的家，他们在这个家里自由自在地读书写作、饮食起居；对于那些有志于学但家庭贫困的青年学生，李师拿出自己有限的工资予以无偿资助，不在意他们是谁的学生，有时甚至不问他们的姓名，像这样的事情远不止一两次。

李师直接培养的研究生并不多，只有 82、86 级两届五人，但受教于李师的却不少，他们在努力继承老师的治学与为人，老师的人格力量、治学态度、学术精神，正在新的一代身上得到延续和张扬。

（选自《武汉大学学报》2002 年版，两作者均系武汉大学教授）

我的老师陈勇教授

邹　翔

2005年9月，怀揣着好奇、忐忑和梦想，我来到了武汉大学梅园小操场报到，正式成为武汉大学的博士研究生，开始了珞珈山下刻骨铭心的求学生涯。在随后三年及至如今的科研、工作与生活中，我时时感怀于恩师陈勇先生的教诲，那些教诲凝练着一颗笃信学术的虔诚之心对学术问题的深切感悟，也让我们一遍遍地琢磨、领悟其中的深意。授之以渔之法、问题意识、挖一口深井、学着说与接着说等点拨与开悟之道，不仅值得我，也值得每一个为学之人三思、寻味。我以浅薄之见识将恩师的教诲呈于学界，以期对大家有益，亦可遂了多年来的心愿。

陈老师给我们的学术教诲不可胜数，我将这些综合起来，做一粗浅的梳理。

陈老师经常告诫陈门的弟子们，“授之以鱼不如授之以渔”。以研究的选题为例，一个博士生如果自行确立研究选题的话，会是一个痛苦的过程。有不少导师，以自己掌握的学术动态为基础，可能会直接交给自己的博士研究生一个选题，这样对学生可能会比较简单，少走弯路。殊不知，选题的确立，是一个博士研究生科研训练的重要一环，如果不会确立选题，能否独立开展研究就是个问号，像陈老师所说，“一个博士研究生是否毕业，不是看他能否写完一篇博士论文，而是要看导师一旦放手，学生会不会自己走路”。在陈老师门下，我们受到了严格的、规范的，最主要的也是“open”的选题训练。第一个学期，陈老师就反复对我们几位研究生说，你们一定要学会自己打渔。他以自己跟随吴于廑先生读博期间的亲身经历告诉我们，不必完全拘泥于研究方向内的国家、地区、时段，只要是有问题值得去解决的都可以作为选题。如何打渔呢？记得那时，老师先是问我对什么问题有兴趣，然后问我对这个问题的“前世今生”有多少了解。接着，严格的操练就开始了。先是陈老师帮我从网上下载了所谈问题的一篇论文，由我来写读书札记，一般一篇英文的专题论文，读书札记要在一周左右上交。之后这种操练会一直持续，但是中间会发生转化，由老师选论文到自己选、自己写，然后与老师交流想法。这一转变很有意义，实际上是我们自己学习如何选择最有价值的专题论文和书籍的过程。陈老师说每一个选题实际上都会有“看家书”，或者叫做“踏脚石”、“敲门砖”，我们要找到踏脚石，而不是在浩渺的书海中晕头转向。

这一过程当然也包含着资料的搜集、筛选与网络资料的探索与运用。三年过后，我们发现了很多有价值的数据库，师生以及同学之间再互通有无，节省了很多时间与精力。资料的阅读要求当然也很高，陈老师说，我们做一切都必须用心，阅读当然也是。他半开玩笑半严肃地说，读书不能看一遍没有发现问题，再看一遍还是没有问题，我们必须要用心。他提出了要像冯友兰老先生所说的那样，对待前人的著作、观点，我们不仅要学着说、照着说，更要“接着说”。如果用心都发现不了问题，那么拟定的选题就需要推倒重来。当然推倒并不说明这一过程是没有意义的，选题的确立本来就是不断谋划、推倒、重建的过程，一个良好的选题是成功的一半。陈老师说，做学术研究我们要挖一口深井，而不是飘在云端，可以说，寻找选题的过程就是挖深井的过程。我当初心存侥幸、希望混个博士学位的想法，在第一次见导师的时候就烟消云散了，我很想继续硕士阶段妇女史的研究，我以为不需要太用功就能应付过。但是当时陈老师问我，你在西方妇女史问题上有什么新的观点要提出来，或者胸有成竹要做出点什么？这两者我当然都没有想过。在陈老师的点拨与鼓励之后，我开始了挖深井的生涯，越挖越有勇气，最后选择了当时国内很少有人涉猎的医疗社会史研究，终于顺利毕业。毕业之后的近十年中，我还在不断挖井、砌墙，我们中国学者研究西方的东西，很容易跟着他们走，陈老师诙谐地反复告诫我们说，做“洋鬼子”历史的学问，一定要听听“洋鬼子”自己怎么说。所以在国内史学界还没有对福柯以及精神医学史进行研究的情况下，我还是用心而勇敢地选择挖了这口深井，并时时关注西方历史学界对福柯这位 20 世纪伟大的思想家是如何看待的。

选题的过程是问题意识形成的过程，博士研究生开题是展示它们的时候。陈老师告诉我们，没有问题意识，就不会形成良好的选题，那么什么是问题意识？在我的记忆中，在陈老师之前，我从未听到过这个词，所以根本也不会知道。其实，问题意识体现于选题的意义与价值中。有几个层面需要注意，首先，选题是不是一个新的东西，学位论文的内容和观点是否具有创新意义。陈老师说，我们对前人的研究一定要评价中肯，不要动辄就说自己的研究“填补了空白”，就属创新，一定要实事求是。其次，自己的研究在哪些方面是对已有研究的推进，例如观点上，已有观点是否有争论，你的研究支持哪一方或者是提出了哪些新见解。当然陈老师也告诫我们在探讨问题时，一定要谨慎，对待学术的态度应该是“如履薄冰”，要有敬畏之心。虽然学术是自由开放的，允许百家争鸣，但是我们必须要在理论与史实结合基础上自圆其说。再次，追风与猎奇都不可取，要有良好的学风。做学术不能投机取巧，一个老问题，随着材料的发掘和理论的更新，也会有值得一做的东西，老题新做也不失为问题意识的一个层面。

每一个学科都会有严格的专业训练，历史学也不例外。史学的每一个观点、理论都必须以事实为基础，也就是要有证据，历史感对一个史学博士来讲是学养的必要修炼。首先，老师告诉我们，一定不要把现代人的意识观念强加于古人，研究古人，不仅是我们通过材料如何解读和感知他们，更为重要的是研究古人是如何感知自己的。其次，老师也反复对我们讲，一定要关注历史情景，或者叫场景。针对目前我所从事的医疗史研究，陈老师告诫我说，医疗史一定要有大历史托底才有底蕴、视野和深度。

所有的研究最后都要落实到语言文字上，语文的功夫自然不可小觑。陈老师对我们讲，论文的写作最初不妨模仿一点他人，他推荐给我们优秀的历史文章，告诫我们在论文写作中切忌说一些超越时空、放之四海而皆准的空口大白话。师门吕晓燕师妹曾告诉我，陈老师在为她改论文的时候说，写论文如同炒菜，要注意刀工与火候，历史的语言既不能太满，也不能苍白。

陈老师的治史思想严谨而开放，平实而深邃，不仅有如上所述的思想，他还强调史学的人文与现实关怀，关注史学理论与历史哲学等等。他说，“非常喜欢恩格斯的话，人类永远无法达到绝对真理的彼岸，但可以无限地逼近它。正因如此，才有人们无穷的探索，才有无数莘莘学子的青灯黄卷和乐此不疲，才有人类追求真理的永恒学术动力和学术研究价值”。

老师有一颗真正的爱学生的心。师门的每一个学生对陈老师既爱又怕，连陈老师自己都不知道，那些表面上老老实实的学生们会称见自己的老师为“面圣”，谭赛花师妹戏称，每次面见陈老师，陈老师总是要先在学问上给弟子打上两巴掌，然后再给揉揉，耐心指出具体改进建议。我们都知道，陈老师的点评总是一针见血，一眼就能看到我们的不足之处甚至硬伤。相反，在我们毕业这么久的时间中，陈老师谆谆教导的每一句话语仍然经常会在耳边响起，历久弥新。在当前日益功利化的学术界，我们的陈老师没有为课题、为个人名利追逐，没有把自己的课题硬塞给学生，让学生做课题与做博士论文合二为一，而是用心指导我们每一个人，让每一个学生都经历严格的史学研究训练，形成各自的研究领域与专长，这种对待学生的心不是任何人都能够做到的。实际上，我们很多学生都已成为导师，这个时候才会深刻体会到那么频繁地与学生交流互动，对老师独立开展科研有多么大的影响。我们的老师把大把的时间给了每一个学生，他的心和眼睛时刻关注我们，没有放过我们错误的每一个细节，甚至一个字句。2013 年 11 月，陈老师到上海大学作报告，我教过的学生王德硕听了陈老师的报告，他转告我，陈老师说他从自己的恩师吴于廑先生那里不仅学到了知识，还有一颗用心带学生的心。学生在报告现场就给我发了邮件，令我百感交集。

除此之外，陈老师也是一位慈祥的父亲。他告诫我们不仅要用心做科研，也要用心生活，陈老师说，生活是多方面的，天上人间要兼顾，相得益彰。

陈老师的教诲涵义深远，我所写的只是感触比较深的一些。他对我们的影响远远不止于这些，作为陈老师的学生，我感到无比幸运。

（作者2008年毕业于武汉大学历史学院，系曲阜师范大学副教授）

纯粹学者张颐

张文达

我的父亲张颐，也是我的毕生之师。

他出身贫苦农民家庭，以同盟会员的身份奔走革命有年，在辛亥革命时期对四川保路爱国运动和蜀军政府的成立立下了功劳。嗣后考取四川省公费出洋留学，曾先后获得美国密执安大学和英国牛津大学哲学博士学位，对黑格尔哲学造诣很深。曾著有英文《黑氏伦理探究》等书，被誉为“东方黑格尔”。归国后，历任北京大学、厦门大学、四川大学及武汉大学等校教授、系主任、文学院院长、副校长及校长等职。1949 年后虽年逾古稀，仍续任北京大学教授，并先后被任为四川省政协和全国政协委员会委员。1969 年 6 月病逝北京，享年 83 岁。骨灰安放于北京八宝山革命公墓。

先父 1887 年出生于四川叙永县，十二三岁后读书仍限于先大伯父私馆，后即萌有厌弃科举，欲求新学之意。1905 年考入永宁中学校，那里同盟会员云集，革命空气甚浓，是当地的革命司令部。嗣后先父亦由学校申送，以同等学力考入四川省立高等学堂，所需费用，家中难于筹措，则由兰兄而兼同志刘吟楚资助之。

蜀军政府成立后，先父任都督府机要秘书，旋又代理炸弹团团长；成渝军政府合并后，张列五改任四川民政长，先父乃于民元仲夏奉邀赴蓉，任民政长公署机要秘书，所事惟机密函电之拟稿及翻译。先父深感伏案工作无味，决心从事教育与学术研究。出洋留学之夙愿即已复活，每于公余之暇从事练习英文及其他科学，以为出洋留学探求真理准备。1913 年，全国将曾经参与革命之青年择优资送外国留学。先父考取四川省公费出洋留学，夙愿得偿。

先父于是年入密执安大学，选习哲学，修现代哲学、教育心理、教育哲学，重视哲学之实用方面，选修知识论、形而上学、美学及康德与黑格尔哲学及其对于英美哲学的影响。先父此时(1917年年初)已届毕业，旋即转入研究院，以哲学为主，教育为辅，1918年春得硕士学位，同年夏与温莱教授商决，作一论文，研讨黑格尔哲学之伦理、政治、经济、法律、社会方面，于1919年夏完成，经考试后，以特优成绩得博士学位。

此时世界大战已结束，北大曾有约先父回国任教之意。在四川则有熊克武同志方主军政，杨庶堪先生则主民政，川中故旧，多劝先父趁此机会返国服务。殊不知先父对于哲学的研究正感兴趣，亟欲着鞭前进，对一时之服务机会并不重视。1919年秋9月，先父得教育部准许转学英国牛津大学，以进修生身份，继续研究黑格尔哲学，该校进修委员会推选史密斯教授为其监修员。先父在牛津听讲不久，即觉牛津诸师所持，与其闻之密执安者，并不太相径庭，但于尧实及深刻或有别耳。故先父此后主要致力于充实与深刻方面，而于此等处，得力于史密斯教授之指导尤多。至于规模大体，则似未见有彻底更改之必要。

先父在牛津之第一年(1919—1920年)，中国学生之在彼者，惟先父一人，颇有孑身孤立之感。1920—1921学年中，先父续住牛津两学期，听讲自修，略如上年。时闻德国货币贬值，费用较轻，又适友人相邀，而先父亦蓄意赴彼一行，遂决于1921年春，转学德国埃尔朗埂大学研究班。

先父到埃尔朗埂后，立请教员为其补习德文，一为深通各种语言，而又略知哲学者，一为仅通各种语言者。前者辅其解读哲学书籍，后者辅其日常会话。一二月后，一方面入校听课，另一方面又与友人哈苏合请彼间号称黑派之教授白龙锡德青(F. Brunstat)，以授私课方式，为二人专讲康德及黑格尔哲学。白龙锡德在校讲授，颇受欢迎，其专为先父及哈苏讲授时，措辞吐述，尤特明晰，然渠对于黑格尔哲学，几乎认为一字一句，皆金科玉律，先父殊不敢苟同。其对黑氏系统之由纯理的范畴推演，转入自然界，认为事实的转入，先父亦不能接受。盖此为黑氏哲学最难处，而先父则以为既有其“真实者合理，合理者真实”之要旨，则其全系统，即可视为同一对象之分部处理。白龙锡德教授又谓黑氏之“绝对理念”及“绝对精神”系由康德之“自觉的超验统一”转化而来，先父亦始终怀疑。他认为康德之“自觉的超验统一”仅有知识论的意义，而黑氏之“绝对理念”及“绝对精神”，则明明为本体论立说者。且先父认为知识论之最后根据，必寻之本体论中。而有时各哲学家于本体论上之立言，固亦有为其个人之知识论所左右者。然自费希德及薛玲侈育“绝对”后，黑氏于本体论上之主脑，似只需就费、薛二氏所提供者，加以真切之认识与厘定，而无再向康德之知识论中摸索之必要矣。然白龙锡德教授讲学，坚毅不挠，即或持论偏颇，亦必搜寻许多事实，用资佐证。先父于是得窥德人之治学行径焉。

1922 年春，德国康德学社即哲学协会在埃尔朗埂开会，先父因之又得与德等六国哲学家相晤，并常与范欣格(H. Vaihinger)教授朝夕畅谈。渠先为德国著名之康德专家，所著之书及其所创办之《康德研究》一杂志，甚为各国学界及康德学者所重视，而其后又以其《犹若哲学》或《假如哲学》闻于世。盖可谓为德国唯一之实效论者。然其人甚谦和，持论亦不专断，别后犹常通函与先父讨论哲学问题。

1922 年夏，先父移住柏林，与当地黑格尔专家拉松佐治博士相识，时相往还。在柏林期间，先父除了参加柏林大学哲学讲演及康德学社柏林分社开会外，还努力完成了他在牛津的计划之作。

1923 年春，先父用英文写成《黑氏伦理探究》，作为毕业论文，送交牛津大学审查。该校进修委员会指派史密斯、乐阿铿两教授为考试委员，审定论文，公开答辩，先父成绩优异，荣获牛津大学哲学博士学位。先父是取得牛津大学博士学位的第一位中国人，又是第二次获得博士学位，实为哲学界罕见之事。先父在所著书中，对黑格尔哲学作了全面详细的论述，史密斯教授并为之写了序文，只因在先父回国前数日始收到，不及在欧洲接洽出版，1924 年回国后，始交与商务印书馆出版，次年再版。该书颇受欧美哲学界重视，先父被誉为“东方黑格尔”。

先父前在美时，曾立志留学十载乃归。然自1913年出国，迄1923年得牛津大学博士学位，十载已满，照其始愿，此时应即作归计。但苦无川资返国，因四川省所欠留学费用，已累积至370余镑。其时适吴玉章先生任成都高等师范校长，邀先父回国任该校教务长，并允代领留学费用200镑汇去，先父遂于1923年8月初由伦敦去法国巴黎等待，借以补习法文，听取法国教授哲学讲演，并观察法国各种情形，以与所见于美、英、德三国者相比较，于1924年4月24日抵沪。先父回国后，吴玉章校长原约至成都师范大学，后以四川政局有变，吴已辞职，遂作罢论。而北京大学、厦门大学及中山大学，争相延聘，先父乃应北京大学之聘，于1924年秋季开始担任北京大学哲学教授。

其时北京大学名义上仍由蔡元培先生任校长，因蔡在国外由蒋孟邻先生以总务长代行负责，教务长为顾孟余先生。北大校风有教授治校精神，学术空气浓厚，学生亦极勤学，先父任教期间颇感满意。先父所授课程为西洋哲学史、教育哲学、康德之纯理批导、黑格尔哲学等，选读的学生甚为踊跃。可惜当时教师薪金每月只发二成，生活艰难，同仁多已离去。先父此时尚须担负文湘、文曦两侄大学读书费用，手中亦甚拮据，虽不忍弃教，然北京已非自由讲学之地，先父纯以教书讲学为职志，固不欲有所左右于其间，乃于1926年9月向北大请假暂赴厦门大学任教，以待时局好转。

1929年北平时局稍有好转，先父回到北京大学任哲学系教授兼系主任共6年，写了多篇论文。1935年，先父休假再赴欧美考察一年，以了解近代哲学的倾向与发展情况。

先父认为自己原是一农家子弟，能够赴欧美留学，完全是四川省公费派遣所致，归国后久未回川服务，心颇歉然。1936年当先父休假考察返国时，适旧友任鸿隽任四川大学校长，邀其回川襄助，先父慨然应允，在川大第一年担任文学院院长，第二年代理校长。

先父交卸川大校长职务后，其时适武汉大学迁乐山，校长王星拱来蓉邀先父和朱光潜先生去武大讲学，先父乃于1939年秋和朱先生一道赴武大任教。朱先生在北大任英文系主任时，与先父在学问上多有研讨，到川大后两人又风雨同舟，患难与共，今在武大又同住一院，感情深厚，同在武大任教6年，直至1945年抗日战争结束后，两人又都重返北京大学。

在武大期间，先父曾多次应马一浮先生邀请，赴乐山乌尤寺复性书院作哲学讲演，并与马先生时相过从，马先生曾多次以诗书作赠。1945年抗日战争结束，北京大学迁回北平，又邀先父回校，先父乃于1946年返北京大学。先父离开北平已10年，重返北大后，心情异常兴奋，教学更加努力，致使血压益高，医生以其有随时中风可能，认为不能再行上堂教课，遂于1948年年底离校回川养病，与子文达、侄文湘同住于成都外东沙河堡文湘果园，并与老友作家李劼人先生的“菱窠”为邻，因此得与李老往还甚密。

中华人民共和国成立后，先父以教育界耆宿，受到党和人民政府的优遇和尊重，被聘为四川省文史馆研究员，1955年又任四川省政协委员。1956年旧友吴玉章先生任中国人民大学校长，函邀先父任教，先父以年届古稀，血压又高，婉言谢绝。不久北大校长马寅初及哲学系主任郑昕，又先后函请返校，担任指导青年教师和研究生搞科研工作，并言明：“不要求上班开课，时间亦不受限制，有暇将过去的旧作整理出来，务使先生之学不致成为绝学。”先父与北大关系甚深，情不可却，乃于1957年春应聘，第四次回到北大。

先父于1957年春决定回北大时，适政协全国委员会来电，特邀为第二届政协全国委员会委员。此后，连任全国政协第三届、第四届委员会委员，直至1969年去世。先父在欧美留学十载，在名师指导下，潜心钻研黑格尔哲学，并以英国皇家学会会员、德国康德学社社员和亚里士多德社社员的身份，多次参加了国际哲学会议，结识了英、美、德、法、奥、荷、瑞士、瑞典及丹麦等国有名的哲学家，因而见闻广博；加以勤奋钻研，故能取得较高的成就。

1947年，先父60寿诞，他的朋友、同事和学生，仿西方学术界纪念耆宿的例子，以撰著论文祝嘏，编有《哲学论丛》一卷以纪念他。先父从事教育事业前后近50年，历任大学教授、系主任、院长、副校长、校长等职，门人弟子满天下，其中许多人早已成为海内外知名的学者专家，如北京大学外国哲学研究所主任熊伟教授、天津南开大学哲学系温公颐教授、近代文人王叔岷教授、北京大学王利器教授、武汉大学肖萐父教授和杨祖陶教授、四川师范大学薛星奎教授等，都是门人中颇有成就者。

（选自《张颐论黑格尔》，四川大学出版社2000年版，作者系张颐之子）

回忆江天骥先生

陈 刚

著名哲学家、哲学教育家和翻译家江天骥先生于2006年10月16日在武汉与世长辞。先生是我国哲学界泰斗，是中国的逻辑学、分析哲学、科学哲学、现代西方哲学、以至整个哲学研究的代表性人物之一，为中国哲学界与西方哲学界的交流与沟通，为中国哲学研究走向世界，作出了不可磨灭的贡献。先生虽然已经仙逝，但是先生的著述不会离开我们，先生的音容笑貌仍然历历在目，一切仿佛发生在昨天。

中国的20世纪80年代是一个充满希望的时代，是一个欣欣向荣的时代，是一个纯真的时代，是一个理想主义的时代，是一个尼采、萨特、波普、库恩盛行于大学校园的时代。作为武汉大学科技信息专业的一名本科生，当时我也开始对科学哲学产生兴趣，读了一些介绍波普、库恩的著作，聆听了江先生及其弟子的每一次演讲。临近本科毕业的时候，我决定报考江先生的硕士研究生。于是我拜访了江先生位于珞珈山半山腰的住所，开始了与江先生的个人接触。江先生以平和的态度接待了我，表示欢迎理工科的学生报考，但是外语要求比较高。“如果明年还是60分及格的话，我要求80分才行。”我在哲学系的同乡夏光帮我从江先生的研究生手上弄到一本巨大的《当代西方科学哲学》油印本。我如获至宝，读了八遍，最终以93分的专业成绩和81分的英语成绩于1985年成为江先生的最后一届硕士研究生，与董毓和郑华同学，兰征、罗毅、王小光、曹秋华、陆健体、朱志方、吴云秋、陈真等当时是我们的师兄师姐。陈维航、桂起权是我们的老师。

当时的江先生已经七十高龄，看起来也像是一个七十岁的老人：头上经常戴一顶灰色的鸭舌帽，眼镜像茶杯底一般厚，背有些驼，是一个干瘦的老头。接待外宾的时候会穿上一件带黄铜纽扣的海军蓝西服上装(Blazer)，显得精神一些。江先生走起路来就完全不像一个七十岁的老人，步伐坚定有力，我们年轻人需要小跑才能跟上他的速度。江先生精力旺盛，是一个非常勤奋的学者，真可谓"老骥伏枥"：每天上午三四点钟就起床读书，然后是早锻炼，上午工作，午睡较长，下午和晚上根据需要有时工作、有时上课，晚上就寝较早。江先生好读书，走进他的书房，到处都是杂志和书籍，绝大部分是外文的。书房看起来有点凌乱，但是江先生显然知道每一本书放在什么地方。武汉大学哲学系的资料室在江先生的经营下，收藏之丰富，当时可能为全国高校哲学系之首。哲学系资料室长年保持订阅五十多种西文杂志，江先生阅读或浏览了其中的大部分。有时江先生和来访的外国学者谈起国外杂志上最新发表的某篇论文，经常是外国学者承认还没有看过那篇文章。

江先生讲课，因为浓重的广东地方口音，加上牙齿漏风，说实话比较难懂。慢慢听习惯了以后才开始感觉到其中的力度和韵味。学习进入讨论阶段以后，课堂由教室转到了江先生的书房。当时武汉的冬天没有暖气，但是夫人给他准备了一台带通风管道的大铁炉子，所以大家感到非常温暖。我们发言的时候，江先生基本上保持沉默。如果偶尔谁的表述条理不清，江先生就会问一个摩尔式的招牌问题，"你到底是什么意思?"(What do you mean exactly?)江先生的论文和著作，据某些同行反映，有些晦涩难懂。我倒没有这种感觉，相反，我觉得江先生的文字接近完美，一字不多，一字不少。读习惯了以后，你还能感觉到字里行间的激情和节奏。研究生阶段自然重读了作为教材的《当代西方科学哲学》，2003 年我开始哲学教学工作以后，又重读了一遍，每次都有新的收获。《当代西方科学哲学》出版以后变成了一本体积很小的书，应该说是国内科学哲学著作中水平较高的一本研究性著作，充满了江先生对当代西方科学哲学主要流派的准确而又深入的理解和赋有独创性的整理，二十年后的今天仍然是中国社会科学院和北京大学研究生的科学哲学必读书目。总之，是一本经得起时间考验的书。

江先生不是一个擅长交际的人，当时中国的大学还没有“国际化”的提法，但是20世纪80年代中后期武汉大学哲学系来访的外国学者络绎不绝，而且其中许多是不请自到的。最初是江先生走出去。在改革开放的初期，江天骥先生出访美国马里兰大学并任其科学史和科学哲学委员会兼职教授，在耶鲁大学哲学系和政治学系任访问研究员；在范岱年先生的推荐下，江先生于1983年4月赴南斯拉夫的大学校际研究生研讨班以及贝尔格勒大学哲学研究所参加科学哲学课程的讲授工作。江先生提交的论文，《科学合理性：形式的还是非形式的》，在全面掌握当代西方科学哲学研究成果的基础上，提出了非形式科学合理性的独创观点。论文大大超出了项目主持人、牛津大学的牛顿-史密斯博士的预期。在牛顿-史密斯博士的推荐下，该文于1985年发表在国际顶尖的《英国科学哲学杂志》上。牛顿-史密斯博士还主动帮助申请国际基金，将1986年的“国际波普哲学年会”安排到武汉大学召开。记得当时来的外国学者中有一位是伦敦经济学院的科学哲学系主任John Watkins教授。据说Watkins教授被认为是波普的“正宗传人”，与拉卡托斯和John Worrall不同，他反对任何对波普思想的修改。显然Watkins与其他几位外国学者处得不好，吃饭时和夫人一起选择单独坐了一桌。于是我们几个学生主动上前陪他和夫人一起吃饭。Watkins指着邻桌的几位外国学者，低声跟我说，“他们根本不懂波普，不过你们江教授懂波普，你们江教授最近的那篇文章很好，而且他的英语很好。”Watkins是那种典型保守的英国人，不会轻易夸奖人，能说一个外国人英语好是一件非同寻常的事。可惜当时我辈的英语水平不足以判断江先生的英语好在那里。在国外留学工作十几年后，2003年重读了江先生的“Scientific Rationality：Formal or Informal?”，才开始理解Watkins的话，Watkins说江先生英语很好显然用的是本国人的标准。令晚辈汗颜的是，即使在国外待过十几年，最终发现自己的英语水平离江先生精湛的英语水平仍然相差甚远。江先生早年毕业于西南联大外语系，抗战时长期给美军“飞虎队”当翻译，随后又在美国工作留学三年，最重要的是，江先生长年坚持阅读英语哲学文献。最后一点可能是江先生英语精湛的主要原因。

每当有外国学者来访，江先生总是说：“不能让外国学者躺在外招睡大觉。”除了听讲座，江先生总是安排我们研究生分批去外招和外国学者谈话交流，有时骑自行车围绕东湖漫游，哲学社会人生无所不谈，有时甚至陪同出访讲学或旅游。这种办法有效地提高了学生的学术水平和国际视野。记得有一次美国著名的数学史专家，纽约市立大学的 Joseph Dauben 教授来武汉大学讲皮尔士，特别是被 19 世纪主流的欧洲学术界所忽略的皮尔士在数学无穷大方面的研究，并比较皮尔士和康托工作的异同。我们哲学系的研究生不仅能提出有效的问题，而且能指出 Dauben 教授板书数学公式中的笔误。这让 Dauben 教授多少感到有些意外。当时来访的还有波士顿的 Robert Cohen，多伦多的 Ian Hacking，西安大略、哥伦比亚的 Alison Wylie 博士，牛津、夏威夷的 Mary Tiles 教授等。来访学者回国后往往会写中国访问见闻，发表在哲学通讯之类的交流性杂志上，而且往往对武汉大学哲学系教师和研究生的学术能力和外语水平赞美有加，大大扩大了武汉大学哲学系的国际影响。许多英美加学者是到了北京上海以后主动提出要到武汉大学来讲学。

当时来访时间最长的是密苏里大学堪沙斯城分校的 George Gale 教授。该大学是爱德加·斯诺的母校，George Gale 是作为“斯诺教授”来访的，为期半年，给我们研究生上了两门课。那是我们第一次见识美国风格的讨论班教学模式。Gale 教授是个随和甚至随便的人，所以讨论班的气氛轻松而又活跃。但是轻松之间也交织着智力的紧张。Gale 讲得精彩的时候，我们会睁大眼睛紧张地听，Gale 本人也显得比较得意；Gale 讲得不精彩的时候，我们就开始走神，于是 Gale 自己就紧张起来；有时 Gale 使用的例子不恰当，逐渐发现讲不下去的时候，我们就在下面窃笑。Gale 有许多令人难忘的另类特征：他一来就买了一辆只有中国农民才会买的那种带垂直站架的 28 载重型自行车；只带了一件西服上装，还是灯芯绒的，据说是见我们校长的时候穿的；一台纯机械尼康照相机旧得露铜；出行的时候不喜欢丰田皇冠倒喜欢中国的上海，其次是苏联的伏尔加。Gale 能讲一口流利的法语，这在美国人当中是不多见的。Gale 有一个重要的爱好，那就是喜欢品酒，在美国会自己酿葡萄酒和啤酒，还是地方的业余品酒师。江先生也喜欢品葡萄酒和啤酒，所以两人经常相饮甚欢，估计在一起品酒的时间超过谈哲学的时间。在我们学生面前，Gale 对江先生的哲学素养评价颇高，说自己在美国是教学型的教授，实际上 Gale 的哲学感很好，在美国科学界有一定的影响力。访问临近结束的时候，江先生让曹秋华带他去参观鄂州啤酒厂，回来时带了两大箱免费的啤酒，于是 Gale 用那两箱啤酒在外招的顶层平台给我们研究生搞了一次 Barbecue，江先生牙不好，没有参加。Gale 很胖，蹲在火炉边烤肉，很辛苦的样子。我们站在后面，一边喝啤酒，一边开玩笑：把 Gale 烤了，可能味道更美。Gale 在武汉交了许多中国朋友，的确是传播中美友谊的“斯诺教授”的最合适人选。

三年的研究生学习很快进入毕业论文准备阶段，江先生要求我们以英语原始文献为主要参考资料，尽量不要读别人翻译的东西，因为读别人的综述或翻译就好比是“吃别人嚼过的饭，你不可能尝到食物原本的味道”。我自己提出的毕业论文方案是讨论分析与综合的区别，即数学知识与经验科学的关系。江先生否定了我的方案，建议我研究劳丹的科学哲学。现在看来江先生是对的，我的确准备不足，题目也太难。但是当时我并不理解这些，心里颇为不快。当时的我年轻气盛，经常毫无顾忌地发表不同意见，自认为对江先生多有得罪。毕业以后去了华南理工大学教书，后来又去英国和加拿大留学，然后是在多伦多和南加州工作。当时通讯不像今天这样方便，与国内的亲友联系很少，自己在国外的生活轨迹就像断了线的风筝，翻滚飘摇不定。在国外走了一圈，发现国外的教授并没有我们当初想象的那么神，我们在国内了解的是最拔尖的那部分，从整体来看，比得过江先生的不多。江先生如果年轻几十岁，到国外来做个教授，水平应该属中上等。后来听说，江先生有时对别人提起我，“我有一个学生叫陈刚，现在在加拿大……”我才发现江先生当初并没有生我的气，江先生的胸怀是宽广的，于是自己感觉非常惭愧。1998 年回国时我曾经拜访过江先生，此时的江先生比以前衰老了许多，体力和脑力明显不如从前。记得那天天气不好，家里又没有暖气，自己心中产生一阵凄凉的感觉，与 80 年代的阳光印象形成鲜明的对比。江先生对我带去的安大略西洋参没有表示任何的兴趣，似乎他不相信这类东西。2003 年我回国到华中科技大学教书。再次看望江先生是在武汉的中南医院。江先生正在午睡，躺在病床上，缩成一团，身体异常干瘦，让人不忍心看。江先生醒来以后，也许是喜欢我带去的鲜花，心情特别好，头脑也异常清醒，拉着我的手和我交谈起来。问我现在研究什么，还问我牛津剑桥的 high table 是怎么一回事。我意识到，应该趁江先生现在头脑还清醒，赶快把自己对老师的钦佩之情说出来，也许以后就没有机会了。江先生打断了我的话，操着浓重的广东口音对我说，“你过奖了”。

（作者 1988 年毕业于武汉大学哲学系，系华中科技大学教授）

我的大学时光

朱九思

我1916年出生于江苏北部扬州市的一个普通家庭。我的早期教育是在如火如荼的政治变革中进行的，尽管这种变革影响到我后来的一次次选择乃至整个生涯，但当时的进步环境使我受益匪浅。我的一生还与三所著名大学有着不解之缘，每一所大学都代表着中国不同的传统特色，也印证着中国现代化发展的不同阶段。武汉大学是一所国立综合性大学，我在那里读了三个学期的本科；抗大是中国共产党在延安建立的学校，革命斗争期间，我在那里进修并留校教书；最后是地处武汉的华中科技大学，1953年至1984年，我作为学校的主要领导人之一带领“华工”前进，创造了一个在全国具有一定影响力的优秀大学。

我在扬州中学学习6年之后，圆满毕业。当时，大部分毕业生都进入国内的好大学继续学习，但此时我的家里已经没有足够的资金供我念书。于是，我不得不暂时放弃深造，联系到浙大物理系的一个小职位。一个月20元的薪水，使我获得许多大学生活经验。

我为当时没能继续读大学而沮丧，但同时也感受到，在这个小职位上默默工作的时间，给了我更多的思考。1935年至1936年，我在浙大工作的这段时间正是学校发展的重要时期。那时的学生运动使郭任远校长被迫辞职，另一位有远见的新校长竺可桢取而代之。竺可桢观察到了学生们推翻专制领导的方法、国民党主席蒋介石来学校视察的用意，以及郭校长在前几个月里对学校的管理方式。竺可桢上任前提出要拨足经费，还要允许他自主地聘请教员，蒋介石都答应了。

1936 年，我的兄长说服家人资助我读大学。仅此一举，我就对兄长怀有无限感激之情。当时南京是首府，离扬州又不远，沿长江和大运河坐船仅仅 6 个小时的路程，因此父亲建议我去南京就读国立中央大学。但我不同意，一想到会生活在由蒋介石统治的首府，我就觉得压抑。我对家人让我自主选择中学的做法一直心怀赞赏，于是决定在国内其他地方读大学。这一次，我选择了武汉大学，并且申请了一个主修哲学教育、辅修英语科目的学习计划。

我 1936 年入学，由于战争的原因我在武大只能学习 3 个学期。第一年，我学习了 5 门课程，涵盖了哲学观、道德论、教育心理及教育原理、英语等科目。总的来说，我觉得主修课的大部分内容太过时，主要是从英文版的西方课本中提炼出的一些思想，教学方法也枯燥乏味。我现在能记起的唯一一门课是范寿康老师所讲授的哲学原理。范老师介绍了辩证唯物主义，并适当结合了国情，我很喜欢。外语系的课程总的来说要好些，所以我在第二年转到了英语专业。我觉得自己当年学得不错的几门课程，如语音学等，使我在六十多年后的今天仍受益匪浅。

抗日战争临近是国家的命运所系。我的忧虑始于 1931 年，其标志是日军侵华开始的“九一八事变”。我阅读了大量西方的进步文学和有关社会思想的中译本，同时也意识到中国为争取自由解放的斗争正在一步步展开。以前在浙大做文书工作的日子里，我亲眼目睹了学生运动，却也深深遗憾自己当时不是学生而不能参加。这次在武汉大学，我终于可以参加学生运动了！这就是事情的起因。

大学一年级时，教中文的老师是一个极度保守和传统的学究，我上交的文章由于表现出进步思想而受到批评。这位老师名叫苏雪林，是一位小说家。她极其尖锐地批评我的这篇文章是“普罗八股”，也就是说是一篇无产阶级的“八股文”。我极度灰心，就把这篇文章拿给同班的学友看。

这个同学转而把我介绍给了一个进步学生团体，这个组织总是秘密会面商讨国家大事，同时考虑如何拯救国家于危难之中。尽管当时这个地下组织与共产党没有联系，但它与国内其他进步组织联络密切。我发现自己越来越离不开这里。

与此同时，国内形势急剧恶化。1937 年 11 月，正是我读大学二年级的第一学期，我收到了家里寄来的最后一封信，还汇来了 70 元钱。信是哥哥写的，告诉我日本已经攻到上海，不久就会打到扬州。尽管灾难逼近，哥哥还是鼓励我安心继续完成学业，一旦需要转移就听从学校的安排。对我而言，收到这封信就预示着我的大学生涯的结束，因为我几乎再也不能专心上课、阅读和学习。就在一个月前，我加入了中国共产党，于是现在决定申请到延安革命根据地继续学习。而我的两个同学也打算这么做。对于这个计划，组织上要求我严守秘密，连家人也不能透露。我明白家人得知后一定不会同意，但同时又强烈感到他们会理解与支持的。日本军队于同年 12 月 13 日侵入南京，几天后就进驻扬州。而我已于 12 月 12 日离开武汉奔赴延安。接下来的几年里，许多亲密的朋友和同事都牺牲了，这些令我至今都难以忘怀。一想到自己能够在抗日战争和国内战争的艰苦条件下生存下来，我就感到特别幸运！我认为现在的年轻人是无法体会当年“国将不国”、活在日军侵略的阴影之下的生活的。在我原来所参与的“武大青年救国团”中，有些同学已经离开了学校，有的跟随该社团转移到了四川，还有的人在战争中牺牲了，我的一位挚友就是在 1942 年带军队打仗时英勇牺牲的。我在 12 月末到达延安，在那里待了一年。其中在抗大学习了 6 个月，于 1938 年 6 月毕业。然后留在抗大执教 3 个月。1938 年 12 月，也就是我离开武汉整整一年的时候，共产党决定在敌后根据地建两座抗大分校，一座建在邻近的山西省东南部，另一座位于河北省山区一个叫晋察冀的地方。晋察冀根据地离北京南部只有几百公里，从北京南到河北、从天津西到大同，许多革命的路线都必经此地。我清楚地记得当时抗大副校长罗瑞卿一一念出名字，把大家分配到不同的地方时的情景。每个人都服从分配，我被分到了晋察冀。

〔选自《开拓与改革》，华中科技大学出版社2008年版，作者系武汉大学校友，当代著名教育家。历任华中工学院(华中科技大学前身)副院长、院长、院长兼党委书记等职〕

为学术而学术的祖陶师

段德智

杨祖陶老师不仅是我国著名的西方哲学史家和康德与黑格尔专家，也是一位著名的教育家，在几十年的教学和研究生涯中，为我国培养了一大批杰出的西方哲学研究人才。我只不过是他培养或参与培养的诸多学生中再普通不过的一个。

我和杨老师的师生关系可以一直上溯到1963年。因为我是在那一年考入武汉大学哲学系，成为武汉大学哲学系的一名学生的。尽管在那个时候，杨老师可能并不熟悉我，但我们之间的师生关系应该说还是确立起来了。1978年，我第二次考入武汉大学哲学系，成了陈修斋先生和杨祖陶先生的硕士研究生。我们的师生关系就更为直接也更为密切了。在与杨老师半个多世纪的接触中，我越来越多地为他的严谨治学的学术精神所感动，总觉得在他身上有一种普通学者虽然难以达到但却应当“心向往之”的东西，这就是他的“为学术而学术”的学术人格和治学精神。

杨老师为学术而学术的学术人格和治学精神主要涵盖下述四个方面的内容：“生死相托”的学术志向、“安分守己”的学术美德、“独立不倚”的学术人格和“精益求精”的工作态度。

首先，是“生死相托”的学术志向。这是最让我感动的。2006年，杨老师的译作《精神哲学》出版，我当即写了一篇报道和评论。题目为《杨祖陶教授以79岁高龄推出力作〈精神哲学〉》。我并不是专门研究黑格尔哲学的，原本没有资格写这样的报道和评论。但杨老师的学术精神感动了我，使我不能不写。

为什么杨老师的精神让我特别感动呢？杨老师出这本书时已经 79 岁。这在我们老家则称之为 80 岁。一个 80 岁的老人，每天干些什么呢？大多数农村的老人到冬天就依靠在墙角晒晒太阳，夏天就躲到树荫下聊天。也有少数老人不时地到田边地头看看，见到地里有个石头什么的，就捡出去。见到年轻人锄草锄得不干净时，就顺手将几根草拔出来，要干也就干这样一些事。但是，当我看到杨老师这本书的时候，给我的感觉好像是一个 80 岁的老人还整天和年轻人一样整晌整晌地干活，而且干的不是轻活，而是犁地、割麦子这样一类的重活。人上了年纪，体力不济，精力不济，这是自然规律。况且人还有惰性。干了几十年了，也该歇口气了。一个 80 岁的人和年轻人一样干，啃的都是些硬骨头。哪来的心劲？哪来的精力？我觉得最根本的就是杨老师实实在在地将学术研究当成了他自己的精神生命，当成了自己安身立命的根基。不然的话，他这样做是很难让人理解的。这使我想到了杨老师的老师贺麟先生。贺先生曾经讲过一句很有名的话，这就是：我宁肯和老婆离婚，也不肯放弃对黑格尔哲学的研究。这不仅仅是句笑话，而是有深刻的哲理的。贺先生假如和师母离了婚，只要他继续研究黑格尔，他就依然是个黑格尔专家，但是，倘若他中途放弃了黑格尔研究，他也就不再配做黑格尔专家了。所以，学者与学术研究是一而二二而一的东西，是生死相依、生死相托的东西。学术研究对于学者不是身外之物，而是构成其内在生命的东西，如果套用《中庸》里的话，我们就可以说：学术研究者，“不可须臾离者也”，可离非学者也。两千多年前，毕达哥拉斯派将哲学界定为“爱智”而不仅仅是“智”，是“Philosophia”而不仅仅是“Sophia”，其目的就在于突出哲学研究中的情感因素，突出对哲学的挚爱，对哲学的生死相依和生死相托。我觉得我们学习杨老师，最根本的就是要学习他的这样一种对哲学和哲学研究的挚爱，学习他对哲学和哲学研究的生死相依或生死相托的这样　份真诚。

其次，是“安分守己”的学术美德。在杨老师身上，还有一件事让我特别感动。这就是多年以来，他赠送给我的每一本书的扉页上，都认认真真地写上

“段德智学友惠存”或“段德智学友指正”字样。杨老师是受人敬仰的哲学前辈，又是我的导师，他竟然称我为他的“学友”，这怎能不让我感动呢？这事给我的第一感觉是杨老师有谦虚待人这样一种美德。但仔细想想，事情并不就这么简单，还有更深的意涵。这就是杨老师身上具有一种常人少有的平民意识。这在我们这样一个曾经长期讲“天地君亲师”的国度里，实在不容易。也许正是凭借这样一种平民意识，他才不仅谦虚待人，而且还能平等待人。然而，事情到此似乎还未说透。因为，无论是谦虚待人还是平等待人，都不能从根本上解释他何以将我或我们称作“学友”这样一个事实。为要解释这样一个事实，那就只有设定：在杨老师本人的内心世界里，他自己只有一种社会身份，这就是学者，一种为学术而学术的学者，以至于他将师生关系等社会关系一律化简为或还原为共同从事学术研究的朋友关系。现在想来，杨老师之所以做事从来低调，不事张扬，之所以长期心无旁骛、埋头学术，都跟他的这样一种学术境界和学术美德有关。然而，要做到这一步很不容易，没有极高的境界和学养不行，没有一个非常博大的胸怀也不行。我觉得，单单这一点，就够我和我们学习一辈子。这也使我想到了当代著名的政治社会学家贝尔。贝尔曾经相当严格地将学者与“知识分子”对置。在贝尔看来，学者主要有下述几个特征：首先，凡学者都有“一个确定的知识领域”。其次，凡学者都有“一个传统”。第三，凡学者都在“一个传统”中生存，他不仅“照着讲”和“接着讲”，而且努力“自己讲”或“讲自己”。第四，凡学者都明白“接着讲”不容易，“自己讲”或“讲自己”更不容易。所以，他几年乃至几十年在自己的研究领域里辛勤劳作，摸爬滚打，力求拿出一点真正属于自己的东西，真正新的东西。他明白在一个领域里能多多少少地讲一点自己的东西已经是一件非常不容易的事情了，所以，有成就的学者都往往自得其乐。孟子讲“君子深造之以道，欲其自得之也”，即是谓此。第五，是凡学者都知道自己的有限性，都知道自己几斤几两，都知道自己的一亩三分地在哪，从而非常谦虚，“极少与他的‘自我’纠缠在一起”。因此之故，他非常“本分”：他知之为知之，不知为不知；自己知道的是一种确然性知识，就将其说成是确然性的；自己知道的是一种或然性知识，就将其说成是或然性的；他从不浮夸。“知识分子”则不同，他最根本的特征就是以“自我”为中心。“知识分子”既没有历史和传统，也没有自己固定的专业领域，他只有一个中心，这就是“自我”。“知识分子”的另一个特征在于他“自视甚高”，“他对社会的判断反映了社会对他的处置”。“知识分子”的第三个特征在于他的“独断性”。在“知识分子”那里，“根本无法区别”“确然性”和“或然性”的知识。他常常将自己所获得的“或然性”的知识说成是“确然性”的。凭借贝尔关于学者的这个定义，我们就会发现：杨老师实在是一个“为学术而学术”的相当纯粹的学者。虽然我们不能说杨老师在当代中国学者群中是最有成就者，但我们却完全有理由说他是当代最纯粹、最本分、最安分守己的中国学者之一。

第三，是“独立不倚”的学术人格。“自由”的前提是“自主”。所以，独立不倚的问题本质上是个“自由”问题。杨老师常常强调“为自由而自由的实践精神”，这在本质上就是一个人的自主自由问题。“为自由而自由”说说容易，但要真正实现出来就非常难了。卢梭在《社会契约论》中讲“人是生而自由的，但却无往不在枷锁之中”，就是这个意思。这里有个政治制度问题，但对学者来说，还有一个学术修养和学术人格问题。就学术修养和学术人格层面看，至少涉及两个问题。首先，是淡泊名利问题。学者虽然在多数时间里埋头于自己的专门研究领域，关在自己的小天地里，但外面的世界很精彩，免不了要受到这样那样的诱惑。庄子讲逍遥游、讲自由，但他同时又强调我们不能为“名利”所“累”，不能“役于物”，但要做到这一步，就学者个人来说，最好的办法就是“淡泊名利”。也就是说，只有“淡泊名利”，才能不为名利所“累”，才能做到“独立不倚”。据了解，有一个学术机构曾经打算请杨老师出任一个比较重要的职务，但杨老师为了更静心地搞学术研究，竟婉言谢绝了。当然，一些学术职务还是要人来承担的。但杨老师不热衷这样的职务，谢绝这样的职务，显然与他淡泊名利的品德有关。其次，也是更重要的，是学者的学术态度。毋庸讳言，凡学术都有其工具性的一面，都有其应当造福于人类、造福于社会的维度，但也都应当有其超工具性的一面，有其神圣不可侵犯的一面，有其本身即为目的的一面。而“为学术而学术”所强调的正是问题的这样一个方面。几十年来，杨老师尽管经历过“反右斗争”和“文化大革命”等风浪，但他潜心研究德国古典哲学的热情从未减退，一个根本的缘由正在于他不仅仅将学术研究当做工具，当做谋生的手段，而且更把学术研究当做目的本身，当做值得自己献身的事业。这也是值得我们后辈认真学习的。

最后一点，是“精益求精”的工作态度。在当代中国学者中，杨老师出版和发表的东西虽然也不少，但却算不上很多。然而，无论是他发表的学术论文，还是他出版的学术专著和译作，都很有分量，差不多可以视为精品。他之所以能产出这么多的精品，显然与他精益求精的工作态度分不开。仅仅从《耶拿逻辑》的翻译过程，我们就可以对他的这样一种工作态度略知一二。首先，在翻译过程中，他一丝不苟。一如他在《译后记》中所言，为了精确地翻译一个句子，乃至一个术语，他有时不仅要对照几个外文版本，而且还要反复“翻字典”、思量揣摩，“甚至搜索枯肠”；为了精确翻译文本中有关微积分、解析几何、物理学和化学等数学和自然科学的内容，他还一一专门请教有关专家。其次，为了方便读者研读原著，杨老师还精心编译了“索引”。“索引”这东西看起来就那么几页，但要编出一个好的索引却要花费很多时间和很大精力。况且，现在许多出版社不仅不要求译者编索引，而且有时为了避免麻烦，甚至将著者和译者已经编好的索引撤下来。然而，在这样的情况下，杨老师不仅主动提出来要编译索引，而且编译得还非常讲究。还有，在初稿译出后，他还不厌其烦地多次修订自己的译稿。即使在审查清样时，对自己感到不满意的地方也不放过。据说，其中有几页由于修改得过多，担心责任编辑看不清楚，只好将这几页重新打印出来，随清样一起寄给责任编辑。所有这些都无不体现出杨老师精益求精的工作态度。当然，为要精益求精，就需要眼界。没有水平，没有眼界，即使非常低劣、非常粗糙的东西，也看不出毛病，这样，精益求精也就无从谈起了。但要做到精益求精，光有眼界还不行，还需要有境界，有为学术而学术的学术人格。如果一个人从事学术工作时过多地追求学术之外的目标，他就会缺乏耐心，他就会为了及时实现自己学术之外的某种目标，而迫不及待地将自己的成果抛出去。要这样的人精益求精是根本不可能的。所以，精益求精的工作态度既是为学术而学术的学术精神的内在要求，也是为学术而学术的学术精神的重要体现。杨老师精益求精的工作态度确实堪称我们晚辈的楷模。

总之，生死相托的学术志向、安分守己的学术美德、独立不倚的学术人格、精益求精的工作态度，一句话，为学术而学术的学术人格和治学精神，这些就是杨老师半个多世纪给我留下的整体印象。在我看来，这些就是我们普通学者“未必能至，心向往之”的东西。

现在，91 岁高寿的杨老师由于不可避免的自然规律已经离我们而去了。尽管我们可以将杨老师的离去视为一桩自然事件，但杨老师作为一个为学术而学术的学者，他的离去却别有一番意境，颇多耐人寻味之处。杨老师是在 90 高寿时投身其最后一部学术专著即《黑格尔〈精神哲学〉导读》的写作工作的，他也是在这一学术专著的紧张思考和写作活动中离开我们的。倘若老天开恩，再给他三四个月的时间，他或许就能如愿完成他的学术人生的这一压轴之作。而作为毕生都在从事紧张学术劳作的杨老师也在憧憬这一天的到来。他在紧张写作之余不止一次地流露出完成该著后将要过一种比较轻松的生活，拿出更多一些时间陪陪相依为命的老伴。这样一种愿景对于一个劳累了一辈子的学者来说不仅是一件再自然不过的现象，而且也是一项档次再低不过的要求。但谁都没有想到老天竟如此不近人情，不仅太过吝啬，而且也太过残忍。从这个意义上看，杨老师的离去实在有太多的遗憾。

但从另一个方面看，我们又不妨将杨老师的离去视为他为学术而学术的学术人生的一种内在成分和一个内在环节。因为杨老师毕竟是在他的学术思考和写作中离开我们的，是在他对其《黑格尔〈精神哲学〉导读》一书的完成和出版的憧憬中离开我们的。就在杨老师去世的前一个月，我还在一篇题为《求真务实是“胜义谛”》的采访中说道：“杨老师是一位求真务实的学者，几十年如一日，心无旁骛，甘坐冷板凳。如今年届九十，仍笔耕不辍，享受着为学的那份‘真乐’和‘真福’。”从这个意义上，我们可以说，杨老师是在“享受着为学的那份‘真乐’和‘真福’”中离开我们的。而且惟其如此，我们才有更充分的理由说：杨老师的一生是“为学术而学术”的一生。由此看来，杨老师的离去本身就是一个“学术事迹”，其所彰显的非但不是他的“学术人生”的“残缺”，反倒是他的“学术人生”的罕见的“完整”和“丰满”。

应该说，杨老师作为一位学者，其老年生活实在堪为楷模，至少作为老年学者的“一种”生活方式，实在令人肃然起敬。他差不多和康德一样，其大部分学术著作和学术译著都是在其老年乃至晚年完成的。在我的心目中，他就是珞珈山上一棵不老的青松，长期以来他的这样一种学者形象一直鼓舞着我在学术道路上不断披荆斩棘，奋力前行。“彼人也，予人也。彼能是，而我乃不能是？”杨老师长我 18 岁，他尚且不顾年老体衰，心无旁骛，潜心治学，我怎么好意思偷懒呢？榜样的力量是无穷的。正是在杨老师学术精神的鼓舞下，我在退休之后也做了一些学术工作。例如，我退休之后，作为首席专家相继承担了一个“教育部重大攻关项目”和一个“国家社科基金重大项目”，在人民出版社和商务印书馆出版了多部著作和译著。而且，有关著作还先后获得第八届、第九届和第十届湖北省社会科学优秀成果奖一等奖，其中《莱布尼茨哲学研究》一书不仅获得了第九届湖北省社会科学优秀成果奖一等奖，而且还获得了教育部第七届“人文社会科学优秀成果奖”二等奖。此外，我所主译的《神学大全》第一集（共五册）还荣获了商务印书馆 2013 年十大好书称号。

因此，在我看来，杨祖陶老师虽然和当今时代的任何一个学者一样，其研究范围也主要限于某一个或某几个学术领域（就杨老师而言，其研究领域主要限于德国古典哲学），但他的这样一种“为学术而学术”的学术人格和治学精神将不仅惠及整个哲学界乃至整个学界，而且还必将永世长存，泽被后学！我们应当发扬光大的首先就应当是他的这样一种“为学术而学术”的学术人格和治学精神。

（作者系武汉大学教授，武汉大学基督宗教与西方宗教文化研究中心主任）

我的恩师李维武教授

薛子燕

我与李维武老师的最初接触是在 2010 年，那时我作为一个历史学的硕士研究生毕业不久，刚确立想要从事学术研究的想法，仅凭个人兴趣，希望得到哲学方面的训练，但无论是知识结构和专业素养，都还有所欠缺。然而，就是对我这样一个半路转而想要学习哲学、从事哲学研究工作的青年人来说，李老师却倾注了无限多的精力和心血进行指导和栽培。这是我从开初与老师相识，直至今日始终无比感动和珍惜的一点感悟。

我的老师李维武教授，给同学们的印象，总是精神矍铄、神采奕奕、充满活力。我觉得，这种人格气质，是他平素以学术为生命的人生境界的自然显露，也体现在老师平日的待人和处事风格当中。2011 年，我初进入武汉大学哲学学院，读博士研究生的第一年，恰逢学界纪念辛亥革命爆发一百周年。武汉作为辛亥革命的发生地，为了纪念这次伟大的历史运动和思想革命运动，举办了许多相关的纪念会议和活动。由中国现代哲学史学会和武汉大学哲学学院共同承办的“辛亥革命时期哲学开展与百年来中国现代哲学历程”的学术讨论会在当年 11 月份举行。李老师是这次会议的主要负责人和组织者，因此，我在当年 9 月入学之后不久就参与了这次会议的筹办工作。在以往印象中，学术会议的具体统筹、组织和安排都是由青年老师或是研究生和本科生来承担，然而李老师为了这次会议能够圆满举办，从整体策划，联络学者专家，论文的甄选和印刷，到会务的接待、餐饮和会后参观活动，几乎事无巨细，都经过了他的深思熟虑和合理精心安排。数百位来自国内外的学者前来参会，会议规模和工作量相当庞大，他当时跟我们说，一定要保证开会前把所有可能会遇到的问题都考虑周全，以免在会议期间有什么突发情况来不及处理。当时我主要负责编辑会议论文集，由于收到的论文数量较多，主题不同，格式不统一。李老师先是让我将论文集按照他设计的主题分类按顺序排好，每一篇都仔细检查字体和格式，力图论文集中每篇论文的字体、页面设计和内容都统一化、美观化。现在我还清晰地记得，在印制论文集的前一天，他竟亲自陪着我在打印社里核对，一篇一篇地检查是否有错漏。我记得那天我们从早晨一直对到傍晚，在打印社里待了一整天，没有吃中饭，老师甚至连一口水都没有喝。不仅如此，他还亲自核对与会学者的胸牌、席卡的尺寸和美工。这种对待每一件事情都认真忘我的工作态度，让我惊讶，继而感动，以至于完全让人忘记他是一位60多岁的老人。会议办完之后，他和我说，不要小看办会中的每件小事，这种办会活动中细小和复杂的工作，能够锻炼人的沟通、执行和应变能力。也千万不要随意怠慢每一个来参会的学者，更不要以名气的大小来区别对待学者，以认真的态度和真诚的服务意识与别人相处，是今后工作中遇到问题时很重要应对的能力。这些话，至今时时记在我的心里，在日后的学习和工作生活中受用无穷。

李老师对待教学和科研的认真严谨广为人知，老师的课堂内容信息量较大，每一页课件都是他自己精心制作的，因此时间和内容通常都会把握的非常准确，而老师的讲授也颇为正式，同学们经常是一边看课件，一边低头抓紧记笔记，不然就会错过一些内容。李老师的课大多安排在傍晚，通常下课以后，我会和他走一段从教学楼通往他家里的路，在路上他会跟我谈论一些课堂上的问题，然后从这一问题引申到其他对我有帮助的一些内容话题上。久而久之，每次课后的这段走路时间，成为了他给我的课外辅导时间，读博期间，我多篇论文写作的想法和思路，都是在这段“加课”时间完成的。老师也会将自己的研究当中不断产生的新想法、新观点和新成果及时地提醒我去关注和学习，能以这样的方式得以和老师交流和沟通，这使我感到尤为幸运。也许老师有时候对待学问的一丝不苟，甚至显得有些严苛，但我能感受到，这是出于“以学问为天职”的敬畏之心，容不得半点马虎，与老师接触久了，才能更真切地感到了他严肃态度背后，对学生春风化雨般的关怀和耐心。

记得当时我计划写一位台湾现代思想人物周德伟的论文，我跟老师提出，想要在硕士论文的已有基础之上，对新获得的材料进行整理，再写得深入一些。周德伟的思想材料在大陆几乎没有，当我提出继续深入研究的困难和局限之处时，他毫不犹豫就提出先把所有的材料给他看一下，看完再找我谈。我将资料送去后，过了没几天，他便找我在哲学学院中哲教研室里谈话，见到老师后，他把资料交还给我，我随手一翻，老师再次让我大吃一惊，继而感动得不知说什么才好。那些多达上千页的资料上，布满老师用便签做的记号，他不仅通读了那些我搜集来的所有资料，还提出了可行的论文大纲供我参考。日后慢慢了解到老师对待学生所提出的难题和困惑，都是一贯如此，不仅十分重视，还尽可能全面细致地提出自己的卓见。对我而言，老师对待学生的这种风范，过去只在书本里记载的民国前辈的事迹中见到过，当发生在自己身上时，难免百感交集，也深深窃喜自己的幸运。

我在读博士研究生的后两年，大部分时间都放在博士毕业论文的写作上，期间李老师生了一场重病。2014 年 9—10 月间，在前去医院办理住院前，他还负责武汉大学“慕课”(MOOC)课程《中国哲学史》的录制工作。当时李老师的身体已经出现了比较明显的症状，每天只能吃极少的食物，人也开始日益消瘦。由于“慕课”的录制任务比较紧，为了保证课程的连续完整和顺利上线，他决定自己一个人把整个课程都讲下来。因为当时他体力虚弱，由我陪同前去。我们每星期会去录两次，按照“慕课”的时间要求，老师事先会将课件内容压缩整理，把从前的每节课 45 分钟，压缩到每节 20 分钟左右的时间。这样，一上午的时间可以录制 2～3 小节。当时老师消瘦得很厉害，穿他平日里最合身的西装竟显得很宽松，气色也是不如往常。尽管如此，他一旦站上讲台，面对镜头时，马上就忘我投入，呈现出气宇轩昂、挥洒自如的神态。偌大的像报告厅一样大的录制现场，除了现场工作人员和五六台摄像机，就是他在上面讲着，我在下面椅子上，用电脑同步打字录入他所讲的内容形成文字。根据要求，视频录完之后，我要将录入的文字按照后期剪辑好的视频导入字幕。因此，那段时间的工作，就是李老师白天录制课程，然后由我和师兄贾继让整理录音和文字，做好字幕导入视频文件。

直到后来，大概是10月中旬的一天早上，李老师比往常稍晚几分钟到现场，看起来没有什么精神，在录制开始之前，将我喊到一边，小声和我说下午要去住院。尽管如此，老师还是坚持要把上午准备的内容录完。那个上午我心里很是忐忑，看着没有体力的老师站在那里强打起精神一如从前般从容录影。当天下午，老师住进了医院，他说这是他人生第一次住院，也是第一次得重病。因此，“慕课”课程的讲授只能暂时中断，直到2017年春天，老师身体逐渐恢复之后，才又得以重新启动。这期间，我完成毕业论文答辩离开武大，我们一起去录影的那栋教学楼也被拆掉了。

2014年10月16日，李老师进行了全面的身体检查之后，就一直住在中南医院接受化疗和放疗，至2015年6月初出院才回到家里。这段时间里，我们几个李老师和师母何萍老师门下的研究生，自觉轮流白天到医院陪护。我没有想过，会有这样一段特殊经历，是以这样的方式和李老师相处。因为老师身体免疫力低，不能出室外，一日三餐都要送饭。这样，我们摸索出老师住院期间的生活作息规律，尽可能根据医生的要求，精心陪护，希望老师能够得到最好的治疗效果。轮到我去医院的时候，早上总是换一些早饭种类送去，每天老师吃过早饭之后，就开始打吊瓶，那时天天都要输各种不同液体，时间从早上一直到下午，其间需要看着更换液体。中午吃饭、午休都一直拖着那个挂吊瓶的架子，难免行动不便。让我感到意外的是，李老师对待各项检查、治疗和生活上的不便，并不像一个生病的人，他对这些总是十分从容淡定。

有一次，不知什么原因，化疗后第二天中午，老师突然开始高烧，病情变得严重。那段时间，老师每天只能吃得下很少东西，除了早饭喝点粥和流食外，中午几乎都是喝面汤。在这种情况下，大家都很担心老师的身体状况，但老师却处之泰然。虽然病房不是看书写作的地方，经常有人来探望，老师却几乎将病房变为自己的移动书房，把各种书籍资料放置在本该放生活用品的柜子里，每天读报读书做笔记，最终在病床上编写出了自己的第三本个人文集《中国哲学的古今之变》。就这样，他一边接受医生的建议积极配合治疗，一边又在身体条件允许的情况下继续工作。后来，病情得到了很大缓解，我觉得，也许这与老师的忘我的工作有关，是他的精神力量战胜了病魔。

住院期间，李老师还利用我们几个人轮流陪护的时间，分别指导了我们各自的博士论文写作。我的毕业论文初稿，也是因为在此期间及时向老师请教，才能够写出来。同时，我还配合老师完成了另一项工作。当时李老师结合自己的治学经验和人生感悟，将自己从本科开始走上学术道路的不同阶段的学术经历叙述下来，由我来进行录音和记录。我担心老师太累，提出每次不要讲太多，不超过一个小时。这样，只要环境相对安静的时候，我们就录一点，最终完成了十五个专题、二十几段录音。其中许多往事我都是第一次听到。比如，李老师谈及与萧萐父先生的最初相识经过，以及萧先生对于他走上学术道路的影响。还有，他详细地讲了在武汉大学哲学系 77 级本科生阶段、81 级研究生阶段的学习生活经历。我从头听到尾，对于李老师 30 多年走过的哲学人生有了更深切的了解。

如今我虽然毕业离开武汉大学，步入新的单位和环境，走上工作岗位，老师还是会时常电话关心询问我的近况，只要看到一些新的资料和研究动态，他总会扫描下来发给我，让我关注。这些点滴细节，让我感悟到，一段求学经历的结束，一本毕业论文的完成，只代表了某一时间段、或者说形式上的“毕业”。但老师对我的影响，将始终与自己的成长相伴，可谓一日为师，终身为师，从这个意义上来说，我永远也不会毕业。

（作者 2015 年毕业于武汉大学哲学学院，系华侨大学讲师）

漫游者富春师

张永恒

在武汉大学新闻学院读书期间，导师秦志希先生推荐我认识了年轻的彭富春教授。

彭富春是李泽厚的弟子，这也是我最初渴望走近他的原因。但事实上，彭老师与李先生研究美学的套路并不相同。彭老师的无原则批判体系是自己独有的，他以兼通中西的学识把欲、技、道作为研究中国哲学思想的三个关键点。彭老师在德国留学时师承博德尔，博德尔是海德格尔的弟子、研究海德格尔的大家，而彭老师关于海德格尔思想的博士论文，在整个学界评价颇高。

最初知道彭富春这个名字，是因为我的硕士导师秦志希先生也是中文系出身，因此对于同样出身中文系但留在哲学系任教的彭富春老师，有一种天然的亲近。秦志希老师对我说："你做新闻传播学的研究，要想有思想深度，多去听听哲学、中文等领域一些名师的课程，这是你们在武大求学的一个优势。"的确，那几年在武大，就是从名师的公共课堂上，汲取了很多学问的营养。

但我走近彭老师，还有另一层"功利"的色彩。我在研究生毕业找工作的时候，他曾给了我莫大的帮助，让我深深体会到了一位大学名师对于一个普通学生的关心。

因为学的是新闻，我希望能够到中国新闻界最高殿堂——人民日报、新华社去工作，而这些单位，无一例外竞争异常激烈。2002 年年底，我到北京新华社想报名参加入社考试，结果被告知考试名额已满，不再接受报名了。我失望之余就跟导师联系，导师说他的好友彭富春先生正在北京参加民革中央会议——那时候，彭老师就是民革中央委员了。我找到彭老师下榻的北京饭店，说明来意，彭老师立刻与他的大学同宿舍同学、时任新华社一个重要部门的领导联系，领导破例允许我参加考试。

考试的结果，我的成绩非常好——咱武大的学生，谁怕考试啊？彭老师知道这个消息后，也非常高兴。当然，最后因为人民日报先录取了我，我就没有走进新华社。

我 2002 年年底认识彭老师的时候，他还只有 39 岁，但已是很有名的学者了。彭老师 16 岁考上武大中文系，20 岁毕业留哲学系任教，颇得当时的武大校长、著名教育家刘道玉先生和哲学系负责人、著名美学家刘纲纪教授赏识，彭老师的故事还发表在当时的《中国青年》杂志上，影响很大。但青年彭富春是不安分的，他考上了中国社科院哲学所李泽厚教授的研究生。

社科院毕业后，彭老师又回到了武大任教。作为一个哲学漫游者，他还是向往哲学的故乡——德国。于是他申请到德国学习哲学，这是一个苦差事。德国 7 年，他吃了多少苦？也许只有他自己知道。

从德国回来后，彭富春今非昔比。社科院和武大都想要这个德国哲学博士，但最后，他还是回到了山清水美的武大，也许美丽的珞珈山和东湖之滨才是做学问的地方？武大也开出了优厚的条件，直接当教授。35 岁，留德哲学博士彭富春当了教授，没有中间环节，一切都是破格的。彭富春不需要证明，因为他是李泽厚的研究生，是德国哲学博士。因为他是彭富春。

我一直认为，因为有邓晓芒、赵林、彭富春等名师，在武大，哲学成了一个迷人的学科。作为有幸在武大读了几年书的学生，一直以求真作为思想的乐趣。虽然新闻是比较浮躁的学科，但在我所在的新闻研究生班，同学也争相以研究问题写作论文作为追求。

所以，武大很少出大官，也少有富贾，在青山秀水之间，倒是出了一些以思想为乐趣的学术爱好者。我在《读书》杂志上看到过一篇彭富春老师写李泽厚的文章，称李是 20 世纪最后 20 年“最具创造性的思想家”（我的记忆可能不太准确，但大意如此)。但李泽厚自己却撰文称当今中国“思想家淡出，学问家凸显”。

不仅学问做得好，思想家彭富春也对政治怀有浓厚的兴趣。我 2003 年毕业那年到北京工作，他当选全国人大代表，此后又连任。每年春天他来京参加“两会”，我都会组织一些他的学生一起吃饭，和他一起谈笑风生，畅谈国事。他的同学聚会时，彭老师也经常把我叫上，向他的同学推介我，让我经常诚惶诚恐。

彭老师有一位叫洪琼的弟子，在人民出版社工作，学问做得好，工作也很出色，我们交往最多。这些年，他当了彭老师好几本书的编辑，非常认真负责。彭老师每次来北京，我俩必然陪伴左右。听彭老师谈学问、讲参政议政。有时候，彭老师还谦虚地征求我们对一些社会热点问题的看法。很多时候，彭老师将他的一些重要的人脉资源介绍给我们，希望对我们的事业发展有所帮助。这些，都能体现老师对于学生满满的爱心。

现在已是北京师范大学的著名美学教授的刘成纪先生，视彭老师为亦师亦友，刘教授博士就读于武大，师从陈望衡教授，但他也自称经常去听彭老师的课。刘教授从郑州大学调到北京师范大学后，特意叮嘱我和洪琼，以后武大来人，尤其是彭富春教授来，聚会一定叫上他。刘教授坚持认为，我和洪琼，是他和武大联系的纽带。

我的老家，在河南省鹿邑县，是各界公认的“老子故里”。2012 年夏天，正在写作《论老子》著作的彭老师兴致盎然，带领几位弟子到中原“游学”，第一站就到我老家鹿邑拜谒老子。在我的安排下，鹿邑县很重视，派出县委常委、宣传部长陪同，彭老师很高兴。家乡人热情好客，又出产名酒宋河粮液，那天，彭老师喝得非常尽兴。

近年来，明显感觉彭老师学术旨趣的变化，以前，他以研究西方哲学为己任。但现在，他把主要精力放在研究中国传统文化上了，他觉得，要真正理解中国的问题，还得从中国本土的学问出发。他的新著《论中国的智慧》就是他的学术转型之作。

《诗·语言·思》、《无之无化》、《论海德格尔》……海德格尔哲学作为一种思想内核和道路影响了彭富春的学术乃至生活道路。然而喝了一肚子洋墨水的彭富春这几年却将兴趣转向了中国传统文化，《论中国的智慧》、《论国学》、《论老子》、《论孔子》、《论慧能》，谈国学的书出了一本又一本。

"彭教授是留德哲学博士，研究的是西方的学问，近年为何沉浸于国学?"我曾经好奇地问他。"回国日久，我越来越发现，中西学问是相通的，中国的学问博大精深，传承中华文化，更是我辈学人的责任。"彭富春身体前倾，用他那"爱智慧"的大脑在思考。

"在德国，最触动我的，是海德格尔非常推崇老子思想。"其实，早在20多年前，在异国求学的彭富春就萌生了研究中国古典哲学思想的想法。1997年毕业之前，彭富春与硕士导师李泽厚在荷兰的莱顿大学偶然相遇，李泽厚鼓励他：一定要回到中国，研究中国思想的本源，研究中国思想如何走向现代化、如何走向世界。这与彭富春的想法不谋而合。

近年来，彭富春的研究重心回到了中国的元典。他以自己学贯中西的学术素养，将自己所学西方哲学整体与局部的分析方法，运用于中国哲学的研究中。

虽是著名哲学家，但彭富春并不只是把自己关在象牙塔里，他关心政治，关注社会。2003年，彭富春被选为十届全国人大代表，2008年，他连任全国人大代表。"学校要强化心理教育"、"国学教育应和现代公民教育相适应"、"在中小学开设书法课程"……担任人大代表期间，彭富春每年至少提交两个议案，在社会上引起了广泛关注和反响。

记得在2007年12月初，当时的全国人大代表彭富春随全国人大青年代表团访问欧洲、比利时和罗马尼亚议会时，有位德籍"美女议员"在发言中指责我国人权和宗教状况。彭富春率先给予有理、有利、有节的反驳、指正，指出她对中国的情况不了解，还讲述了自己曾留德七年、并取得哲学博士学位的经历。会后，不少欧洲议员主动和彭富春握手、交流。彭富春用理智和智慧赢得了外交尊严，他至今颇有感慨："大到国与国之间，小到人与人之间，敌意来源于积习与嫉妒，误解来源于疏淡与试探，而期待则来源于理解与真诚。"

什么是中国传统的智慧？中国传统智慧中哪些是活着的？哪些是死去的？中国传统智慧对于解决当今世界的生态危机、社会危机、道德危机、心灵危机等有何贡献？同时，当代中国能创造一种什么样的新的智慧？……这些正是彭富春近年新书带给我们的思想盛宴。

在人类所有的智慧形态中，中国传统的智慧是一种独特的智慧形态，它既不是人生的经验（如谚语、格言、传说、故事和民谣等），也不是神性的启示（如基督教文明），而是自然给予的真理。彭富春指出："儒家的圣人追求仁义道德；道家的理想是参悟天地之道；而禅宗则认为，最高的智慧在于自我觉悟，亦即发现自性。"这是儒家、道家、禅宗智慧的核心，在中国当代仍然具有强大生命力，是中国传统智慧中活的东西。

当然，这仅仅是管中窥豹，中国的传统智慧博大精深，涉及人与自然、社会，以及人际、心灵、世界等方方面面。如果我们想要全面而深入地了解中国智慧的精华，还是多读读彭富春老师的《论中国的智慧》等著作吧。这位"中国式"思想家，不知道你是否喜欢？

（作者2003年毕业于武汉大学新闻与传播学院，系人民日报社主任记者、人民日报海外版编辑部办公室副主任）

吾父吾师燕树棠

燕今伟

我是 1950 年出生的，那时父亲已经 59 岁。小时候我并没有觉得我的父亲与别人有什么不同。父亲喜欢吃完晚饭后带我出去散步，我就会要求父亲讲故事。父亲会讲的故事不多，翻来覆去就是那几个，讲得最多的是武松打虎，开头总是“从前，有个武松……”到了我 7 岁要上小学的时候，学校有一次小小的面试，是母亲带我去的。走进那间面试的办公室之前，母亲告诉我说，记住你的爸爸叫燕树棠，60 多岁了，你的妈妈叫张心清，40 多岁了。我不知道母亲怎么会知道面试的题目，两个和蔼的中年女老师真的只问了我这两个问题，“你爸爸叫什么名字，多大年纪了？”“你妈妈叫什么名字，多大年纪了？”录取自然是没有问题的，不过从那时起，我才意识到和别人的爸爸比起来，我的爸爸原来这么老了。

我们兄弟姐妹六个，我是老幺。父亲和母亲都是河北定州人。听母亲说，她念过两年初中，但只是肄业，曾在家乡教过一段时间小学。当时的初中生也许可以算是个小知识分子了。像今天念了书的农村孩子都不大愿意再待在乡下一样，母亲也离开家乡到北京去谋生。可能是学历太低吧，工作并不好找。老待在北京也不是办法，这时一位同乡好友给母亲介绍了父亲。除了年纪大了点儿，同乡，北大教授，人看来也靠得住，母亲就同意了，于是就有了我们六个。

那时北大就在现在有名的沙滩红楼，我们家在离这儿不远的景山后街碾儿胡同十八号，穿过大学夹道就可到学校上班。家里的日子应该是比较好过的。

大姐出生后除了请有奶妈，家里还雇了一位叫老李的大师傅专门看门做饭。父亲给佣人们规定，对孩子们不许称呼少爷小姐，就叫名字。有个拉洋车的每天早上等在家门口，见父亲出门就赶快上前来拉活，因为路不远，父亲还常常多给一点车费。大姐上小学后，母亲认为学校不够好，想把大姐转到当时有名的分司厅小学去，那位同乡好友正在那里当校长，可是父亲不同意去求人，最后大姐也没有转学。国民党统治时期的经济状况一直不好，对大学教授也欠薪。有一年补发了一笔工资，父亲就挨着十八号又盖了十七号，这样我们家就有了两个四合院。条件好了，除了爷爷奶奶住在一块儿，还有许多亲戚也来投靠。父亲对亲戚们的态度是，管吃管住可以，但不介绍工作。母亲说父亲最不讲人情，把亲戚都得罪了。

父亲曾对我说，“你不知道我念书写文章的本事”。他 1914 年毕业于天津北洋大学法科，1915 年考上了清华留美公费生，先后在哥伦比亚大学、哈佛大学、耶鲁大学学习，1920 年获耶鲁大学的法学博士学位。曾听父亲说过，他在美国时有一次看电影，银幕上出现了侮辱中国人的镜头，他站起来大声抗议，使电影不能继续放映下去。父亲回国后即被北大聘为教授，并在清华兼课。听母亲说，父亲的课很受学生欢迎，教室里经常满座，父亲与学生的关系也很好，学生们常常到家里来讨论课业。其间父亲曾拜见过冯玉祥先生，得到了冯先生手书的一幅画，画的是一个拉洋车的。我没见过这幅画，母亲说这画一直保存着，“文化大革命”时抄家抄走了。在“文革”后发还抄家物品时，我曾在库房里仔细找过，没有找到这幅画。但愿它还在哪家保存着，也算是一件有价值的文物。

一位同盟会的元老石瑛请父亲参加国民党，父亲也同意，但按入党的规矩要按手印，父亲说只有犯人才按手印，不愿履行手续，于是石老先生请示孙中山，孙中山说特殊的人物可以不按手印，父亲就这样参加了国民党。父亲对此事很得意，说他是孙中山特批的国民党员。

“七七事变”后，父亲参加了反日的教授会，有朋友告诉父亲，他已经上了日本人的黑名单，要他赶快走，于是父亲就只身一人先去了武汉大学。那时已经有了大姐大哥。大姐和爷爷奶奶留在了北平，母亲随后带着一岁多的大哥随流亡的学生也到了武汉。后来全家随武大迁校到了四川乐山，又辗转到了昆明西南联大，在昆明一住就是八年。曾听父亲说看到日本人轰炸后尸横遍野的惨景，也说过他在一次轰炸时绕着一棵大树躲避日本飞机扫射的经历。抗战胜利后昆明的学生闹学潮反内战，李公朴先生被国民党特务暗杀，听二哥说父亲曾去李先生家看望，但对父亲当时说了什么却一点也不记得了。

抗战后复员时一家人乘飞机经成都回北平。当时秩序混乱，在上飞机时发现机舱里塞着一个飞机翅膀，有人说飞机超重了，起飞有危险，别人不敢吱声，父亲当即到处找负责人争辩，最后翅膀被搬了下去。北大百年校庆时我在校史展览厅里看到一张北大师生复员回北京后的合影，我一眼就在前排坐着的人里面找到了父亲，他戴着眼镜，拄着一根文明棍。

1947 年父亲又到了武汉大学，是时任校长周鲠生先生请来的。父亲曾三进武大。1928 年建校时父亲曾来过武大，参加了选址珞珈山的工作，后又回北大，抗战时第二次进出武大，1947 年后就再也没有离开武大了。1948 年南京政府请父亲去做司法院大法官，听父亲说这个法官只负责解释法律，并不涉及具体的案件。当时国民党政府已经是风雨飘摇，许多人劝父亲不要去，父亲说去看看就回来，也就去了十个月就又回到了武汉，大姐记得当时父亲只带回来两斤蓝色的毛线。再后来国民党往台湾撤退，南京政府派人给父亲送来了去台湾的飞机票。父亲把票退了回去，他说，我一辈子爱国，共产党不会杀我，我不愿意躲在外国军舰上当“白俄”，改朝换代总还是要用人的。转眼武汉解放了，接管武大的中南军政委员会解聘了几个和国民党政府有关系的教授，父亲是其中之一。或许是父亲的为人正直，且无实质性的反动行为，一些武大的教授为父亲向当时的领导说情，就又复聘了。

我 1950 年 11 月 7 日出生，正是苏联的十月革命节，所以父亲给我起的名字叫今伟。“伟”是纪念伟大的节日之意，可见当时父亲是在尽力使自己的思想跟上新的形势。“今”是我们这一辈的排行，按家谱应该排“金”字，我叔叔家的孩子都叫“金”什么。父亲认为“金”字有爱财之嫌，于是我们家六个都排古今的“今”。

其后的几年，父亲成了旧知识分子思想改造的先进典型，有了一些社会兼职，如湖北省政协委员、湖北省政协政治学习小组副组长、中国对外文化协会武汉分会理事、中国政法学会理事等，常出去开会，还曾在一个暑假到武大的庐山休养所去疗养，给我带回来一串绿色的玻璃小乌龟，还有一包石鱼，一本介绍庐山的画册我看了无数遍。我和父亲一共只上过两回餐馆。一次是东湖的长天楼建成时，可能是请一些有脸面的人参加开业活动，父亲带我去了，吃了一些好东西。另一次是汉口中苏友好宫落成，父亲带我们全家去参观，在旁边的友好餐厅吃了西餐，有汤和蛋糕。再往后我就没有随父亲进餐馆的印象了。当时我们家住在武大特二区 18 号，上下两层，四间房。父亲住在楼上的一个大间，书房兼卧室，有一排书架，有许多外文书和古书。我有时到父亲的房间里去玩，最喜欢玩的东西是一把裁纸刀，像一把小宝剑，应该是一件舶来品，“文化大革命”抄家时被作为凶器收走了。有一个叫葛扬焕的教授动员父亲参加了民革(中国国民党革命委员会)，经常有会，都是在某个教授家里开会，在一起还说英文。母亲不愿意父亲参加民革的活动，认为言多必失。母亲不幸言中，后来这些民革成员好像无一例外全当了右派分子。大概是 1954 年，中央人民广播电台请父亲去录过一个节目，对台湾的王世杰讲话，应该是统战工作吧。王世杰也是一位法学家，曾任武大校长，1949 年去了台湾，任过国民党的外交部长和教育部长。母亲说父亲与王世杰的私人关系并不好，仅是熟人。

反右斗争是在劫难逃了。据母亲说在鸣放开始时父亲还比较谨慎，不多说话，后来经过动员胆子大了起来，在《光明日报》召开的湖北省知识分子座谈会上说了些党群之间存在着墙和鸿沟之类的话，终于被划成了右派。工资减少了，从每月 196 元减到 90 元。房子搬小了，搬到了老二区 10 号，两间房，一个大门进去住四家人，不过邻居对我们家非常好。父亲调到图书馆编目组工作，从此永远地离开了法律系。

1958年大跃进后进入了三年困难时期，食品供应非常少，父亲得了“浮肿病”，凭学校卫生科的诊断证明可以领到一种黄豆和其他一些东西磨成粉捏成的像乒乓球大小的棕色的团子，蒸熟了吃。母亲说那是父亲的药，不许我们吃，我偷偷尝过，非常香甜。当时粮食是按人定量供应，有一段时间父亲不和我们一起吃饭，自己在食堂吃他的定量。母亲认为父亲这样做是自私的，不顾家人，重申了她认为父亲一贯不近人情的观点。不过我并不与母亲的看法相同，父亲的工资历来都是全额上交给母亲，身上只带几毛钱，从不抽烟喝酒，应该算是负责任的父亲了。父亲不重礼尚往来，他常说，“君子之交淡如水，小人之交浓如醴”，但对于朋友托付的事情是绝顶认真的。20世纪30年代时一位世交的同乡丁先生病重，临终前将儿子丁毅舟托付给四位朋友，父亲是其中之一。若干年后，其他人逐渐不再履行职责，唯有父亲坚持把朋友之子供到大学毕业。丁毅舟先生后在开封师范大学做了教授。在父亲划为右派后别人唯恐避之不及的时候，丁毅舟先生寄钱寄物接济我们家，不曾中断。

这就到了1961年。父亲兄弟三个，父亲是老大，二叔在北京，三叔在大同。那时爷爷奶奶都还健在，几个兄弟年事已高，于是相约暑假到北京相聚。经过向单位请假批准，父亲到北京住了半个月。一回来我们就发现事情不妙，父亲变得话特别多，晚上不睡觉，整夜整夜大声说话，他说我这是在上课。经医生诊断，他得了精神亢进症，我想也许是老弟兄们相见，抚今追昔，悲喜交集，精神受刺激过重所致。注射了一段时间的镇静药物，总算控制住了，生活又恢复了平静，只是我们都很注意不再刺激他。当年秋天，有一个晚上学校通知开会，是母亲陪父亲一起去的，回来我们才知道是宣布摘右派帽子的会，工资恢复到每月114元。随着国家经济形势的好转，大家又可以吃饱饭了。这一段时间父亲天天在图书馆正常上班，闲暇时间就拿着《考证古文观止》和《易经》等古书反复看，书上做了很多记号，也写了不少心得之类的东西。只要有人坐在他的房间里，他就会大声或小声地讲这些东西，并不理会听者有没有在听。我们或看书，或看报，没有谁注意他在说什么，也没有谁在记忆中留下什么，更没有谁去看过他写的那些纸片，他和我们生活在不同的世界里。

“文化大革命”中我们又搬了两次家，当然是越搬越小，最小的时候有三间房，总共却只有17平方米。父亲的工资降到了48元。这时我已经到湖北潜江县农村插队落户，平时家里只有父母两人，我和哥哥姐姐回家就挤着住。父亲仍然是天天到图书馆上班，主要的工作是打开水、扫厕所和补破书。他每天早上提前一个小时上班，要去开大门和做一些准备工作。我到现在也没有弄清楚这么早去上班是图书馆领导的要求还是父亲为了表示自己改造思想的诚意。因为早上做饭来不及，母亲就把面粉炒熟，早上用开水瓶里的热水一冲就可以吃。父亲常年吃这种炒面糊，似乎百吃不厌，从无怨言。有一次我回家和父亲谈起同学说《斯巴达克斯》这本书好看，他出乎意料地说，我正在补的破书里有《斯巴达克斯》，可以带回来给你看。后来他还给我借过几次书，当时这些书是不能随便借出来的。

一次偶然的事情使父亲终于不上班了，那时他已经80多岁。一天上班路上，父亲碰到了学校的党委书记。书记说他到西安开会，有一位女干部问起父亲，说她是父亲的河北同乡，参加革命时曾找过父亲，是父亲给她路费去的延安。父亲母亲说确有此事，并且告诉我此人的名字，可惜我忘记了。书记还问到了父亲的年龄，说你就不要再上班了。当天书记就给图书馆的领导打电话安排了此事。

生命在于运动是千真万确的真理。天天上班时，父亲每天都要爬一段山坡，言语交谈都很正常，人们都说他不像80岁的人。有一次父亲在下雪天上班摔了一跤，手腕骨折，痊愈后仍坚持要上班。不上班后，开始两年父亲天天都要出去走一阵，后来就只是站在路边看看车辆行人，再往后就基本上不出门了，不到5年的时间，就表现出明显的老年痴呆的症状。父亲是深度近视，50多岁时闹过一次视网膜脱离，视力一直不好。为了保护眼睛，他逐渐不再阅读书报。他可以几个小时坐着发呆，间或在嘴里玩弄假牙发出异样的声响。母亲几十年如一日无微不至地照顾父亲的衣食起居，却极少看见他们促膝谈心，这种无言的生活也许加快了父亲老年痴呆的到来。

1975 年邓小平主政，各项工作在恢复正常，也有一些新的政策。父亲办了退休手续，我结束了 7 年的农村插队生活，带着终生难忘的一段生活阅历，顶职来到了武汉大学图书馆。我在农村时常帮人修理电器，像个小电工，到武大后我曾要求到水电组工作，一方面是个人兴趣，主要还是希望远离父亲工作过的单位。领导跟我说图书馆工作需要年轻人之类云云，我自然也就是服从安排了。有了天天回家的时间，我曾打算请父亲回忆他的一生，记录下来，或许是一些有用的资料。我尝试过几次，父亲不是大声声明自己是好人，不应该受到不公正的待遇，就是说图书馆的什么人对他不好，很难完整地讲述什么事情，对我提的问题也是答非所问，我最后只好放弃，留下了永远的遗憾。

1979 年的一天，学校的党委统战部长和一位工作人员到家里来，宣读了湖北省委的文件，对划右派的问题予以改正。父亲说了一些感谢的话，又依然不管听众反应，说了那一套自己是好人的说辞。再往后，武大恢复了法律系，系里的书记也曾来家里看望，我想本意是看看老人是否还有可能出山，但同样是因为言不及义的对话，看望很快就结束了。我当时的感受是，大江不停地奔流，年事已高、备受冲击的父亲就像水中的泥沙一样沉淀下来，再也跟不上潮流。其后又搬过两次家，住到了为教授们盖的新房子。

1983 年年底，父亲发高烧，请医生到家里来看过，诊断是肺炎，医生说要住院。母亲一生有“干净病”，觉得到医院里照顾生活不方便，就决定还是不住院，请医生来家里治疗。医生诊断后，护士到家里来注射抗生素、葡萄糖什么的，这样维持了两个月。终于有一天，医生检查过后说，也就是一个星期了，准备后事吧。1984 年 2 月 20 日凌晨，母亲叫醒我，说你爸爸好像没有气了。我赶快起来，看见二哥正在急切地给父亲做胸外心脏按压。我敲开了住在附近的王医生的门，请她快过来看，医生在父亲的病历上写下“瞳孔散大，对光反射消失，心跳呼吸已停止”，一切都结束了。

学校在体育馆为父亲举行了追悼会，发唁电和送花圈的有费孝通、芮沐、王铁崖、陈岱孙、钱端升、金岳霖、李浩培、张鸿增、张培刚、陈华癸等，刘道玉校长出席了追悼会，蒋浦副校长主持仪式，吴于廑副校长致悼词。悼词中对父亲的溢美之词是：“燕树棠先生长期从事法学教育，学识广博，淹贯中外，对民法亲属法、法理学、国际法都有专门研究，在法学界享有较高的声誉。燕树棠先生接受和拥护中国共产党的领导，拥护社会主义制度，努力学习马克思列宁主义、毛泽东思想，关心台湾回归祖国，为发展新中国的法学教育事业努力工作，是一位爱国的老学者、知名的法学家。”会后刘校长对我说，家中是否还有父亲的文稿，你应该把父亲的著作整理出来。我心中暗道，我也许还可以在家里找到几页父亲写的思想汇报，其他就什么都没有了。

现在《汉语法学文丛》整理出版父亲的文集，具体负责此事的陈新宇先生希望我能写一篇回忆文章，以利学人从另一个侧面了解父亲。我虽然学的是文科，可喜欢的是自然科学，对名留青史的事情最没有兴趣。人死后就分解成了元素，不知会被组合到植物、动物或另外什么人身上去。到地球毁灭的那一天，一切人类文明就会归零。不过既然学术研究需要，我还是应该尽力，也请哥哥姐姐们帮忙，于是有了这篇回忆。

（选自《公道、自由与法》，清华大学出版社 2006 年版，作者系燕树棠之子，曾任武汉大学图书馆馆长）

我的乐山之师

王铁崖

1940年8月底，我从重庆乘坐小轮船，溯江而上去乐山，躺在甲板上一天一夜，一路想得很多。开始任教，这是我一生的转折点。现在，回顾起来，从那时开始，我一直在大学里任教，转眼已经是56个春秋了。

我于1939年9月从英国留学回国，在重庆失业了几个月，后经同学介绍在国联同志会任职，并兼职《世界政治》编辑。不久，日机轰炸重庆，国联同志会被毁，我又失去了工作。适在此时，在美国的周鲠生先生邀请我到乐山担任武汉大学政治学系教师，我就欣然应聘了。

周鲠生先生是我的老师，我虽然未直接受教于他，但是1936年当我通过中美庚款考试后准备出国时，他是我的国内导师，并在他的允许下到英国政经学院，在英国著名国际法学者劳特派指导下，进修国际法。到了1940年得到周鲠生先生的邀请，到了武汉大学，开始走上漫长的教学道路。这是我一生的大事。与我同时被邀请到武汉大学政治系任教的是楼邦彦，前一年已经在法律系任教的有李浩培。他们都是我在伦敦政经学院的同学，在乐山经常往来。武汉大学前辈如刘秉麟、杨端六、桂质廷、袁昌英等人都对我十分照顾。当时的政治系主任是刘乃成，也是留英同学。和我平常往来的还有历史系的陶振誉、杨人楩，英语系的费鉴照和物理系的胡乾善等人。时隔多年，离开武汉大学后又没有什么往来，许多同事姓名都不记得了。而且大部分也已经逝世了。我和楼邦彦是当时最年轻的教授。我只有27岁，被称为青年教授。

初当教授，功课压力很大。按照学校规定教授必须担任二至三门课程。我的课程更重，第一年是国际法和欧洲外交史，第二年是国际法和中国外交史，都是全年大课，另外还有国际刑法判例等高年级学期课程。这些大课原来是周鲠生先生担任的，特别是国际法课是他的“拿手好戏”，许多人担心我年轻，经验不多，承担不起。而且周鲠生先生的课已经停开两年，我上课时，学生人数众多，在大礼堂上课。这些的确使我很紧张，好在那时我年轻气盛，毫不畏缩，尽力而为，两年的成绩总算不差。

为了教好课，我可以说是“拼命”备课。每天从早到晚，阅读参考书，写讲稿，几乎不停；除周末外，没有休息时间。每次上课一定要先详细写讲稿。虽然我从来不照本宣科，但是，有了讲稿，心里就有了依靠。当时生活条件很差。第一年，我和楼邦彦一家三口同住在一家旧当铺的库房里，第二年我和费鉴照住了两间小房，我住后房。住房环境恶劣，光线不足，白天往往要点灯。灯是菜油灯，别人点几盏，我为了省钱，只点一盏。在微弱的灯光下，夜以继日翻看书写稿。工资低，物价高，伙食极为简单，一星期只吃一次肉。屋里只有一张竹椅，学生来访问，不是坐在床上，就是站着。我在艰苦的日子里，度过了两年现在想来很有意义的生活。

乐山武汉大学有一个优点，就是图书馆图书不少，据说是日寇侵占武汉前从武汉运来的。我在乐山时，图书馆馆长曾经是杨端六先生，不知道是不是他的功劳？武汉大学重视社会科学，因此，社会科学图书较多，我感到相当满意。当然，新书不多，但是旧书还齐全，足够我教课所用。除了国际法以外，我所教的欧洲外交史和中国外交史都是近代的，到 1919 年为止，不涉及当代部分。在当时的条件下，我的课程大体上说能够有比较丰富的内容，武汉大学图书馆是有功的。

教课很紧张，在乐山的两年里，我没有时间和精力从事专门研究，撰写学术文章。只是应昆明西南联大伍启元教授等人的要求，我只好挤出时间，写点评论性的短文章，发表在《当代评论》刊物上。我在 1944 年出版的《新约研究》收入了这类文章，因此，乐山两年是我的紧张的教学生活的两年，为以后几十年的教学奠定了良好的基础。

乐山这两年还有我的生活中的一件大事。我在这个时期与我现在的爱人王彩认识，并在乐山结了婚。我们是由胡乾善介绍认识，经过三次在成都相聚，然后于1942年7月在乐山结婚的。其间，在十分困难的交通问题上，我得到端木正的帮助；他是我的第一批优秀的学生，到现在，我们还维持着良好的友谊。那一年7月，我到成都去迎接王彩(她在金陵女子学院学习后在金城银行工作)，本来定在7月7日抗战纪念日在乐山举行婚礼，后来因路上遇洪水，婚期延至7月10日。婚礼很简单，但是，楼邦彦夫妇帮我们做了筹备工作，不少武汉大学的同事和朋友都来参加了。特别使我们高兴的是，王星拱校长充任了证婚人，在结婚证书上签了字，并讲了话。到现在，我们还感激他。结婚后，在漫长的生活中，王彩与我共快乐、共患难，她一直帮着我。54年已经过去了，1992年，我们纪念了金婚。时间过得很快，我时常追念过去的一切。

结婚后，我和王彩离开了乐山。我到重庆中央大学，应当时的政治系主任张汇文之聘担任教授。乐山地方比较偏僻，我想到重庆，增加交游和扩大见识，但是，我认为，武汉大学对于中国教育和科学的发展是有贡献的，特别是在社会科学方面，贡献是显著的，而在国际法方面，我深有感触。为了纪念我的老师，武汉大学的创办人之一，中国国际法学科的前辈周鲠生先生，我于今年搜集材料，编了《周鲠生国际法论文选集》，预期将在明年初出版。这是我表示对我的老师的怀念，也算是我对武汉大学深切的感谢之意。

(作者系北京大学教授，曾任中国国际法学学会会长，《中国国际法年刊》主编，国际法研究院院士，世界艺术与科学院院士，海牙常设仲裁法院仲裁员)

激情讲述与董辅礽有关的故事

邹恒甫

一代经济学大师董辅礽先生2004年7月30日在美国病逝后，记者在武汉大学见到了与董辅礽先生身前有过长期密切交往、当时在国内讲学、埋头办教育的我。一向低调的我这次并没有回避媒体。我对记者详细地讲述董辅礽先生和与之相关的鲜为人知的故事，激情畅谈我们之间的深厚友谊，深情缅怀了经济学界三颗巨星的先后陨落。我也慨叹人生的聚散离合与无常。

在武汉大学浓厚的学术氛围里

1978年，董老师到我就读的武汉大学作一场学术报告，我听了他的报告后，当时就有这么一种感觉：这个人与别的人不一样，有思想，很了不起。我在那个学术报告上第一次听董老师讲了许多新奇的理论观点。在当时的情况下，我们不能谈论社会主义的利润，不能谈社会主义的生产价格，而董老师给我们讲述如此离经叛道的学术观点是要冒巨大的政治和学术风险的。对于那个时代，那是多么伟大的思想。他给我的印象是有雄辩的口才，有鲜明的思想，有学者的风度，是很征服人的教授。他当时对我们年轻人讲了三句印象深刻的话，令我至今不忘。他说："你们学经济学一定要学好三样东西，一是要学好数学，二是要学好形式逻辑和哲学，三是要学好英语。"多年后，我对我的学生也说这同样的话，当然，我又加了一句，要学好中文。

1978年至1983年8月，我在武汉大学学习期间，正是中国经济学大变革的时期，当时的中国有两件事情让人无法忘记，一是对社会主义经济理论的大反思，第二是西方经济理论的大量引进。前者就是以董老师为首的，当然，中间还包括了于光远、薛暮桥等一批前辈人物，他们大胆深刻地反思社会主义经济理论和实践，勇敢尖锐地提出了自己的理论主张。那时的董老师还只有50多岁，但观点鲜明、锐气逼人。后者是以张培刚、陈岱孙、吴纪光、谭崇台、厉以宁等为代表的一批人，他们大力引进西方主流派经济学理论。中西冲撞，真可谓文明的大冲撞。

当时中国经济学界的许多重量级人物都与我就读的武汉大学产生关联，我称他们为“武大学派”。他们的学术理论走到了最前面。董老师是武大的校友，这不用说，他与我的老师曾启贤是挚友，他们都是原先在武大任教的张培刚的学生。因为曾启贤老师，我对董老师有了更多了解。我这里要谈到我尊敬的老师曾启贤，他1989年过世了，可以说他是武汉大学经济学里最伟大的人，他懂西方经济学，也懂中国，还懂得尊重他人。董老师与曾老师交流很多。曾老师把董老师、于光远、薛暮桥等人的一些最新思想带到了武汉大学。还有从哈佛回国的以张培刚、谭崇台为首的研究西方经济学的教授，以及同是从哈佛回国的吴纪先老师、刘涤源老师，从耶鲁回国的李崇淮、周新民，从威斯康星回国的朱景尧等一大批了解西方经济学的人物。他们齐聚武大、真可谓群星灿烂，光华四溢。我就在这种良好的学术环境里成长。尤其是董老师能够把东欧社会主义改革的一些最前沿的理论及时带给我们，我们还能够亲眼目睹他提出的一系列新思想，这对我的启发很大。我认为我当时很好地把握了时代的脉搏，加上得到西方经济学的熏陶，使我在同辈人中有很强的优越感。

董辅礽先生是我从哈佛回来后交到的最好的师友

1987年我从哈佛回来，带着西方经济学回到武大，回到中国，我那时年轻癫狂，目中无人。我认为当时中国的一批经济学家的思想不新不旧，我走在他们的前面已经很远，他们在我的后面爬行。我甚至在董老师和曾启贤老师面前说些让他们难受的话。我提出对中国的现有经济学理论和实践进行全盘重新思考。董老师却以非常平易的态度对待我，认真听我高谈阔论，在老师看来，这些东西不是那么好评价的。他们还不断地鼓励我多思考，充分表现出了大学者的高风亮节。我后来才知道，老师的那种胸怀是一般人很难企及的。董老师那时才 57 岁，名声显赫，风光无限，能有那样谦和的胸怀是多么的不容易啊。越往前走，越令我感动不已。这个时期，谭崇台和张培刚老师也给了我很多关怀。

1989 年，我的老师曾启贤去世。董老师先后写了一系列文章纪念曾老师，并阐释曾老师的一些理论主张和思想。1999 年，在曾老师去世 10 年之际，董老师又重新写文章纪念曾老师，写他的为人，写他的学术，表现出了一个学者的高尚情操，给我印象极深。曾老师作为我的最好的老师之一，我至今也没有为他写过一篇文章，这令我惭愧。我是 1989 年 5 月从哈佛毕业的，曾老师此前过世了。我曾答应过曾老师，要以儿子的身份把曾老师接到美国，把他安排在一个十分舒适、幽静的地方，让他研究，让他思考。然而，这已成了一种巨大的遗憾，常常让我愧疚万分。1989 年 8 月，在我进入世界银行研究部的前后，我在学术上与中国联系最多的是董老师、张培刚老师和谭崇台老师，许多学术交流都是在这三人之间进行的。

可以这样说，董老师是我回到中国后交到的最好的师友。1991 年，是我人生的一个很大的转折点，董老师和厉以宁老师联合推荐我到北京大学就职，北京大学给我副教授职务，但我没有接受。从那个时候开始，我就动了一个很大的心愿，想在国内组建一个先进的经济科学高级研究中心。

当时的政治环境还很紧张，直到 1993 年这件事情才有了眉目。1994 年，武汉大学经济科学高级研究中心正式挂牌。董老师一开始就对我要做的事情全力支持并倾注了很多心血。中心的第一台空调就是董老师捐钱买的，那时的空调是很贵的，一台要 8000 多元人民币。董老师还号召他的学生们都来支持我，鼓动他所有能赚钱的学生给中心捐钱。董老师在有很多领导参加的中心揭牌仪式上说了这样的话："在武汉大学的历史上，经济学的革命有两次，一次是1947年张培刚先生从哈佛回到了武大，第二次就是现在，邹恒甫从哈佛回来了。"董老师的话在当时给了我巨大的鼓舞和鞭策，震撼心灵，终生难忘。

乐于助人、敢于直言，我觉得他更像我们湖南老乡

在那时，在人们的眼里，他是中国经济学的第一高手，但他从不以老师、专家自居。与他谈话很轻松，遇到什么问题，他总是说："恒甫，你怎么看待这个问题？"

由于我了解一些世界经济学前沿的知识，当时从国外带回了一些最新的经济学研究成果，还有很先进的教材，我把这些资料都送给董老师。董老师态度谦虚，总想着别人。这些书籍看过后，他希望通过我送给新一代的人，他总是说，这些好东西不能浪费了。他把那些国外最好的论文和教材都留给了后一代人。

我在国内创办了第一份全英文版的《经济金融年刊》，在一次记者招待会上，董老师发表讲话："我在中国社科院任经济所所长的时候，想做的第一件事情，就是办一份这样的刊物，我没有办成，邹恒甫现在办成了。"如此谦虚的胸怀，多年过去了，现在想起来，仍然令我汗颜。

这些年来，我一直在北京大学、武汉大学进行经济学的现代化教育的全面探索和改革，尤其在武汉大学，从始至终，董老师都在关注我实施的改革计划，他不停地鼓励我，尽全力支持我。

在一次有国家教育部和省教育厅有关领导参加的视察武汉大学高级研究中心的座谈会上，董老师直言不讳："当高级研究中心还是一棵幼苗时，国内有人想把她扼杀在摇篮中，现在有成绩了，许多人又来摘桃子。"董老师振聋发聩的话语，敢于直言的精神，令我无比钦佩。从许多方面看，我觉得他更像我

们湖南老乡。

由我组建的、由董辅礽先生出任联合主任的武汉大学 EMBA 中心在国内乃至世界上都有了很大的影响，董辅礽先生和我一起办 EMBA 教育。那是 2002 年，我在武汉大学组建 EMBA 中心，董老师应我的邀请，欣然同意出任该中心的联合主任，另一个联合主任是前不久去世的法国著名经济学家让·雅克·拉丰。短短两年，我们共同见证、亲历了创办 EMBA 中心的全部艰辛。这中间的许多曲折故事是无法在短时间里讲完的。

我，董老师，还有前不久去世的法国著名经济学家、任 EMBA 中心联合主任的拉丰，我们共同努力，从无到有，全部聘请世界一流大学的包括多名诺贝尔经济学奖得主在内的著名教授为学员授课，被业界和媒体认为是中国 EMBA 教育的奇迹。这中间，董老师付出了很多心血。

董老师是 2002 年 8 月就任中心联合主任的。上任后，他就和让·雅克·拉丰在北京、武汉、长沙、深圳、苏州等地为之奔走呼号。最令我感动的是 2003 年 8 月下旬的一天，下午 4 点，董老师从美国回到北京，一刻也没停留，便转飞苏州。由于飞机延误，他到苏州时已是凌晨 3 点。董老师休息了 3 个小时便匆匆奔赴苏州大学作学术报告。他的时差还没有调整过来就一口气做了两场报告。我记得他那次报告讲的是所有制问题。因为他是著名的“董所有”，他从马克思的德文版《共产党宣言》谈起，特别是说到书中关于消灭私有制的中文翻译，他强调那个“消灭”在德文里不是消灭，而是扬弃。

我们一起在艰难和快乐中创办、探索中国的 EMBA 教育，刚刚有了一个良好的开端，不幸的是两位 EMBA 的联合主任都先后患癌症离开了我们。拉丰是 2004 年的 5 月 1 日去世的，董老师在拉丰去世后不到 3 个月的时间里也离开了我们。加上我的好朋友、著名经济学家杨小凯，在董老师之前也在国外患癌症去世了。

三星同陨，我在今天深刻地感悟生命的脆弱和无常

他们都离开了我们。这种人生的变故和损失，对中国、对欧洲，乃至对世界的经济学的影响无疑都是巨大的。一个夏天，三星同陨，这使我在很短的时间里深刻地感悟到了生命的脆弱和无常。我与董辅礽老师、拉丰和杨小凯之间，仿佛只有小说和电影里才有的许多故事，却真实地发生在我的生活中。

在董老师得病之前，拉丰已身患肺癌。拉丰才57岁，他是欧洲经济学会的主席，被公认为是诺贝尔经济学奖最有力的竞争者之一。最初，当我知道拉丰患有癌症的时候，拉丰在精神上正处于全面崩溃的边缘。我记得在电话里他这样对我说："恒甫，我再也不能帮助你了，我再也不能帮助武汉大学EMBA了，我再也不能帮助中国了。"这是一种何等绝望的心情啊！

在这种情况下，最先伸出援手的是杨小凯。杨小凯与肺癌斗争了将近三年，表现出了超人的勇气和信心。他认为癌症病人都是被吓死的。他还举了芝加哥大学经济学系主任谢尔文·罗松为例，谢尔文·罗松知道自己患了癌症后，精神很快就崩溃了，很快就死去了。杨小凯认为，癌症是可以征服的。杨小凯给我发来了无数封电子邮件，还打来了许多电话，他的那些与癌症斗争的经验和故事通过我转发给拉丰。我成了他们之间的传声筒。杨小凯与拉丰并不相识，我把这些邮件和电话里的故事转告给拉丰，拉丰得到了巨大的鼓舞。杨小凯非常坚强，那时，我们还真的以为杨小凯的病已经完全好了，其实，杨小凯离自己生命的尽头已近在咫尺。杨小凯在他生命的最后时刻，用自己全部的生命激情和对人类的无限关怀让拉丰产生了生活的希望和求生的勇气。

2004年4月18日，我到洛杉矶去看望拉丰，看见他70磅都没有了，他原来有190多磅啊。那个时候，杨小凯已经处于癌症晚期，他已经不会说话了，只能用手写字。杨小凯比拉丰晚了一个多月离开这个世界。杨小凯皈依了上帝，55岁的杨小凯带着期待和欣慰进了他的天堂。我相信他一定是进了天堂。

57 岁的拉丰在 5 月 1 日的那天也离开了我们，拉丰是带着对法国经济学和中国经济学的关注与爱以及无尽的遗憾离开这个世界的。拉丰在患病期间曾对我说过这样的话：“如果我能像董辅礽老师那样活到 70 多岁，那该多么好啊，哪怕就是 70 岁也很好，那样我就可以更多地照顾我的孩子和家人，我还可以为经济学事业做更多的事情啊。”如今，每当我记起这些话，就禁不住潸然泪下。

早在 2003 年 9 月，董老师就确诊为癌症，董老师得知这个消息后，我们通了电话，他在电话里几乎说了和当时拉丰对我所说的同样的话。他说：“恒甫，我不能再帮助你了。”

我在震惊的同时，马上给他鼓励。我同样用杨小凯和拉丰的例子鼓励他，他精神为之一振，我的话还真的产生了作用。董老师跟家里人说：“恒甫告诉我了，这是有希望的，癌症是可以战胜的。”董老师的女儿和女婿都是研究癌症和生物方面的专家，他们都在美国杜克大学任终身教授。他们也认为董老师再活三五年是没有问题的。

董老师非常关注拉丰和杨小凯的情况。我又把杨小凯的故事转述给董老师听，他听了很高兴。他要与癌症作斗争，他对生命充满了希望和信心。2004 年 3 月，我去美国杜克大学看望董老师，发现他像往常一样，他说，除了手心有点痒，其他都很正常。我回到华盛顿，我给拉丰打了电话，告诉他我所见到的关于董老师的一些事情。拉丰在电话里骂了一句，他抱怨地说：“我们的事业怎么这么艰难啊！我们怎么这么倒霉啊！”

他们患病的三人中董老师年岁最高，77 岁了，是最乐观的人。5 月 1 日，拉丰去世后，我没有告诉董老师。董老师喜欢上网，他不久就知道了这个消息。5 月下旬，他对我说，“拉丰是不是走了”？我说：“我自欺欺人，我一直不敢把这个消息告诉您。”当时，我感到董老师的心情非常沉重。后来不久他开始发低烧，癌细胞可能又发作了，我也知道关于董老师的治疗不是很乐观，死亡阴影正悄悄地向他袭来。

又过了不久，我邀请诺贝尔经济学奖得主卢卡斯来武汉大学进行学术交流。7 月 17 日，我给董老师打电话，第一件事他就说，杨小凯是不是也走了。他说，他在网上已经看到了。我如实地告诉了他，我先前没有告诉他的原因是怕对他的精神打击太大。他说，没有关系，他说自己的情况有所好转。我听了还非常高兴。

2004 年 7 月 30 日下午 3 点零 3 分，董老师在美国的杜克大学医疗中心永远地离开了这个世界。我很快就和他的女儿通了电话。我当时在中国，董老师去世的时候，我没有在他的身边陪伴他，这是我终身的遗憾。我现在唯一能够做的事情是继续他的事业，为中国、为武汉大学能够多做一些事情，以告慰他的在天之灵。

我的朋友董辅礽老师、拉丰和杨小凯，他们三个人都是对学术有着崇高追求并影响世界和中国经济学的巨人。这些年来，他们没有给我一点点患癌症迹象的印象。我想对所有人说，我们不仅要锻炼身体，还要经常检查身体。我相信，这也是我的好朋友、我最尊敬的老师董辅礽以及拉丰和杨小凯共同要向大家说的心里话。

（选自《追思董辅礽》，社会科学文献出版社 2005 年版，有改编，作者 1982 年毕业于武汉大学经济系）

我永远的老师曾启贤先生

朱　玲

时光飞逝，转眼间武汉大学经济系教授、恩师曾启贤去世近 20 年了。说来惭愧，若非校友关敬如打来电话，我还没有考虑如何表达对他的纪念。下面的文字，多是十年前写成的。但是，我常常会在不经意间想起他。曾有好友说道，人的心里实际上排列着很多的空格，占据其间的是自己的亲人、师长、同学和朋友等等，占得满满的，心里就很满足。平时不在意，因为他们都在，可一旦某位至爱亲朋离去，有个角落就空出来了，空虚感便油然而至。对此，我的评论是：曾经被占据的“格子”不会变成虚无，因为对逝者的思念还在那个空间。我对曾老师的怀念，就是这种感觉。

我视曾老师为恩师，最初是因为他于“文革”后首次招收研究生便不拘一格选人才，将我们这些年龄、学历和经历大相迥异的学子汇集珞珈山，使大家饱享知识的阳光雨露，为后来各自选择的事业打下了坚实的基础。至于我自己，早在 20 世纪 70 年代初就有志于经济学研究，无论是在工厂做工还是在中学教书，都孜孜不倦地利用业余时间自学。好容易盼到 1977 年恢复高考，却由于专业选择有限而进了西北大学历史系，幸亏历史系学风淳厚、兼容并包，加之早年毕业于武汉大学的何炼成教授大力举荐，西大破例允许我报考 1978 年的政治经济学研究生。我虽学历短浅，却承蒙曾老师不弃而有幸进入武大，实现了走向学术道路的梦想，度过了生命中最快乐的三年时光，每当回想起这一切就对曾老师充满感激。

我之所以感激曾老师，还不仅仅是由于上述经历。他的品格和学识以及为人与处世所给予我的教益，不是“感激”二字能表达尽致，也不是这篇短文可包容无遗的。记得他每次给我们授课总是端一个大水杯，提一大摞资料，旁征博引，侃侃而谈，还不时与我们有问有答交流看法，使大家在不经意中得到启迪而顿开茅塞。那时经济学课程还没有脱离传统的苏联模式，我在入校前既未看过东欧有所创新的经济学专著，也未接触过西方微观经济学或宏观经济学课本，更遑论其他现代经济学理论。即使是那些有本科学历的同学，对此也知之甚少。因此，我对曾老师有关东欧经济学家改革理论的介绍和对西方经济学家的评述感到既新鲜又好奇，课后总会不由自主地循着他提供的线索去查阅资料。但凡从图书馆或资料室借不到所需要的文献，曾老师的私人藏书总是向我们开放的。在他的引导下，我的眼界随着知识的增多逐渐开阔，从学习活动中获得莫大的精神享受。

常言道：“师傅引进门，学艺在本人。”这强调的是学徒的主观能动性。问题是倘若师傅引错了门，那就不知学徒是否能学到市场所需要的本领了。我很幸运地在中国经济和经济学即将开始转轨的时刻，遇到曾老师这样富有远见和创新精神的学者。每当提起经济学的发展，他都坦率地说自己的数学基础薄弱，难以掌握数理经济学；只会“哑巴英语”，能读不能讲，没法与西方经济学家深入交谈。为此，他大力倡导经济系开高等数学课，在同学们通过基础外语之后，设置专业外语课。给我印象最深的是，他邀请几位 20 世纪 40 年代从欧美留学归国的教授为研究生讲解原版的英文经济学论文，自己坐在教室最后一排与学生一起旁听。曾老师还特为我们设置“西方经济学入门”讲座。他从当时的华中工学院请来自己的硕士导师张培刚教授讲微观经济学原理，请本校的刘涤源教授讲宏观经济学入门，请谭崇台教授讲发展经济学理论。几年后，当我在书店看到这几位教授的专著，得知上述课程已列入高校经济系教学大纲的时候，自然更加佩服曾老师对课程设置的改革和对学生知识结构的指导所具有的前瞻性。

我之所以敬佩曾老师，不仅仅在于他学识渊博思想深邃。他对科学的忠诚、对学术的民主和对学生的平等态度，使我永远敬重他。进校一年以后，曾老师要求我们开始自选毕业论文题目。八九位同学专长不同，兴奋点各异，选定的题目自是五花本。他在听我们汇报时，先是默不作声，等大家都说得差不多了方才一一评论，其中有几点看法，我至今还记忆犹新。一是选题要小，小题大做容易将研究引向深入；二是做论文要独立思考，有自己的见解，只要能自圆其说就行；三是论文不拘长短，但求高质量。他还找出一本小册子让大家传阅。那是本译著——斯拉法的《用商品生产商品》。曾老师不紧不慢地介绍它：别看文章短，却是大卫·李嘉图之后的一篇经典之作。那时候我不知天高地厚地总想制造体系，洋洋洒洒地写了一篇大约 16 万字的论文，未能完全按照曾老师的建议去做。然而他耐心地呵护学生的"创造性"，细心地审阅我的论文，并提出中肯的修改意见。论文定稿后，他请来中国社会科学院经济研究所的董辅礽教授担任答辩委员会主席，为我入选经济所提供了有力的支持。

曾老师讲的道理，我直到做博士论文时才真正明白，因而也就越发由衷地为他当年的雅量所折服。他虽然听凭学生自由选题，但并非放任自流。不仅严格审订每个人的提纲，而且对达不到学位标准的论文毫不通融，即使学生已走上工作岗位，要想取得学位也必得将毕业论文提高到学位标准水平才准予返校答辩。当然，如此严谨认真的教授在武大并不止曾老师一人。这里之所以对此专门提上一笔，是因为近年来花样繁多的腐败活动正在侵蚀着圣洁的学术殿堂和学位制度，以至于各种位制度的严肃性而铁面无私的导师，在我脑海里留下的形象就日益鲜亮起来。

曾老师之严谨认真，还体现在他恪守工作时间表的努力之中。这里不是要说他如何守时、一丝不苟，因为那已成为融入他生命中的一种自然品质。我想讲的故事，发生在 1981 年的夏秋之际。武汉的炎热使我至今回想起来似乎还要浑身冒汗，20 世纪 80 年代初电扇还未普及，更别提空调了。每天一大早，只消看看楼顶上、大街旁的竹床上辗转一夜方才入睡的人们，就知道武汉人是怎样以顽强的意志在忍受酷暑的煎熬。可那时，曾老师不得不在盛夏期至少审完五六篇由他直接指导的学位论文，还要阅读几篇要求评论的手稿，工作量至少在百万字以上。暑假来临，完成论文的同学先后带着手稿回家打印。我和几位等待审稿的同学留在学校，隔三岔五地去曾老师那里取回他审完的部分，根据他的批注修改或重写。这种流水作业方式使我感到挺轻松，然而诸位学生的轻松凝聚到一起就对导师形成巨大的压力。有次去送稿，看见平日衣冠齐整的曾老师光着个脊背在他门前的大树下审稿，一边不停地呼扇着大蒲扇，一边盯着铺在小桌子上的稿子写写画画。听到我的招呼，连连说："对不起，对不起，天气太热了。"一边抓起大毛巾擦擦汗，一边换了副眼镜进屋套上汗衫出来。我这才注意到，对于他这样既深度近视又严重散光的人来说，如此紧张地阅读实在损害视力。所以就告诉曾老师我并不急着回家，劝他放慢工作节奏。可曾老师坚持要按计划办，说开学之后就得组织答辩，不能耽误同学们毕业。

那年入秋，待我携打印稿从家里赶回学校，听说曾老师阅完九篇论文之后病倒了。大家心里都过意不去，曾老师却不以为然，还把带了罐头去医院探望他的学生训了一顿，认为这当口儿送食品给他是太世故了。类似这样令人下不来台的事还不止这一回，可是非但没有损害他与同学们的往来，反而赢得了更多的尊重。曾老师在"文革"中几乎家破人亡，夫人因他受冲击而心脏病发作去世，儿子下乡时受审查精神分裂。也许家庭的不幸使他更加专注于教学与科研，并赋予他对学生一种亦师亦父的情感。单说毕业分配之前，他就像传统的中国父母对待子女一样，既舍不得我们离去，又期望我们到自己向往的地方成就一番事业，并尽可能帮助每个人实现自己的愿望。记得他征求我对留校的意见时，我坦言相告，希望能去孙冶方工作的地方。曾老师沉思良久才缓缓地说："经济所是个做学问的好地方，可是武大也并不差呀，系里还会给你继续深造的机会。"我没有急于比较这两家机构的高下，只是给曾老师打了个比方，把学生比作他的作品，问他是否有勇气把自己的作品拿到竞争最激烈的地方去检验。这一通激将法可能击中了要害，曾老师深深地叹了一口气："唉，既然你执意要走，就去找研究生处的处长谈谈吧！我会帮你的。"此后他果然尽其所能助我实现了进入经济所的梦想。此间有一位计划留校的同学迫切想回家乡的省城工作，可他羞于出口，让我去找曾老师探讨。不想我刚一说完，曾老师就拍案而起："他也是我的学生，为什么不直接找我而要你来做说客?!"我尴尬得无以对答，干脆二话不说当了一回通讯员。10年之后，也就是1992年，我遇到那位当了省计委副主任的昔日同窗，回忆起这段往事，他感慨万分地说，可惜曾老师没有活到今天，要是他看到咱班同学都还算争气，该有多高兴！

20世纪80年代初，"代沟"曾一度成为使用频率极高的词汇，可是我从未感到与曾老师沟通有什么困难。在校期间，由于他的一系列创新举动使我觉得他的思想和自己一样年轻；毕业之后，又因为他不耻下问、随和亲切而视他亦师亦友。1985年年底，我从德国回来准备下乡做抽样调查，恰遇曾老师带了学生赵青华到经济所办事。毕业四年有余，这是第一次重逢，师生都很兴奋。尽管所里的前辈同事嚷嚷要我请客，还是曾老师掏腰包请董辅礽教授和我聚餐。那顿饭吃得热闹非常，天南地北、经济文化，无所不谈。饭后见小赵要帮曾老师穿大衣，我就忍不住提起德国见闻，说那里的礼仪是男士帮女士穿大衣。曾老师一听就笑着摆起架子来："这里可是中国，我才不管德国有什么礼仪呢！过来，帮我穿大衣！"董老师和小赵都在发笑，我只好乖乖照办。

次年，曾老师数次进京参加政治经济学辞典编委会会议。会议地点在国务院第一招待所，距经济所不远，休会的时候他常到所里来看看。当时改革开放已取得举世瞩目的成就，经济学界也新人辈出。时年六十有五的曾老师，满怀欣喜地看待这翻天覆地的变化，不仅积极地调整自己的视角和知识结构，而且还想摆脱"哑巴英语"的状态，每次见面他都要问起外语强化训练的细节，与我切磋口语练习的窍门，并不时来一段英语情景对话。当然，我也不失时机地请他指点我的博士论文写作计划。曾老师又一次强调他在1981年给我们全班同学的提示，那就是深入细致地把中国经济运行机制搞清楚。在20世纪80年代初我国经济学研究或多或少还未摆脱苏联政治经济学概念推演窠臼的时候，他的建议促使我及早警醒；在80年代中期经济学界出现一股生搬硬套西方经济学的风气时，他的建议又激励我踏踏实实做好田野调查，理论联系实际，运用规范的经验研究方法，做出具有中国特色的专题成果。

回首往事，师生互帮互学的情景是多么令人怀念，人生旅途中能遇到这样的良师益友是何等幸运！也许是因为曾老师以高尚的品质和精神为我树立了终生学习的榜样，我才能不假思索地为本文找到“永远的老师”这个标题，这也恰恰是他留在我心中的一个不灭的形象。

（选自《经济学家茶座》，山东人民出版社2009年版，作者1981年毕业于武汉大学经济系，系中国社会科学院经济研究所副所长、研究员，中国社会科学院学部委员）

我的老师我的母校

陈东升

1977年国内恢复高考，上大学成了知识青年的梦想。77届、78届的大学生原来基本都是社会青年，到1979年我上学时也还有一半是社会青年。我也算是社会青年考上大学的，之前当了四年工人。

中学毕业赶上上山下乡，通过父亲的介绍，我到天门县科委下属的微生物研究所当了农工，算是下乡了。那时我一心想上大学，所以去之前我就问在研究所工作有没有机会上大学，不能上大学我是不去的。他们说研究所每年有一两个工农兵大学生名额，所以我就去了。那个研究所在一个镇子边上，很漂亮的建筑掩映在树林和棉田里，研究所里有图书室、实验室，挺好的。研究所不大，大概二三十人，一半是大学生，大多是学农的，学植物保护的，学微生物的，华中农学院的最多，也有武汉大学病毒系的。在微生物研究所当四年工人期间，我自学了无机化学、有机化学、微生物学，对我影响最大的是叫陈其武的一位技术员，是北京农学院来的，很开朗，我最早知道“四人帮”就是他同学从北京给他写的信里说到的。那时候对“左”的一套大家已经很厌倦，年轻人好跟着他们议论。改革开放后研究所的这些人要么考研究生出去，要么就被大学聘去当讲师、教授，他们都对我影响挺大。

我后来考上了武汉大学。武汉大学四年给我留下很多美好的东西。党的十一届三中全会后改革开放，武汉大学任命的校长叫刘道玉，是高等教育改革的先锋。他曾是留苏学化学的，在苏联是反苏的杰出学生领袖，后来被苏联遣回，周总理亲自到机场迎接。1981年他被任命为武汉大学校长时48岁，是新中国培养的第一个大学校长，在武汉大学做了很多教学改革。

刘道玉向西方大胆学习的改革措施包括开设选修课、学分制和插班生制度。我记得特清楚，那时候有北京大学的学生转到武汉大学，中国科学技术大学的学生转到武汉大学，校长特别骄傲。我到哲学系选课，也是受益者。那时候武汉大学的学生很活跃，有个全国大学生刊物叫《这一代》，就是武汉大学发起，十多所大学中文系和文学社团在北京开会共同创办的。第一次的编辑权给了武汉大学“珞珈山”编辑部，一上来就开始攻击时弊，我印象比较深的是一个叫叶鹏的军人，武大中文系的，写了一篇《轿车从街上匆匆驶过》的文章，批判当时的等级特权。因为太激进，这个刊物很快就被查封了，在当时引起很大的轰动。

我喜欢读书，上中学时就坚持读《参考消息》，高中时读了《马克思传》，先读了五章，一点也记不得更弄不懂，只是怀着对革命导师的无限崇拜，坚持从头又读，做读书笔记，花了整整半年才啃下来，可以说《马克思传》彻底改变了我的人生，也咀嚼了哲学社会科学。高中时候我订阅过很多刊物，像上海的《自然辩证法》杂志、科学院办的《古脊椎动物与古人类学》杂志，不完全是考古方面的知识，也研究人类起源，什么东非大裂谷，发现大概三百万年前的肯尼亚人头盖骨，等等。记得当年英国有个很著名的、漂亮的生物学女博士人称珍妮小姐，她一辈子研究黑猩猩，致力于保护野生动物。总之我兴趣很广，喜欢涉猎自然科学、社会科学。当时学术思想在刚刚恢复的大学非常活跃，武汉大学也是，搞百科知识竞赛，我入学不到两年参加竞赛就获奖了。低年级学生能够获奖是凤毛麟角的，于是就出了名。到高年级，我参加学校搞的演讲比赛，讲《贝尔的后工业社会》，获得二等奖。学校活跃的大环境影响着每一个人，我自己也搞了一个学习小组，起名叫“蟾蜍社”。蟾蜍是月宫里的癞蛤蟆，有一种美好的向往，我觉得年轻人就是要有这种做不到的事一定要去做的勇气，所以我叫它“蟾蜍社”……

想成为一名大学者、大教授、大知识分子，现在回想起来，实际上是一种人文情怀在支撑着我。我们平常讲一个人很像知识分子，很儒雅，就是指有一种人文素养、一种人文情怀在他的骨子里，所以我认为一个知识分子首先是要有人文情怀的。博物馆对培养年轻学生的人文情怀很重要，我到国外的大学参观访问，非常注意这些大学的博物馆，美国斯坦福大学博物馆的广场上整套罗丹的雕塑都是别人捐的，亚洲部里面放着中国的字画、瓷器，给我很深刻的印象。宾夕法尼亚大学、哈佛大学等也有自己的博物馆。美术和音乐是可以启迪人们灵魂的，中国的大学同样需要有一种人文精神，每一所著名大学都应该拥有一定的艺术品收藏，有一个好的艺术博物馆。因为我是做艺术品拍卖起家的，又做泰康空间这种艺术公益事业，泰康人寿也有很多艺术品收藏，了解博物馆的重要性，所以思考要给学校做一些事情时，很自然就想到修建人文设施，决定向武汉大学捐一座艺术博物馆。武汉大学是我的母校，那里有我的老师们，母校和老师给予我很多，我对母校怀有非常深厚的感情，她之于我如同母亲一般。2013 年年底武汉大学 120 周年的时候，武汉大学万林艺术博物馆将会落成。这是我献给母校的一份心意。

今天，武汉大学里面还保留着一批古老的建筑，一进门的体育馆是黎元洪家族捐建的。如果说建筑承载历史，那么从体育馆可以看到武汉大学是有捐助的历史和传统的。我希望这个博物馆就像黎元洪捐的体育馆一样，造一个经典性的建筑、一个标志性的建筑，丰富和提升武汉大学的魅力，成为武汉大学新的景观，同时希望能对校友们回馈母校起到示范作用。

回溯过往数十年，我做过的几件事发生的年代，这些数字间似乎存在着一些巧合：

武汉大学 120 周年，我捐建的万林艺术博物馆将落成。

2013 年我大学毕业 30 年，迎来嘉德 20 年庆典，也是泰康空间成立 10 周年。

2003 年在武汉，我作为杰出校友应邀在武大 110 周年校庆上讲话。

2003 年在北京，我们庆祝嘉德成立 10 周年，泰康空间成立。

1993 年武大百年，我创办了第一家公司——嘉德。

1983 年我从武汉大学毕业。

不知是不是冥冥之中就有安排，还是数字的巧合中暗示了某种历史机缘。

我是湖北人，我是从武汉大学经济系毕业的，经济系非常有传统，最早的系主任是著名的经济学教授杨端六先生，他是中国金融和会计学的开山鼻祖，中文《马克思传》就是他女儿翻译的。当年在中国的西方经济学界有两个人，一个是北京大学的陈岱孙先生，一个就是武汉大学的张培刚先生，有“南张北陈”的说法。哈佛大学那时已成为全世界最好的学校，很多最好的学生出自这样的学校，张培刚先生 20 世纪 30 年代初从武汉大学毕业，40 年代在哈佛大学拿了博士学位，博士论文写的是《农业与工业化》，此论文获 1946—1947 年度哈佛大学经济学专业最佳论文奖和“大卫·威尔士奖”，成为发展经济学理论的奠基之作，足以问鼎诺贝尔奖；张先生则被誉为发展经济学的开山鼻祖，影响了整整一代人。我们的老师董辅礽就是张培刚的学生，董先生再传承到我们，这就是武汉大学经济系的师徒传承。“92 派”的三个典型人物都是我们经济系的，田源创办了中国期货，毛振华创办了中国诚信证券评估，我创办了中国嘉德和泰康人寿。

武汉九省通衢，福建的茶叶到武汉，通过武汉水路再往上运到长江以北的地方，武汉基本上是茶商的集散地。那时的武汉跟我们现在社会一样有教育问题，现在是农民工的孩子没有上学的地方，那时候是商人的孩子在武汉学习有困难，所以张之洞向朝廷递了一个奏折，要创办学校；1893 年自强学堂创立，这就是武汉大学的前身。武汉大学建校 120 周年时，他们把当年张之洞的奏折都找到了，从故宫档案馆里请了出来。

自强学堂后来又延伸到武昌高师，再与武昌中华大学等一些学校合并成为新的武昌中山大学，就是后来的武大。真正叫武汉大学是从国民党时期的国立武汉大学开始的，大概是 20 世纪 30 年代，民国政府决定建武汉大学，派李四光去考察。那时武汉大学占地有九千多亩，占地中有个地方是个坟场，为此还跟老百姓闹过冲突。如今的武大四校合并后也只有五千多亩，比以前小很多。

国立武汉大学第一任校长王世杰，是与胡适等人齐名的大学者，集学政于一体。后来他做了民国时期的外交部长，最后跟蒋介石去了台湾。武汉大学在中华人民共和国成立前是五大名校之一，清华大学、北京大学、中央大学、浙江大学、武汉大学，地位很高，所以经费充足，薪酬好，有很多名教授授课，比如台湾经济起飞之父李国鼎先生在武汉大学当过一年的物理系教授；气象学家竺可桢在武汉大学当过教授，中华人民共和国成立后他当了浙江大学校长；还有闻一多、朱光潜等很多知名教授。最早武汉大学的珞珈山的“珞珈”这两个字不是“王”旁的“珞珈”，是姓罗的罗，叫罗家山，闻一多做文学院院长时把它改成“珞珈山”了。在武汉大学的传统中，还出现过很多政治人物，像陈潭秋是当年武昌高师的，参加遵义会议的俄语翻译伍修权是高师附中的，董必武早期的革命活动也是在武大开展的。据说党的一大代表里有五个人与武汉大学有关系，中华人民共和国成立后的武大首任校长、哲学家李达也是其中之一。

武汉大学在历史上很辉煌，中华人民共和国成立后也非常有名。中华人民共和国成立后中国大学教育学习苏联的体系进行院系调整，李达成为第一任校长，从此武汉大学改以文科为主，其他学院组成华中理工学院，就是今天的华中科技大学，跟武大齐名，以前的农学院成为现在的华中农业大学。改革开放30年，中国经济从沿海发展起来，东南沿海整体发展也相对发达，在大学的评比中，北京大学、清华大学最好，浙江大学崛起了，南京大学、复旦大学和上海交通大学不用说，武汉大学在综合大学“十大名校”排名中一直徘徊在第七、第八的样子。

（选自《一槌定音：我与嘉德二十年》，生活·读书·新知三联书店2014年版，作者1983年毕业于武汉大学经济系，系中国著名企业家、泰康人寿保险股份有限公司董事长兼CEO）

吾母吾师朱君允

熊性淑　熊性美

为了提高汉语修养，我母亲认为我首先应该接受现代汉语的文字训练；但是中国青少年也应该阅读古汉语，进而了解中国历史和文化的能力。1937年，抗日战争爆发，母亲带着我们兄妹三人在天津暂住时，她自己教我读《论语》和《孟子》的若干片段，后来还曾给我讲解王勃的《滕王阁序》；1941年我在四川成都树德中学高中修习国文课时，该校选用的教材是《古文辞类纂》，母亲本人虽然不大赞成让我们少年人连篇累牍地吸收甚至背诵这些内容，但是当任课老先生选授司马迁《史记》的《报任安书》时，她又欣然当起“助教”，因为任课老师只是从词义上略加解释，强调要学生背诵，而她却给我从文学和历史方面讲解司马迁被贬谪后，隐入深山修著《史记》的意义。

母亲对年轻人是主张通才教育的，这特别表现在她对我在中学阶段的文学指导上。她认为我首先应该能够在日常生活中应用通顺的白话文写作，此外更请一些武汉大学中文系和外文系的教师对我进行现代文学的指导。例如，当武汉大学的朱光潜教授到我家做客聚会时，母亲总是尽量利用机会请他给我讲解中学语文课中的某些著名散文篇章，如朱自清的《背影》，而我记得最清楚的是请朱光潜教授为我讲解他的著作《给青年的十二封信》的若干片段，其主要思想是青少年应该在德智体美各方面均衡发展。母亲对我说：“朱伯伯不仅是文学理论教授，而且是中国的美学大师，你应该用心地读他的这本书，加强自己道德文艺的全面修养。”

抗日战争爆发，我父亲熊佛西只身南下，母亲朱君允带着我们兄妹三人栖居天津英租界，当时清华大学叶企孙教授和他的同事熊大缜也暂居天津外国租界内，要向敌后(可能是河北平原和太行山一带)运送医药用品，还要秘密搜求制造炸药用的化学药品和各种原料，我母亲曾协助叶伯伯等上街采购并保管一部分准备用于抗日的物资。又如1939年，我母亲还曾置我们兄妹三人于不顾，甘冒生命危险掩护青年组织“抗日锄奸团”成员孙若愚从天津乘北宁铁路客运去北平，以逃避日伪对孙若愚的搜捕，因孙若愚曾参与对日伪华北联邦储备银行天津分行经理程锡庚的刺杀行动。

1940年春，母亲带我们兄妹三人从天津乘英国商船去上海经香港转去抗日后方四川投奔我父亲，希望全家团聚。我们在大沽港口正式登轮时需经过日军森严检查，而在随身行李中我母亲还带着一本我父亲在抗战爆发前夕将完成的自传体《我的戏剧生活》文稿，其中有不少反对日本帝国主义的内容，如果被日军翻检出来，后果不堪设想。可能事先没想到登上外轮会遭受如此严格的检查，我母亲一时性急，就找到一个素不相识的中国船员坦诚相告，那位可敬人士二话没说立刻协助将我父亲的那份文稿设法藏匿起来，据说是塞在卫生间了。我事后问母亲：你怎么敢托付给素不相识的人？她回答说：当时无奈，但我相信大多数中国人出于爱国情操是会甘冒风险帮我一把的！记得多年后我又追问母亲：如果日本鬼子把你逮进去，我们小孩怎么办呢？她回答说：那时已经要当亡国奴了，只能冒险一搏，顾不得身家性命了。

1942年夏秋在四川成都，母亲想应聘去乐山的武汉大学教学，没有旅费，母亲要我去当铺，把冬衣当卖换钱。我回来说，要是能将北平家里的东西拿来就能多换钱了。母亲沉默。1943年在乐山，冬天冷，母亲的大学工薪低，物价贵，吃不饱。我又发了一些牢骚，已经记不清是怎么说的了，反正是留恋抗战前在北平时的生活，母亲突然急躁起来，对我正色地说：“妈妈为什么带你和妹妹来四川，这里生活是苦，可是你要知道，在北平日本人要你们当亡国奴，念日文，不能学中国历史，你愿意吗？有些东西很宝贵，人活着就不能丢掉，是钱买不到的。你已经上到高中了，怎么这个道理还不懂！”

我当时并不能完全理解母亲。光阴荏苒，潮涨潮退，这些话时常在我心灵深处响起。我慢慢认识到，这是母亲朱君允留给我一生面对沉浮的最大财富。

我在武汉大学附中读书时，英语老师许海兰在授课中讲授了第二次世界大战后期联合国成立，强调"人的自由"，即免于饥饿、免于匮乏、免于恐惧等；而母亲朱君允却对我说，这是在联合国成立的条件下，针对世界发展程度不同各国的具体情况来分析的，但是要知道现代国家立国的根本原则，还是应该对学生讲解美国的《独立宣言》。母亲从中学到大学，受到的是系统的基督教会学校教育，她虽不是基督教徒，但思想上深受资产阶级民族自由的影响，认为做人有两个根本方面：在道德方面要遵从私德和公德，在政治上要讲求民主和自由。我记得我读中学时，她要求我读邹韬奋的《萍踪寄语》。1946 年，她强烈地反对国民党发动内战，积极参加武汉大学反内战、反饥饿的学生运动。那时我正在青岛美国海军陆战队充当译员，她多次写信要求我立刻辞职，尽快回到大学受教育。她曾对我提出最低要求说：即使不能为中国实现民主自由尽一份力量，至少当一个"自由青年"学生。

在解放战争时期，母亲从四川乐山随武汉大学返校回到湖北省武昌珞珈山原校址，在外文系从事教学工作。1947 年，她因为发表反对国民党一党独裁、要求实现言论自由等言论，和武汉大学的缪朗山、金克木等教授一起，一度被国民党军警逮捕拘留过。在那一段时期，给我印象深刻的是我母亲对中国共产党的日益向往，对解放战争的愈益关注，以及和武汉大学进步师生的交往日益密切。到了 1949 年年初，解放军已占领了天津、北平，大军南下向长江一带进逼，我母亲一方面探听平津亲友和高校的消息，一方面配合武汉大学的师生开展护校运动，动员武汉大学的教职员工留下来迎接解放，她在家里对我们明确表态：从抗战以来咱们家一直颠沛流离不能稳定，这次可不(逃)走了，中国的希望在北方！

1949 年 5 月武汉市解放，母亲的兴奋溢于言表，她积极参加武汉大学的各项活动，精神焕发，一扫多年来婚姻不幸和生活艰辛带给她的忧郁心情。

客观地看，妈妈根本就不懂政治，她什么“派”也不是，从未参加过什么党，她有的只是一颗真真实实的中国心。她身上始终有着中华传统文化熏陶出来的风骨，同时也有西方教育所培养的对自由、民主、平等的不懈追求。这就形成了她那忧国忧民的不解情结。

中华人民共和国成立前两年，妈妈正处在这么一个“不平则鸣”的状态中。尽管我们的家庭生活一直很温暖，但每逢周末我从希理达女中回家总感到有一股愤懑之情在她胸中抑郁着。那时物价飞涨，一发工资就得四处抢购粮食与日用杂货。我和哥哥都住在学校里，这副生活的重担就全部由妈妈和因病辍学在家的姐姐性慈两人承担。她们四处张罗。妈妈还要教课，不敢懈怠。这阶段妈妈有时出去参加一些集会，针砭时弊、评点时势。有人请她发言，她便直言不讳，一吐为快。她完全不懂“考虑后果”，不想她的话会得罪什么人。1946 年发生在昆明的“闻一多事件”使她愤怒，却没教会她害怕与畏缩。其实除参加公开集会外，她也并没和任何进步学生有个别的接触。1947 年的春天，“反饥饿，反迫害，反内战”的呼声响彻了大江南北，学潮如涌。妈妈却比较敏感，发表议论最多。1947 年 6 月 1 日是一个极不平常的日子。5 月 31 日晚 9 时许，我们全家都收听到了北方学潮的消息，知道北大、清华的进步学生已被逮捕。当时妈妈就说：“等着瞧吧，武汉也快了。”但她绝没想到，厄运就在次日清晨降临在她自己身上。

6 月 1 日清晨 4 时许，天还没亮，电灯就突然亮了(当时武大自己发电，每日晚 6—10 时供电)。我们全家都翻身起床，预感到有事情要发生。往学生宿舍方向望去，灯火通明且人声鼎沸。数分钟后我家门口就传来急促的敲门声，有人喊：“朱君允先生，请你出来一下。”哥哥应声在门内问：“有什么事吗?”外面人说：“学生打架，请朱先生去劝阻一下!”我们都感到来者不善。妈妈则示意性美答：“学生的事朱先生不管，请你们去找训导主任吧。”

敲门声已越来越粗暴，哥哥抵挡不住，只好将大门打开，只见闯进来三位戴礼帽与黑眼镜的汉子，手持枪，厉声喝道：“请朱先生马上和我们走一趟，汽车就在门口。”妈妈见势并不慌张，十分镇静地说：“请你们等一下，我去换件衣服就来。”性慈和我忙帮妈妈穿戴整齐。妈妈的镇静也给了我们力量。妈匆匆嘱咐了我们两句，就被三名特务押着进了一辆破旧的黑色小轿车，一溜烟消失了。

此时天色已大亮，学生宿舍那边突然机枪声大作。我们三兄妹面面相觑，知道大事不妙。但妈妈究竟到哪里去了？我们应该怎么办？心里一点底也没有，直发慌。这时哥哥在武大的一群好友也都闻讯赶来我家，气愤不平。听完我们的叙述，他们就讲如何在宿舍内与国民党军警拼斗的情况。天还未亮时，国民党军警已将机枪架在宿舍顶楼，特务们按黑名单绑架了一批学生，塞入停放在宿舍楼前的军警车内。学生见状群情激愤，很多人就冲下阶梯用石头砸警车救人。军警立即在顶楼朝公众开枪扫射，三位同学应声倒在血泊中，而警车上部分同学却被营救跑掉了。

6 月 1 日的夜晚，整个珞珈山笼罩在黑色的恐怖中。人们都恐慌地议论：“今晚特务若是再来怎么办？”学生们聚集在图书馆内，准备拧成一股绳集体对付强暴。武大校方已无法再发电。我们兄妹三人围着一盏油灯坐着，好在身边有许多好朋友与我们分担忧愁。据云校方已出面营救被捕师生。

第三天中午，妈妈终于回来了。还是那样一身穿戴，还是那样精神矍铄，只是面色略显疲惫。原来武汉警备司令部知道已有同学被枪杀，事情闹大了，就不敢再造次，对几位教授也不敢十分无礼。经武大校方保释，六位教授先后被释回校。

妈妈还是妈妈，她略显兴奋，似乎人生的经历中又增加了一页新东西。但她既不在人前炫耀以英雄自居，也不畏缩吞吞吐吐，她仍是谈家常一样说：“他们没敢把我怎么样。倒是大家受惊，同学们受罪了。”

然后就是“游行示威”。愤怒的学生群体要在武汉三镇游行示威，抗议国民党的暴行。传云国民党特务可能又要大打出手，与学生正面冲突。记得曾有同学来家希望妈妈能带头参加，鼓舞士气。但所有的亲朋好友，包括我们三个子女在内，都恳求妈妈不要去，以免发生不测。母亲始终沉默不语。经过再三考虑，她还是决定去参加游行，表明绝不惧怕任何强暴。她义无反顾地参加了游行，又平安地返回家来，我们心里的一块石头才算落地。

（选自《灯光，永远的灯光》，生活·读书·新知三联书店2015年版，作者系朱君允之子女。熊性美为南开大学教授，熊性淑为华中科技大学教授）

吾师吾父缪朗山

缪铁夷

爸爸缪朗山，1910 年 5 月 18 日生于广东中山县。因为家里贫困，他 12 岁就在南洋烟草公司当徒工。美国老商人见其聪慧，资助他学习英、法、德语言文字，还阅读了许多名著。

20 世纪 30 年代末，爸爸在澳门圣罗萨教会中学任校长，帮助犹太学者魏纳解决生活困难，同时也向魏纳学习古希腊语和数学。后来爸爸以同等学力考取广东中山大学统计学、生物学专业。

爸爸除母语中文外，还精通古希腊、拉丁、英、俄、德、法、日等各种语言文字。

当时正值国难当头，全民奋起抗日。孙中山先生的原配卢夫人在澳门，在她身边聚集了一批爱国华侨，澳门成为华侨支持抗日斗争的重要基地。爸爸带领学校的师生投身到抗日救亡运动中。澳门有三所中学的校长是澳门抗日救亡运动的知名人士，爸爸是其中之一。爸爸任校长的学校是教会学校，他的爱国活动受到教会指责。爸爸愤而辞职，全身心地投入到抗日救亡运动中。

20 世纪 40 年代初，广州、香港相继沦陷，澳门成了华侨支持抗日的重要口岸。日本特务在澳门张贴海报，勒令爸爸等三位抗日救亡运动的知名人士三日内离开澳门，否则格杀勿论。三天后，一位姓梁的中学校长在演讲时在街头被杀。爸爸被迫离开澳门，到桂林参加了由郭沫若和李济深领导的抗日宣传队。在那里他结识了于立君、汤晓丹，成为好友。在桂林爸爸还结识了朱光潜先生，他们两人在美学、哲学上有相同的观点，相见恨晚。朱先生表示，如有机会请爸爸到武汉大学共事。1943 年下半年，我随妈妈来到桂林，一家人团聚了。

在桂林时，国民党特务常来骚扰。有一次，特务闯到家中搜查。桌上放了一本德文版《资本论》(爸爸说他学通德文得益于背下了两本书——《浮士德》和《资本论》)，特务翻开书，用手枪指着首页的马克思头像大声喝道："这是谁"？爸爸说："这你还不认识，这是大名鼎鼎的美国将军史迪威"(史迪威当时在缅甸指挥抗日战争，在国内很有名气)。特务对着马克思头像敬了个军礼，走了。

1944 年桂林沦陷，我们全家流亡到重庆。为了谋生，爸爸在电线杆上张贴教授外语的小广告。汤晓丹看见广告，找到爸爸。汤先生当时在重庆中央电影制片厂工作，就推荐爸爸到中央电影制片厂教外语。重庆中央电影制片厂直属国民党中宣部，厂长是特务头子，当过上海警备司令。爸爸在厂里翻译过两部对外宣传片，受到厂长赏识。他突然宣布提升爸爸的职务，封上校军衔，还要他填表加入"中统"。爸爸只得装病拖延时间，准备逃亡。这时恰好收到朱光潜先生的信，信中说：武汉大学有位教授去英国，有个空缺，请爸爸到乐山教书。在汤先生的帮助下，全家逃离重庆，沿江而上去乐山。制片厂厂长对爸爸逃走十分恼火，通电沿途追截。晚上，轮船靠在一个码头，突然宪兵上船检查。一个军官走到爸爸跟前，拿着一封电报说："缪先生，这是给你的电报。"爸爸接过电报说："这上面写着缪朗山先生收，这不是我的。"又指着我们行李上贴的名字说："我叫缪灵珠。"缪灵珠是爸爸的笔名，我们带的行李上都贴着"缪灵珠"的字条。就这样我们一家逃过了一劫，来到乐山武汉大学。

在乐山武汉大学，爸爸开了英国文学课，并积极参加学运，经常发表演说，还开班教俄语。不久乐山警备司令就"请"爸爸去赴宴，警告爸爸不准再作演说。爸爸没听那一套，再次被抓起来。朱光潜先生出面保释了爸爸。为避免意外，爸爸在朱先生家苦恼了几个月。

日本投降后，武汉大学迁回武汉，学校发了一笔钱作路费。但这些钱不够，爸爸在重庆中苏文化协会打了一段工，赚够路费后才来到武汉。

1947年，国民党发动全面内战，全国各大学兴起了“反内战、反饥饿、反迫害”的学生运动。爸爸成了武大学运的头面人物，国民党特务机关误认为爸爸是共产党。1947年6月1日，早晨4点钟爸爸被国民党特务抓走。国民党还调集军队，出动坦克，血洗了武汉大学，抓走了数十名教师和学生，并封锁了武大，宣布爸爸是共产党，要就地处决。

武汉大学当时有几名美国派来的教授，他们设法开车到汉口，将武汉大学“六一”惨案电告美国几所大学。美国几所名校发起援助武汉大学的活动，要求派红十字会的人到武大。蒋介石迫于国际舆论压力，下令释放了被捕师生。为防止国民党特务当面释放，背后暗杀(像闻一多先生一样)，被捕释放的师生一起被接回学校开大会。会后，三名美国教授及一些名教授直接送爸爸到机场飞往香港。

在香港，爸爸的联系人是胡乔木。爸爸在胡乔木的领导下协助共产党办报，在海外发行。报馆的工作人员大多是在内地上了黑名单逃亡到香港的教师和学生。当时在香港有一些反蒋的国民党将领，他们愿意支持共产党办报，但又师出无名。爸爸就以当家庭教师的方式到他们家里讲课，他们以付学费的方式出钱支持共产党办报。

1949年3月，中共中央统战部租了一条英国海轮，将逃亡到香港的民主人士接到北平(不久改称北京)，我们全家从此生活在首都北京。

到北京不久，百万雄师过大江，全国解放。有一天李先念同志到家里，要我们全家三天后随他去武汉。爸爸被安排任武大副校长，随南下工作团去接收武汉大学。爸爸希望今后好好教书做学术工作，不愿担任行政职务。他找到主管分配工作的周总理，提出想在北京大学创办俄语系的设想。周总理写了封信，推荐爸爸到北京大学创办俄语系。

爸爸创办北京大学俄语系之后，上级派来了系主任，爸爸与他在办学方针上意见不合，后来分歧越来越大，1952年爸爸离开了北京大学俄语系。

1952 年，中国科学院文学研究院所开始筹建，郑振铎先生任所长。郑先生对古希腊的文学、哲学、艺术十分感兴趣，爸爸是国内少数精通古希腊语的专家，郑先生邀请爸爸到文学研究所开展古希腊文学、艺术的研究。

在文学研究所主持工作的领导要求学者们配合政治运动写文章，爸爸以及从国外留学回国工作的学者对此不满。爸爸是个敢据理力争的人，1956 年的年终总结会上，爸爸要求发言，对文学研究所的工作提出了批评，因此，得罪了那位领导。

1957 年，“整风反右”运动开始后，所里的那位领导到家里来，先是一连串道歉，检讨工作没作好，对不起诸位学者，然后通知爸爸，明天学部大会专门安排爸爸发言。他还诱导爸爸在“政治与学术研究”“外行领导内行”“一党执政”等问题上畅所欲言。爸爸没有上当，他在大会发言中不涉及任何政治敏感问题，只是说，他过去对所领导有意见，都是为了搞好所里的工作，希望今后大家团结起来，帮助党搞好整风。就这样他逃过了“反右”这一关。

1959 年，开展反右倾运动，爸爸被定为重点。爸爸有两个研究生，“反右”之后，一个被定为“右派”，一个当了团总支书记。所领导对两个研究生施加压力，两人为了自己的前途被迫揭发老师。从爸爸日常言谈话语中找了一堆“右派言论”。所里已打印好文件报科学院批准，爸爸被补定为“右派”，降三级。当时科学院院长是郭沫若先生，郭先生救了爸爸，没有批准所里上报的文件。

1962 年，中宣部和文化部在人民大学开办文艺理论研究班，爸爸被调到人民大学主持研究班。研究班的学员是各省市主持文化工作的领导。课程有毛泽东文艺理论及古今中外其他文艺理论，爸爸主讲古今中外各流派的文艺理论。这段时间，爸爸每天只睡三四个小时，不停地写讲义，为学员翻译阅读材料。这段历史使爸爸在“文化大革命”中成了专讲“古人”“死人”的反动学术权威。

爸爸立志要将古希腊的荷马史诗从古希腊原文用中国古诗词的韵律翻译过

来。从1952年到1962年，他每天工作到深夜。爸爸在美学和文艺理论上有许多译著，商务印书馆及高教出版社一再要求出版，但爸爸总想修改得更完美后再拿出来。他翻译的著作中只出版了古希腊史和俄国文学史。在“文化大革命”中，我们家被抄了四次，爸爸一生努力工作的成果大部分被毁了。

1978年，中国人民大学重建，校长找他谈话说：“你一生的译著被毁了，是国家的损失，学校决定成立一个研究室，并为你配五名助手，把丢失的东西再整理出来。”爸爸一时高兴，当场突发脑溢血，于7月28日离开人间。

（选自《散落的珍珠：小滢的纪念册》，百花文艺出版社2008年版，作者系缪朗山之子）

教诲将伴笔耕老

——我与老师范敬宜的点滴往事

王慧敏

范敬宜老师生前曾多次嘱咐我："有机会一定要把你的下乡手记结集出版。届时，我来写序。"后来，一次一次的疾病，让他的愿望始终未竟。去世前，他不无伤感地对我说："看来这篇序我是完不成了。"

斯情斯景，如影历历。

"新闻要有文化含量，记者要有人文情怀"

算来，认识范敬宜已20余年了。当年考研究生时，本来想投考复旦大学新闻系，但从招生简章上获悉，武汉大学樊凡教授和时任《经济日报》总编辑、武大兼职教授的范敬宜合招研究生，我大喜过望——那时候，《经济日报》正办得风生水起，而当家人范敬宜，更是新闻学子心中的偶像。

就这样，我拜在了范敬宜的门下。

在武汉大学念完基础课，按照教学计划，要到经济日报社边实习边做论文。第一次与范敬宜见面，我便挨了当头一棒。记得是在他那间简陋的办公室，西晒的阳光把导师原本儒雅的形象勾勒得有几分威严。

范敬宜问我："看过梁厚甫的哪些书？"我一下子懵了。在当时，只知道梁厚甫是个美籍华裔报人，对他的作品却从无涉猎。

见到景仰已久的导师，本来就有几分紧张，这一下更慌了。接下来，他问的几个民国时期知名报人的作品情况，我也回答得磕磕绊绊。

范敬宜皱起了眉头。不过，接下来他问的古典诗词的掌握情况，我回答得还算差强人意。他的眉头渐渐舒展开来。我刚想喘一口气，谁知问题又来了："会背清人吴伟业的《圆圆曲》吗？"

我背了几句便卡了壳……

范敬宜将剩余的部分一口气背完，然后严肃地说："新闻要有文化含量，记者要有人文情怀。要想当个好记者，文化底蕴非常重要。一个人文笔的高低赖于文化的深浅厚薄。"

自幼喜欢舞文弄墨的我，自以为学了不少东西，原来竟是如此浅薄。从范敬宜的房间出来，我汗湿脊背。这让我暗暗下起工夫来。

毕业论文，商定的题目是《新时期经济新闻研究》，范先生约我到其万寿路的家中详谈。这次我做了充分准备，西方传播学的原理整了一套一套的。

听我谈了大约 20 分钟，范敬宜便打断我说："新闻是门实践学科，没必要搞那么多复杂的理论，更不要言必称西方。现在一谈做学问，就从西方书籍中去找理论根据。这种风气很不好，至于写作，咱们老祖宗有很多宝贵经验，为什么非要从西方去生搬硬套？"他建议我去采访下一线的跑口记者，由他们讲述新时期经济新闻的得与失。

就这样，范敬宜给我开了一个 40 多人的采访大名单，要求对每一个人的从业特点都要做一个精确的归纳。

这是一项浩大的工程。半年多时间，一有空闲，我就骑辆破旧的自行车在京城的大街小巷穿行。

等到行文时，范敬宜就抠得更严了。每一个章节几乎都被他打回数次，连论文后面附的参考文献的出版时间、版次他都要一一核对。他说："我不能误人子弟，你也不能丢我的人。"

看着其他同学都早早交了论文，而我还骑着车没日没夜地奔波，真有些后悔当初报考了范敬宜的研究生。所幸，毕业论文最后高分通过了。

“敬惜文字”

范敬宜学养之深厚，令我辈兴叹。

有一次，我在新疆和田乡间采访，写篇急稿时要引用几句古诗，只记得“爱惜芳心莫轻吐，且教桃李闹春风”后两句，上面两句却记不清了。当时，我手头又没有书可查，便打电话向范敬宜请教，他随口就说：“上两句应该是‘枝间新绿一重重，小蕾深藏数点红’。是元好问写的，题目是《同儿辈赋未开海棠》。”

还有一次，席间和一个文友打赌“皮里阳秋”的出处，打电话请教范敬宜，他回答：“应该是《晋书·褚裒传》里的。原句是‘皮里春秋’，后晋帝避母名春之讳，而改作‘皮里阳秋’。”事后，找字典一查，毫厘不爽。

范敬宜有如此功底，缘于他对学问孜孜不倦的追求和对新闻事业的热爱。他常说，总编辑首先是个编辑，不能只想着“总”而忘了“编辑”。他也曾说过：我要终生当记者。如果有下一辈子，还要当记者。

“敬惜文字”是范敬宜常叮咛我的话。他说：“现在新闻圈里有一种不好的现象：轻视文字。如果谁要鄙薄一个记者，会在数说了一顿不是之后来这么一句‘这人，文字还行’。其实，这是把本末闹拧了。文字是新闻从业的基础。没有过硬的文字基础，绝对当不成好记者。”

范敬宜告诉我，即使到了今天，他的任何一篇稿子都要经过反复修改，就是写一篇小消息也不轻易放过，《再给后代5000年》不足500个字，他从晚上10点开始动笔，一直写到了次日凌晨5点多，先后换了7个导语。

1995年，我写了一篇河北灵寿县7个山民修路的通讯《太行七贤》，范敬宜亲自撰写了一篇600多字的编者按。他告诉我，这篇编者按，他整整琢磨了一个星期。

从《人民日报》退休后，范敬宜依然沉浸在新闻里。他在《新民晚报》开了个专栏“敬宜笔记”，每有得意之作，都会给我打来电话：“我最近的那篇文章你看了吗？谈谈看法。”他问得很细。为了应付他的“检查”，我专门订了一份《新民晚报》。

对于我的作品，范敬宜把关严格。我写的消息《油气开发给南疆少数民族送来“福气”》，他评点：“还可以精练一点，譬如，第二段为什么要举那么多例子？”我的长篇通讯《阿布力孜家的“月亮泉”》，他来信：“文章似乎收得急了！”我的连续报道《讨薪记》，他建议：“主题不要太分散，系列报道亦如是。直线追下去似乎更妥！”

“敬惜文字”，已融进了范敬宜的血液中，即使一个便条、一个短札也不苟且。

新疆地域辽阔，路途漫漫。采访路上，有时我会将自己写的诗词随手发短信给范敬宜，他都会一一予以指点。

2005年“五一”，我在去喀什的路上写了首诗《五一感怀》：“孤悬塞外伴狼烟，春深五月天犹寒。无边风尘常入梦，伏案灯前抱书眠。”过了几天，便收到了他的一封信：“建议将狼烟改为苍烟，‘常入梦’改为‘频入梦’。”他认为诗的调子太低沉，特和诗一首，记得结句是：“浩浩天风鼓征篷，催马瀚海疾奋蹄。”

范敬宜不但是一个出色的记者、编辑，更是一个有强烈责任感的新闻理论家。他提出的取舍新闻的“三贴近”原则和“人不求全，求全则天下无可用之材；文不求同，求同则天下无可读之章”等名言，至今仍被新闻界视为圭臬。

范敬宜说，当记者，尤其是大报记者，一定要有责任意识。不要只图自己痛快，也不能只求微观真实。他说，有时候，就单个新闻事件看，可能是真实的，但放在宏观背景下去考量，却未必真实。因此，发一篇稿子，一定要看整体的效果，看它对社会带来的是正效应还是负效应。

范敬宜成名，缘于那篇脍炙人口的《莫把开头当过头》，在当时背景下敢写这样的文章，需顶着莫大的压力，人们佩服他的道德和勇气。

有些人认为，后期的范敬宜，随着官职越做越大，是不是锐气消退了？实则不然。知识分子的良知始终在他身上激荡，“为天地立心，为生民立命”始终是他行为的主轴。

“逢辱而不惊，遇屈而不乱”

言谈举止中，范敬宜无不带着那一代知识分子特有的儒雅与谦和。

我和范敬宜年龄相差近 40 岁，又是师生关系。翻阅他给我的信札，每一封信的开头都是慧敏仁弟。收尾总是常用“此颂曼福”“即颂著祺”“即请撰安”等句。“有才而性缓方属大才，有智而气和斯为大智”是他的真实写照。

和范敬宜接触过的人都知道，对谁，他都彬彬有礼。即使在楼道里碰见门卫、清洁工，他都会停下来亲切打招呼。他喜欢亲自到食堂打饭，随意坐在任何一个员工对面和人家谈天说地。

报社吃午饭的人多，吃晚饭的人少。一天，范敬宜留在报社吃晚饭。北区食堂只开了二楼，一楼卖饭的窗口挂了个小牌：“吃饭请上二楼。”

范敬宜没看见那个牌子，就问几个聚在一楼聊天的食堂职工：“请问在哪里打饭？”连问几声却没人搭理。他稍稍提高了声音，谁知一个小年轻大吼一声：“看牌子！没长眼？”

范敬宜并没有生气。来到二楼，见我也在，便打了饭坐在我对面，悄悄对我说：“食堂的师傅真凶哟！”听完原委，我很气愤：“要不要打电话告诉他们领导？”他摆摆手一笑，便埋头津津有味地吃了起来。

还有一次，范敬宜参加完一个会议，散步走回报社时已是晚上 10 点多。恰巧没带证件，门卫便挡了驾。按照报社规定，没带证件必须内部人员接应方能进大院。他便站在门旁静静等候。当时正值隆冬，后来有人经过，告知门卫“这是总编辑老范”，门卫一脸歉意。范敬宜非但没有生气，还连声称赞门卫做得对。

不过，范敬宜对身边的人，要求却非常严格。记得刚到《人民日报》，我在夜班值班。一天，为了改稿问题，一位编辑和排版工人发生了争吵。这件事本与我无关，可却让我无端受了委屈，因为那位吵架的编辑也姓王，事过不久，在讨论我的入党转正时，有人提意见说我不尊重工人——他们把两个“王”编辑弄混了。

吵架这事传到了范敬宜耳朵里，他严厉地告诉党委有关领导：“坚决延后王慧敏的转正。不改正错误，就不能让他入党。”

1997年，按照规定我可以申报副高职称，根据当时业绩，还是具备一定竞争力的。谁知评选时，我被拿了下来。一位负责的同志告诉我：“范总说了，今年申报的人很多，让把你往后压压。”

说实在的，这两件事，当时确实让我别扭了很久。

吵架事件，最终还是弄清了。一次，我到范敬宜办公室送大样，他把眼镜拉到鼻梁下端，仔细打量了我一番：“入党转正这件事，你们主任班明丽同志后来告诉我了，是党委搞错了。”他顺手拿过便签写了一句话递给我：“苟逢辱而不惊，遇屈而不乱，几可任事矣！”

这算是对我的平反吧。多年来，我一直把这便签当书签来用。

2002年秋，报社派我到新疆记者站驻站。临出发前，范敬宜打来电话，让我多拿几个采访本去他家一趟。我以为是他手头没有笔记本用了，便买了十几本带过去。

到范敬宜家后，他拿出早就准备好的两个采访本递给我：“我手里只有这两本。你看看第一页。”我翻开一看，两本上都写着这样几个大字：“见官低半级。”

范敬宜解释：“这句话，是我刚参加工作时一位前辈送给我的。我当时很不以为然。心想，记者是无冕之王，见谁都不应该低半级。经历了这么多年的人生风浪，我终于悟透了这句话。‘见官低半级’不是说要你在当官的人面前丧失人格、卑躬屈膝，而是说，无论采访谁，都要把人家放在比你高半级的位置去对待、去尊重。这样，你才能同采访对象打成一片，才能抓到活鱼。你现在到新疆当站长，是代表人民日报在当地行使职权，只有尊重当地干部，尊重那里的每一个人，才能打开工作局面。”

他把我带去的每一个采访本的第一页上，都端端正正写了“见官低半级”这句话。说：“写在采访本上，对你时时都是个提醒。”

2004年之后，我先后获得了全国先进工作者、全国民族团结模范个人、党的十七大代表等荣誉称号。2005年年底，我回京开会，范敬宜把我叫到家里，送给我一条幅，上书“求阙”，并附嘱言：“阙者，缺也。世间事，皆祸福相倚、顺逆相随、圆缺相生。唯时察己‘缺’，方能‘圆’矣！”

范敬宜向我解释：“人生追求，宁求缺，不求全；宁取不足，不取有余。”他打了个比方：“有人有了单元房，就想要复式楼，有了复式楼，又想要小别墅……求之不得，就会想各种非法手段去巧取豪夺，最后陷入不能自拔的深渊。”他进一步提点，今后报社再给你荣誉，要学会主动退让。无论做人还是做事，不要追求一时的万紫千红，慧不如痴，速不如钝，只有一步一个脚印辛勤耕耘下去，才能成就格局。

前段时间，整理旧物，共找到了范敬宜写给我的数十幅字。大多是对我的提点，而每一条都点中了我的“命门”。我感慨万端，这些年，他好像一直隐身在我的身后，跟着我，盯着我，随时矫正着我的人生航迹。

“说与儿曹莫笑翁，狗窦从君过”

忆起和范敬宜的师生缘分，每每有“摧肝”之痛。

2007年秋，我回京参加党的十七大。报到当天，人民日报社老干部局局长刘宝元打电话给我：“参加完会议你不要着急回新疆。老范不久前患脑中风，颅腔大面积出血。医院已报了病危。”

我的心一下子揪紧了。

会议期间，我每天都祈祷着能有奇迹出现。

就在会议结束前的那天晚上 11 点多，我的手机突然响了起来。因为次日要参加闭幕会，我已早早休息，黑暗中看也没看就接了电话。

“我是老范！”我大吃一惊。“你听说了吧，前些天，我脑中风。差一点，我俩就阴阳两隔。现在危险期已过去了，你方便时来看我，我住北京医院。”

我真是又惊又喜！

会议结束的当天，我便赶往北京医院。范敬宜穿着病号服等在病房门口，老人消瘦了很多，但面容依旧是那样慈祥。他告诉我，医生说像他这样的大面积颅腔出血，抢救过来的概率很低很低。

“你猜我是怎么知道你到北京开会的？我在医院一直处于昏迷之中。那天，陪护的人在看“新闻联播”，我隐隐约约听到王慧敏几个字，我使劲从云里雾里搜寻这个词。慢慢就醒来了。”

因为师生关系，我始终对范敬宜怀着敬畏之心。不过，偶尔也会和他开个玩笑。他的桌子上放着一张他仰天大笑的照片。一次，他饶有兴致地给我讲述这幅照片的来历，夸赞照片作者王文澜如何善于抓拍。

我说：“美中不足的是缺齿露出来了，而且是暴露无遗。”

范敬宜哈哈大笑，说“狗窦大开啊？”接着吟诵起辛弃疾的《卜算子·齿落》：“已阙两边厢，又豁中间个。说与儿曹莫笑翁，狗窦从君过。”

还有一次，聊起古人如何吟诵，他摇头晃脑给我做起示范，背的是范仲淹的《岳阳楼记》，念完闭着眼睛洋洋自得地问：“这是桐城古韵。好听吗？”

我一句也没听懂，便照实说：“不太好听。”

老人愣了，半天不吭声，客厅长时间陷入沉寂。

现在想来真是后悔，我当时怎么就不能善意地撒个谎呢！

我年轻时喜欢锻炼身体，进入中年后人犯懒，渐渐胖了起来。尤其是到新疆工作以后，饮食结构发生了变化，体重迅速飙升，脸吹气球般地圆了起来。

有一年，报社开年会，我去看范敬宜，他吃惊地看着我：“怎么搞的？脸怎么都成这样了？”他两手放在腮边比画了一下说：“人家某某某也是这种脸型，但人家是大块头呀。”范敬宜的老伴吴师母正好在旁边，忙给我解围：“你别这样说慧敏，胖又不是缺陷。”他却正色道：“关键是太胖会影响血压、心脏。”

此后，每次去见范敬宜，他都会着急地说：“抓紧减肥！抓紧减肥！”

2008年夏，我的脚踝骨折。范敬宜一遍遍打电话给我，交代康复中应注意的事项。他安慰我，不要有心理负担，说他的腿早年在“学大寨”的工地上被撞断，腿里一直保留着一枚十几厘米长的钢钉，并没有影响以后的生活。

腿好后，我回京时去看范敬宜。他让我一遍一遍地在客厅里走来走去，前面瞧瞧，后面瞧瞧，还问吴师母：“能看出来吗？能看出来吗？”

人一上了年纪，可能都会有点“老小孩”的样儿。每次回北京开年会，范敬宜都会计算着会议哪天结束，我应该哪天去看他。一般情况下，会议结束的第二天，我都会马上去看他。有时，手头有事耽搁了，他就会打来电话：“前天你们会议不是就结束了吗？”

一次，我去看范敬宜，趁他上厕所，吴师母悄悄告诉我，今后你再来，等快到门口再告诉他。否则，他会到阳台上，站在小凳子上一遍一遍往外看，嘴里嘟囔着：“怎么还不来，怎么还不来。”那么大年纪了，摔下去怎么办？

我和范敬宜都不健谈。所以，单独在一起时，交谈的并不是很多。大部分时间，两个人都是埋进沙发里静静地品茶，偶尔说上几句，也是你问一句我答一句，没个中心，没个主题。不过，我俩都想多坐一会儿，多坐一会儿。

范敬宜中风之后，思维、语速都比以前慢了。有次送我到门口，他悄悄问我：“我是不是反应很慢啊？”我的眼睛酸涩了。

这几年，随着年龄增长，一熬夜，我的血压就会升高。范敬宜闻知后，总是提醒我要按时吃降压药，说自己中风就是因为当时没有遵医嘱。

在范敬宜生命的最后两年，《新闻联播》完后只要电话铃声一响，我知道准保是他打来的。拿起听筒，总是听到几句简单的嘱咐：“我是老范，没有打搅你吧，要多注意血压，早点休息……”

“先生之风，山高水长”

晚年的范敬宜，屡遭不幸：先是中风，后来眼睛出现白内障。动手术时，又出了事故，视网膜穿了个洞，一只眼睛几近失明。

我闻讯后，责怪医院不负责任。可范敬宜依然是那样的宽厚：“人家又不是故意的。再说，已经成这样了，追究有什么用。”

因为早年的腿伤，范敬宜行走本来就不灵便。中风之后，行走就更加困难。他住在 4 楼，楼里没有电梯。一次，他告诉我，很想下楼走走，可是有一次下去后，上到二楼怎么也走不动了，只好坐在台阶上休息，幸好一个邻居下班回来看到了，把他扶进了家。

在范敬宜去世前的两年，又查出患胆结石。他告诉我：“疼起来简直要命！在床上打滚，满头黄豆大的汗珠，把身上的衣服都湿透了。”他让我给他寄点西湖藕粉，说其他东西吃不下去，北京卖的藕粉，就像面粉，没有一丁点儿藕的味道！

这是范敬宜唯一一次托我办事。

还在上研究生时，范敬宜就嘱咐我有空多帮他收集资料。他说，别人都说新闻无学，其实新闻里面大有学问。他要结合毕生的新闻实践，进行系统地总结，从理论到实践计划出十几本。

后来，范敬宜一直沉浸在办报中，迟迟没能动笔。从《人民日报》退休的前两年，我又一次催促他，并把收集到的他的各个时期的作品交给了他。他歉意地看着我：“你看，一桌子的大样，哪有时间啊，等退休后再写吧。”

等到退休之后，范敬宜又到了全国人大。我再催促他，他说领导让整理的调研报告一大摞一大摞，等从人大退了再说吧。

等到从人大退下来后，范敬宜又受邀到清华大学创办新闻系。说起清华办学，他压抑不住地兴奋："教书育人意义太重大了。新闻系太需要懂国情、又有新闻实践的老师了。现在新媒体兴起，许多大学生对主流党报存有偏见，经过我的引导后，很多人纷纷要求到党报工作。"

醉心于育人，范敬宜毕生的积淀，始终未能变成藏之名山、传之后人的大作。这不能不说是中国新闻界的一大损失。

2009 年夏天，报社在北戴河培训基地开年会，正好范敬宜也在此休养。我去看他，他提议到阳台上散散步。那天有风，眼前的北戴河白浪滔天，他伏在栏杆上深深地吸了一口烟说："人这一辈子怎么这么快呀！就像睡了一觉，梦还没做完，天就亮了。唉，很多事没有来得及做就没有时间了。"他转过头问我，"你今年四十几了吧？抓紧做点自己喜欢的事吧。对了，你的下乡手记一定要结集出版。我在给学生讲言论时，经常拿它做例子。可惜我已没能力给你作序了，现在是提笔忘字啊。"

那次，范敬宜跟我约定，等他身体好点，想让我陪他游一趟富春江，他想去看看严子陵钓台。他说他的先祖范仲淹主政睦州(今浙江桐庐)时曾主持修建了严子陵祠，并写了《严先生祠堂记》。其中"先生之风，山高水长"两句，流传千古。

这个机会一直没能等到。2010 年 11 月的一天，报社的陈大夫给我打电话："老范估计很难撑过去了，抓紧回来看看他吧。"

我立即给他打了电话，说明天就回去看他。他急了："千万别来，千万别来。我知道，现在是报纸发行最吃紧的关头。撂下工作回来，我可不高兴！发行完了再回来。"

不曾想没过几天，恩师驾鹤西去。

我的老师范敬宜去了，那个爱唠叨我的人去了！历历往事忆多少？纸罄难了，墨尽难了！

教诲将伴笔耕老。

很想在新闻联播后，骤然听到电话铃声；很想听到"你要注意血压""别再胖了”这样的唠叨。可这一切，随着他的离去，再也听不到了。

范敬宜走了，带走了他的儒雅和谦和，带走了他的新闻追求和遗憾，带着那个年代学人特有的范儿，去了，永远地去了。

（作者2003年毕业于武汉大学新闻与传播学院，系人民日报社浙江分社社长）

清泉心上流

——忆我的恩师樊凡

单　波

珞珈问学三十多年，遇数位良师接引，师生关系早已升华为某种亲情关系。因为心中装着浓浓的亲情，所以有事没事总往老师们那里串串门、聊聊天。2012 年 9 月，我的研究生导师樊凡教授虚岁八十，心想，该给老人家过过生日了。十年前我提议给他做七十大寿，被他一口回绝了，还甩下一句："平凡人家做什么寿！"这次老爷子迎来八十华诞，我想，再平凡的人家也该有个尊老的传统吧，于是就打着弟子们的旗号一次次央求"您总得给弟子们一个聚会的机会吧"，总算打动了老爷子，终于同意过一次生日，但规定仅限于同门弟子之间，不要惊扰其他人。

这就是奉行君子之交的樊老师，始终追求人与人的交往平淡如水，不为名利，不尚虚华，淡泊宁静而又心地亲近，清澈透明而又随缘惜缘。在一个往往靠利益维持关系的社会里，你会自然地感觉樊老师就是一股清泉，不由自主地亲近他。在樊老师身边问学的二十多年，我就一直享受着"清泉心上流"的幸福。

与樊老师的师生缘可以追溯到 20 世纪 80 年代。1985 年，我从武汉大学图书馆学系毕业留校后，一边琢磨着知识的分类与开放这类冷僻的学术问题，一边旁观新闻改革的风起云涌。直到大兴安岭火灾报道、关广梅现象讨论等媒体事件展现新闻作为社会变迁的工具的魅力，我忍不住从治图书馆学的平淡之中出走，跨入热闹而又贫瘠、充满创造机会的新闻传播研究领域。就这样我走进了新闻学系的课堂，去接受诸位老师的新闻观启蒙。我记得有点文学情结的我被樊老师典雅的语言风格和深刻的人文反思所吸引，多次在课下讨教，想不到我的一些浅薄见解入了老师的法眼，以至于热情地把我揽入门下。刚刚接到研究生录取通知，老师又把我送进报社实习，帮我补上新闻实践这一课，让我快速进入“学与思”的语境。从樊老师那里，我才真正明白了君子的为学之道“学而不思则罔，思而不学则殆”，老师所讲的“学”不仅是要广泛读书，更重要的是深入了解新闻界。针对我偏好抽象思维的特点，老师总是提醒我多向新闻实践学习。记忆最深刻的一件事就是，在我评上教授的那年，樊老师带着我北上京城，顶着呼呼的北风，“游学”于首都新闻界的名流，让我找到了在茫茫书海里读不到的“活的思想和体验”，也灭掉了忝列教授之席的那份浮躁。更让人感动的是，樊老师在调研回来之后，因眼疾复发离开研究工作，丢下一句“我们以后再找机会合作吧”，迫使我独立完成了专著《20 世纪中国新闻学与传播学·应用新闻学卷》，事后我才体悟到，“眼疾”只不过是托辞，其中蕴含的是让我独立从事科研的良苦用心啊。

樊老师是典型的谦谦君子，谦逊、宽容且循循善诱、诲人不倦，总是乐于听取我的一些不成熟的想法，包括与他的世界观相左的观点，甚至是一些个人迷茫情绪的发泄，无论什么样的谈话，都能在他那里得到神奇的疏解。1990 年从《中国青年报》实习归来，我向他汇报新闻界的困顿，同时倾诉对现状的不满，他在肯定我的责任感的同时，提醒我着眼于人文反思，并提出了一系列的问题：在“一个世界，多种声音”的二十世纪，为什么西方的声音强大，而我们的声音却那么微弱？这种落差是这样造成的？应该怎样改变？中国新闻业能更快更好地走向世界吗？这些问题引导我走向中西新闻比较研究，并最终完成硕士学位论文《访问心灵：中西新闻思维比较研究》。我有时候斗胆在他面前抨击新闻学，坦言这种学问理性能力不足、视野狭窄、诠释力很弱，他也不以为忤，反而启发我分析其中的原因，即“就新闻论新闻”，指导我拓宽学术视野。在这种情况下，他把我引荐给郭齐勇教授，研习中国哲学，侧重于研究新儒家的中西文化比较观，为从事中西新闻比较研究打牢基础。1994年攻读哲学博士学位时。樊老师专门送给我一本《辞源》，希望此书能助我读懂古典文献，并在扉页上写着：“只要沿着河流走，就一定能找到大海。”其殷殷之情，让人备感温馨。在他的引导下，我就这样执迷不悟地走在了学术的河流边，在不断追求新知的过程中体验到了人生的宁静。

为了使我安心地走在学术的河流边，樊老师总是想尽办法为我解除生活上的后顾之忧，师母史老师甚至帮助我接送小孩，经常做一些美味一起分享，同时还指点孩子教育的迷津，俨然成了一家人。正是在这种亲情之中，我得以快乐地走在学术的河流边，每有新的想法，总要在樊老师家里兴奋地说一通，而樊老师总是谦虚地以对话者的姿态回应着我的观点。令人感佩的是，樊老师退休以后始终保持学习、研究状态，经常到媒体去调研，参加学术会议，聆听各种学术讲座，进课堂去“充电”，阅读海量书籍、报刊，最让人称奇的是，每年到美国去看女儿回来，都能讲一通美国社会文化以及华文传媒研究心得，直到上学期还坚持到我主持的研究生读书会上纵论美国社会文化新现象。好学使得他保持了一种思想的敏锐与精神的达观状态——因为思想敏锐，他总是能指出我的一些思想漏洞与学术缺陷；因为精神达观，他总是能纠正我的一些浮躁之气，反复向我唠叨一句话，“学问不能挟势力以行，要保持精神与思想的独立。”时间久了，也入脑入心了。

如今，樊老师寿登耄耋，跃上人生新高度，依然怀抱理想，弦歌不辍，而我作为学生，在深深祝福他幸福的同时，也幸福地品味着他赐予我的“清泉心上流”的美好感觉。

（作者系武汉大学教授、武汉大学媒体发展研究中心主任）

我的乐山老师

吴鲁芹

一位青年人同一位老年人谈天。青年人说："您怎么一下子又把话扯远了——扯到别的事上面去了？"

老年人慨然答曰："到了我这种年纪，提到某一件事，就会联想到另一件事或者另几件事。提到某一个人就会联想到另一个人或者另一群人，要想文章切题就很难了。"

这正是我目前的心境。

此处所谈的是40年以前的旧事。其中有些人尚健在，不少早已先走一步——"走了"。但是旧人旧事尤其是我的老师们往往是身无长物的老年人的重要财产。

幼时初读《三国演义》的印象是单名的人何其多也。初到武大的印象也是单名的人何其多也。1937年秋，上海正是大战方酣，直接溯江而上去武汉的轮船当然停了。先循陆路，再走水路也还是相当方便，我是存心拖一拖再说。因此到了珞珈山办入学手续，已经迟了一个多月。注册组的执事先生们，颇为客气，说是战区来的，可以通融，只要写一简单报告请教务长批准就行。那时"战区来的"，和稍后的"流亡学生"，好像都是一种资格——别人该让他三分的资格。当然比伤兵的地位还是要低一些。

我按照注册组的指点，就拿了一张刚写就的报告，直入教务长的办公室，我亦不知他是何许人，鞠躬如仪之后，就递上报告。他亦一言不发，在报告上批了"特准"。我就拿去办入学手续，也还不知其为何许人也。稍后方知他就是鼎鼎大名的国际法专家周览(鲠生)。接下去顺序要请文学院院长外国文学系主任在注册证上签字的。院长是陈源(通伯),系主任是方重(芦浪)。再翻一翻武大一览中教职员名录,现在还能记起的是:中国文学系主任刘赜(博平)、哲学系主任高翰(公翰)、经济系主任陶因、物理系主任查谦、机械系主任郭霖。总之,当时以为是置身在《三国演义》的环境之中了。

这份名单到后来学校内迁四川乐山,也还是有增无减。大约是1938—1939年间,四川大学发生风潮。领衔反对教育部派程天放接掌四川大学的是当时四川大学文学院长朱光潜(孟实)。似乎武汉大学的学术自由气氛较浓,而且和在成都的四川大学距离也较近,反对以党人治校的一批学人,就转移阵地到了武大。其中包括前四川大学校长张颐(真如)、哲学系教授到武汉大学担任注册主任的叶麐。同时中国文学系就在那一年请了讲书如演戏的教授高亨,以及后来与我有点交往的黄侃的侄子黄焯等人。至于后来吴宓(雨僧)就任外文系主任,那已经是抗战胜利之后的事。

在乐山时,曾有人用“高翰高公翰”为上联,对以“顾如顾友如”。平仄倒是十分工稳。高翰原为哲学系主任,后来改任文学院院长,为人极其风趣,辩才无碍,口若悬河。武汉大学初迁四川乐山时,当地的县立民众教育馆曾经洽商武汉大学教授作一系列的演讲。用意相当谦虚,好像是区区小地方,忽然有了一座大学堂,来了这么多大学者,就请开导一番,启迪一下民智如何?记得高公翰先生的讲题是“笑”,谁不曾笑过?那是并不怎么费事的事情。可是唯有哲学家、心理学家才说得出那么多大道理,而且他深入浅出,谈笑风生,并未存心卖弄学问,而处处显出博学。我想武大能在当地民众间建立学术地位,高公的一“笑”之功不可没也。

上述下联的“顾如顾友如”,是外文系教授兼女生指导顾如字友如。顾女士只教一班英文,是美国某大学的一名硕士,大约英文甚好,可是未见她用中文发表过文章,因此没有人把她归入女作家一类,去增加“珞珈三杰”的名额。顾女士是南开出身,据说当年是南开出名的校花,我见到她的时候,她已是渐进中年，但是风韵仍极高雅，相信当年校花的头衔，绝非虚誉。后来在台北一次聚会中，座中大半是男女弟子，小半是她昔日的同事，有人对她当年倾倒芸芸众生的情形，愿闻其详，于是众口一词："顾老师，说出来听听嘛！"我想，那时她已是六十以上的高龄了，可是并未现老态，轻描淡写地说了一句："就差没有闹出人命案子来就是了。"这是何等的笔墨。她没有写文章是十分可惜的事。用笔能够经济到一如蜻蜓点水，一句话远胜过一篇冗长的叙述了。

顾女士管女生，据女同学说，十分讲情理。不像婆婆管小媳妇，也不像狱吏管囚犯，松紧有度，颇得口碑。就连不时枉顾白塔街女生宿舍的男士，也说她富于同情心，没有把好逑的君子，一律看做抢亲的恶汉。我有一位好朋友，籍隶法律系，经常到外文系来"留学"，醉翁之意是想结交我们班上一位除去衣着尚入时、其余并无可取的女生。某晚某君携了三本大书，都是属于古典名著之类的东西，直奔白塔街求见该女。据他回来报告的灾情是：先是双方面面相觑，无话可说，接着他就以三大本名著相赠，对方似乎是不知所措，花容失色。连叫几声"我不能接受你的礼物！"就从会客室奔到后面去了。这时顾女士正从外面走进来，看到他一副丧家之犬的模样，知道准是碰了钉子了，问明原委，不免莞尔。"原来是这么一点芝麻大的小事啊！好了，好了，把这三本书留在我这里，我也是念文学的，我可以看；有时也有女同学向我借书看，说不定我还可以替你借给她！"后事当然并没有照这种如意算盘发展，不过我这位朋友对顾女士的雍容，真是感激涕零的。他说："不但感情上不肯把这几本书抱回来，体力上也真的抱不动了。"

上述以"顾如顾友如"对"高翰高公翰"，也有人以"陈源陈祖源"作下联的，这不大妥帖。因为高翰字公翰，顾如字友如，都是一个人。陈源字通伯，陈祖源乃是另一人。唯此人亦颇有可记之处，他是历史系的教授，欧洲史是他的专长，他准备的讲义，材料十分丰富，在教室中讲授时又时时加以补充，问题是他舍不得"割爱"。他授欧洲史，往往一学年才讲完上古史，他授欧洲近代史，略微提一提近代史以前的事，以便衔接，这一提就把一学期提掉了一半了。

写武大的旧人旧事，自必要从校长王星拱(抚五)写起。我虽忝列门墙数年，并未和他直接打过交道。但是我对他的印象极好，总觉得大学校长就该像他那副模样。他终年是长袍马褂，有重要集会如此，平常亦如此，在珞珈山时代，我只是在汪兆铭、王世杰、陈立夫三位中央大员到校演讲时，看到他在大礼堂讲台上作简短的介绍词，那也真是简短。后座之人，还不大听得清楚。这正是他的可爱之处，不像一般介绍名人演讲的主席，奉承的嫌疑很重，然后再把别人的废话摘要或补充作一个总结，坐在下面的听众苦了。

我对王抚五校长的好印象，实在都是由道听途说而来。可是每听到一点小故事，就增加一层对他的好感，为了维护这层好感，往往就拒绝相信传闻可能失实，固执到底。我听到的第一个故事是一位化学系的高材生与军训教官发生冲突(当然是言语上的冲突)，似乎理亏的并不是学生，可是教官嗓门大，来势汹汹，训导处想用记过的处分来平教官之怒，可是教官不答应，声称不把该生开除学籍，自己就卷铺盖。在校务会议中，王校长没有官官相护的习惯，把是非曲直弄清楚，就慢吞吞地说："我宁愿更动一个教官!"我自从听到这一件轶事之后，私下对这位校长就开始肃然起敬。这是何等的风度！当时我还不满20岁，入世未深，容易冲动，好像有点欣喜若狂的状态，连声说："大学校长当如是也!"

我获得王抚五校长照应的是一封亲笔写的八行。大约是在1939年尾或者1940年初，我已经是病体支离，颇有不起之势。乐山小地方，医药设备差，而我的病情似乎又复杂迷离，几个好朋友决定死马当活马医，把我送到成都三大学联合医院去碰碰运气。似乎不如此，大家都心有不甘。行前有人到秘书室要封公函，请求医院体念该生来自战区，经济断绝，贫病交迫，酌情减收医疗费用等。等到我的好朋友去拿这封公函的时候，秘书室办事的人又给他一封王抚五校长亲笔写给"寿南院长吾兄"的私函。三大学联合医院是中央、齐鲁、华西三个大学医学院合办的，院长是中大医学院院长戚寿南，我一见到这封信就知道是校长的亲笔。那时乐山有一家裱画铺，我路过时总进去看看，常见到校长的书法。他虽然是科学家，可是诗做得好，字也写得好。另外几位书法家是哲学系的胡稼胎，中文系的刘赜、刘永济、徐天闵，机械系的郭霖。我若不是为了那封信的实用价值，几乎想把它留下来了。

当然那时的大学没有今天大学学生两三万人的规模。两三千人也还是有的。做校长的肯在百忙中为一个并无一面之缘的学生亲笔写封求助的信，这种人情味是很难得的。我所知道的王抚五校长，就是这么两三件事，就凭这两三件事中所表露出的雍容、讲理、重道义、富于同情心，立传的人或者是替“为人师表”塑像的艺术家，也就不缺少什么基本资料了。

几年以前我写过一篇《我的“误人”与“误己”生活》，写大学生活的一段，曾经提到某些教授，大半是我直接受业的。为了避免重复，这里不再提他们了。此处多少是想用漫画家的手法，描绘出我依稀记得的印象，或者依稀记得的传闻。外文系有一位以韵文翻译莎士比亚《李尔王》出名的孙大雨，是写新诗的才子，他上课时有时会心血来潮，在黑板上抄出一节闻一多的诗，连呼“狗屁!”再抄一节徐志摩的诗，也还是连呼“狗屁！狗屁!”接下去就抄一节他自己的诗，击节赞赏。这和他上的课并无关系，然而有了这段前奏序曲之后，似乎他上正课的情绪才能纳入正轨。同他有往来的学生说，孙大雨有两件讲究的东西：一张座椅和一张床，他相信一个人大半生都消磨在这两张家具上面，讲究一点也不为过。除去同代的诗人作品容易触怒他之外，就该轮到管轮渡的人了，他坐武昌到汉口的轮渡，十有九次要和轮渡或者码头上的工作人员，言语上发生一点小冲突。没有人问他何以要如此，就像也没有人敢问他闻某、徐某的诗何以是狗屁一样。同诗人才子去讲理，对彼此都是扫兴的事。

不是诗人才子而也专治英诗的是费鉴照，此人天分不怎么高，但是在英国利物浦大学苦读了几年书，英文能动笔，自诩为“文学的英文”，十分瞧不起历史系教授郭斌佳写的“新闻记者的英文”。学校内迁之后，郭斌佳没有跟去，留在重庆外交部或者是军事委员会参事室做官去了，并且主编了一份英文刊物。有一次费鉴照把这本刊物带到教室中，把郭斌佳的英文解剖得体无完肤，然后就劝大家学习英文，一定要取法乎上，那当然就是指他的“文学的英文”了。

费鉴照的专长是“浪漫诗人”，在利物浦的论文就是以济慈为题。他平时的穿着相当马虎，唯有开始教济慈的一段时间，总是衣冠楚楚，讲完济慈就恢复旧观。他有肺病，我想他有时是以济慈自况的。说不定他在恋爱上也有过痛苦的经验，提到济慈的女朋友樊妮·布朗，不止一次双眉紧蹙，严词呵责，好像济慈就是樊妮害死的。后来听说他终于死于肺病，不过不是夭折，比济慈多活了一二十年。

还有一位中国才子型的教授是陈登恪，他是中国文学系、外国文学系共有的财产。他在中文系教中国小说史，在外文系教法文。有人说他一肚子学问，可教的东西多得很，可是教什么也等于没有教。他上课就念他的讲义，对学生视若无睹，顺着钟声下课。他是大诗人陈三立的儿子，大学者陈寅恪的弟弟。江西省修水县陈家的祖坟一定风水好。他们弟兄辈个个得天独厚，个个都有成就。除去陈寅恪是博通今古、流贯中西的通儒以外，他的长兄是名画家，二兄陈彦通是以研究目录学望重士林。陈登恪的名望不大，据说是因为少年时在恋爱上受了挫折，寄情诗酒，无心著述的缘故。相传他在少年时代与某相国之女已到了论嫁娶的阶段，半路上杀出一位青年军官，秀才遇见兵，秀才败下阵来，远渡重洋，到法国读书去了。他嗜酒如命，中年说话时有点发抖，双手亦微颤。中文系的老先生们对他的诗文很佩服，外文系主任方芦浪有一次对我们说陈登恪在法国时写过一本《留西外史》，可惜绝版失传了，是一本极有趣味的小书。他对陈君的记忆力，尤其是已经到了哀乐中年的记忆力，不胜其惊羡。据说他们有一次同游乐山对岸的乌尤寺大佛寺，倦游归来，陈君能把当时也只是一掠而过的几副长联，逐一背了出来，同有这样异禀的人一起念书，只有落后的份了。

教授中脾气大的，或者说爱发脾气的要数法律系主任燕树棠、历史系的吴其昌，不过他们发脾气的对象不同。前者是对学生，后者是对图书馆员。燕树棠原是北大法律系教授，和王雪艇、王抚五、周鲠生、陈通伯一批北大老人同来创办武大的，在教授群中是“重镇”之一。思想极端保守，遇到学生不肯好好读书，最痛心疾首，忍不住时就破口大骂。抗战初期，捣乱的学生用“要求实施战时教育”做题目来罢课、来请愿。他在法学院门前对请愿的学生就迎头痛击：“你们说给我听听，什么是战时教育！教育就是教育，你想学开枪杀敌人就到军校去，到前线去，不要在这里捣乱，妨碍别人上课。”

吴其昌爱对图书馆员发脾气，就像孙大雨和武昌到汉口轮渡上的工作人员冲突一样，都不是偶发事件。也不是专对一人而发，我们对某一类的人或者某一制度，心存偏见，这种偏见殃及在这制度中讨生活的“池鱼”，是相当普通的事。我亲眼见到两次吴其昌在图书馆大发雷霆。有一次我看到他拿起手中的一本书对着图书馆员砸了过去，并未命中，举足一踢，又踢到了椅子脚，一跛一跛地徒呼负而去。

（选自《传记文学》上海书店出版社2009年版，作者1930年毕业于武汉大学外文系，先后任教于武汉大学、台湾师范学院、台湾大学、淡江大学、密苏里大学等，系台湾散文家）

先师曾昭安先生

洪伯阳　魏木林

曾昭安先生是我国著名的数学家、数学教育家、数学史和历法家，也是我们的先师，他在武汉大学长期从事的教育事业和主持数学系及武汉数学学会学会工作的历史和在数学、数学史方面的成就，以及他一生坚持正义刚正不阿的精神至今感召着后辈。

先生生于 1892 年，祖籍江西省吉水县，因其祖父来湖北经商，后来就定居于湖北宜昌县即今宜昌市。先生的父亲曾承丰是一位教书先生，爱好天文和数学，因而先生从小就受到其父的熏陶，有较好的古文基础，对天文和数学有浓厚的兴趣。1898—1903 年，他先后就读于湖北宜昌私塾和公立高等小学堂，1908 年考入武昌文普通中学堂，毕业后曾考入北京大学中文系，由于对数学的爱好，1913 年再进入武昌高等师范即武汉大学前身预科学习期满后升入数学物理部，在这里受到我国早期著名数学教育家黄际遇的教诲，为以后的成就打下了坚实的基础。

1911 年，武昌辛亥革命爆发，先生是积极支持革命党的。革命党人经一夜激战后，占领了武昌内城，当时革命力量孤单，急需汉口、汉阳两地革命党人响应。先生受派遣，连夜上清军驻守的城墙，缚绳于城垛，顺绳而下，于深夜险渡长江，至汉口联络革命党人，在汉口革命党人响应下，新军占领汉口，武汉三镇得以光复。

1917 年，先生从武昌高等师范学校数学系物理部毕业，同年秋赴日本留学，先后肄业于东京高等物理学堂和东京高等师范学校，1918 年，因中日关系紧张，辍学回国。1918 年，先生在岳父廖如川资助下，去美国哥伦比亚大学留学，攻读博士学位。他与美国著名哲学家约翰·杜威、美国著名数学家保罗·史密斯(美国科学院院士)为同窗好友，切磋砥砺，学业大进，曾两次荣获哥伦比亚大学优秀成绩奖和数学论文奖。在美国，被接受为美国数学学会会员，获理科哲学博士学位，其博士论文手稿现存于美国哥伦比亚大学图书馆中。

1922 年，先生在美国加入了“中国科学社”，并成为该社的终身社员。“中国科学社”是由早期中国著名科学家如李四光、竺可桢等创办的现代科学学术团体，为中国科学事业的发展作出了巨大贡献。

1926 年，曾昭安在国外的学业结束，回到祖国，在武昌师范大学任教授。同年武昌师范大学更名为武昌大学，当时陈建功主持数学系，曾昭安除在武昌大学执教热学和力学外，并在武昌商科大学兼任数学系系主任。次年陈建功离校，即由曾昭安主持武昌大学数学系的工作。此后学校改为武汉大学，他担任数学系主任直到 1953 年。

1927 年，武汉地区八所大专院校合并为武昌中山大学，曾昭安为该校教务委员会主席。1928 年，武昌中山大学又改名为武汉大学，并决定在武昌珞珈山建立新校舍，先生为筹备委员会八位成员之一。当时建校工程已破土动工，不料遭到湖北省教育厅厅长黄昌谷的阻止，曾昭安先生组织“教授会”与省政府申辩，曾昭安先生认为珞珈山山清水秀、风光绮丽、远离闹市，是最理想的校址，经过多次激烈的争辩，在珞珈山建校终获准。

从 1928 年为武汉大学选址、筹款、建校等工作，到 1978 年逝世，先生在武汉大学辛勤工作整整有半个世纪。他除了负责数学系的工作外，还做了大量校务工作，如建筑、图书、出版、仪器、迁校、复校及学术筹委会等他都是主要负责人。不仅如此，先生和许多早期留学归国的著名数学家如冯祖荀、姜立夫等一样，把自己的毕生精力主要放在现代数学的传播和教育上。

先生担任武汉大学数学系主任后，非常重视加强数学系的师资力量，从各地聘请有名专家来系任教，其中有著名数学家叶志、汤璪真、肖君绛、李华宗、李国平、吴大任等人。为了发挥各教授的特长，先生举贤让能，使他们都能各得其所。

1930年，《武汉大学学报》自然科学版的前身《理科季刊》创刊，先生是第一任主编。该刊出版后一年便受到国内外术界的重视，在国内，当时是为数甚少的几种自然科学学术期刊之一，不少知名学者如陈省身、华罗庚、高尚荫、钟开莱等在该刊上发表过文章。

在30年代，曾昭安不仅把数学的传播和教育的着眼点放在基础教育上，还具有战略眼光，将它放到中等数学上。1933年，他支持刘正经等人创办了我国最早的中等数学期刊《中等算学月刊》，1950年重刊定名为《武汉数学通讯》，1952年改名《数学通讯》，至1960年8月共出版112期，发行量达一百多万册。这一刊物不仅在国内发行，还发行到美国、苏联、日本等国家。外国学者认为，《数学通讯》是刊登"中等数学"优秀文章的刊物。在国内，这一刊物为教学普及起了很好的作用，受到社会各界的好评。

先生主张将数学系学生的着眼点引向数学发展的前沿，使之能赶上世界数学发展的潮流。在他担任武汉大学数学系主任的20多年中，在课程设置和安排上，首先让学生学到坚实的基础知识，其次是安排较多的前沿数学课程和专门化课程。他一般选用最新的原版教材，对部分原版教材由他亲自翻译编写。

老师学识渊博，通晓英、法、德、日等国文字，长于数学、物理、天文、历法，在武大讲授过的主要课程有代数数论、近世几何、行列式论、积分方程、超越函数、天文学、数学史、自然科学概论等。他的学生遍及全国，其中担任博士生导师的就有十几名。

特别应该提到的是，早在20世纪40年代，先生就预见到当时作为数学一个分支的计算机科学的光明发展前景。他十分关注出现在美国费城的世界上第一台电子计算机，并嘱当时在美国留学的儿子曾宪昌对该机实地考察。在导师保罗·史密斯的带领下，曾宪昌参加了用计算机演算求圆周率 π 的精确值，1950年就带了一些资料回国。在曾昭安的指导下，20世纪50年代初期武汉大学就开始了计算机的初步研究工作，这在我国是走在前列的。当时武汉大学对计算机研究资料较全，其中包括了美、苏在其国内刚发表的一些研究成果。这些辛勤劳动为武汉大学后来发展计算机科学起了重大的作用。

武汉解放前夕，先生满腔热情盼望解放军早日到来，并与何定杰、俞子慎一起积极组织师生员工值班巡逻、护产护校，严防坏人捣乱破坏。1949 年 5 月 17 日，解放军进驻武昌，武汉大学的历史揭开了新的一页。新中国成立后不久，先生即作为“中华全国科学工作者代表大会筹备会”武汉地区的代表（共三人，另二人是高尚荫、曾省）于 6 月 20 日乘船到南京。在南京时，刘伯承同志设宴招待，并派专列火车将代表们送到北京。在会议期间，他当选为全国科筹委会常委。同年十月初，武汉成立中华全国自然科学工作者代表大会筹备会武汉分会，老师在大会上传达了全国“科学代表筹备会”的精神。

1949 年 10 月中旬，老师主持筹建了武汉地区数学会。1950 年 4 月 2 日，武汉地区数学会召开了由全省 11 个地区代表参加的武汉数学会代表大会，大会选出理事 15 人，先生被选为理事长，并且从第一届至第六届，均连任理事长。

曾老师作为我国著名的数学教育家，十分重视提倡中学生的数学竞赛活动，指出这对促进中学生爱好数学、提高我国数学水平、发现人才和培养人才有着极大的好处。在他的倡议下，20 世纪 50 年代，武汉数学会组织了多次中学生数学竞赛，历届的优胜者有不少人现在是骨干人才。

曾老师在学术研究上有很深的造诣，著作很多，在国内外杂志上发表论文 30 余篇，并有《行列式论》《不变式论》等 12 部专著，在学术界影响很大，享有盛誉。其《数学史》一书达到了同时代的国际先进水平，为各国编写数学史提供了有价值的参考。在《理科季刊》上，他发表自编的数学家姓名录，依字母排列，从 3 卷 2 期到 5 卷 4 期统计人数有上万人之多。曾老师对中国古代数学史、古代天文学、太阳系的天体力学和中国的历法等的研究，是少有人可与他比拟的。

还应提到：曾师在 20 世纪 50 年代写了大量的科普文章，发表在《长江日报》和其他报纸上，对我国的社会主义建设起了良好的作用。例如，因为民间谣传有“闰七不闰八，闰八用刀杀”的谚语，1957 年《长江日报》社收到许多读者来信，提出该年农历闰八月，是不是预兆有兵灾之祸的问题。报社约请曾老师写一篇通俗的文章谈谈科学道理，他即针对该谚语写了一篇题为《欢迎夏历今年有个闰八月》的文章。该文引经据典说明，自公元前 104 年(汉武帝太初元年)改行太初历法到 1957 年已有 67 次闰八月的年份。因 1900 年闰八月，曾发生八国联军入侵北京滥杀我国无辜人民，有人竟误把“闰八月”和“帝国主义者侵略中国”两者联系起来，作出了“闰七不闰八，闰八用刀杀”这种违反科学的结论。曾老师举出了大量事实，例如公元 1851 年(清咸丰元年)闰八月，革命英雄洪秀全建立太平天国，1957 年正值我国第一个五年计划胜利完成，10 月 1 日国庆节那一天巧逢闰八月初八，武汉市的人民将高兴地看到长江大桥通车，说明“闰八”与种种“不祥”之事没有联系。这篇文章发表后，解决了读者的疑虑，对安定人心起了很重要的作用。

曾老师为人正直，一贯秉公办事、不徇私情，由下面两例可见一斑，他曾主管新生考务工作。一次在发榜之前，学校负责人提出要看考试成绩名单，遭到曾昭安的断然拒绝。另一次，当时南京政府教育部指示武汉大学收留一名伪造文凭的学生，校长默许，曾昭安对此很反感，坚决反对。在没能阻止的情况下，愤然辞去教务长职务。

曾老师有超人的记忆力，能背诵出圆周率 π 的数值多达两百多位小数，在他去世前的病重期间，对于 π 值还有较清晰的记忆。

曾昭安先生在他 80 多岁高龄的时候，还主动地为武汉钢铁公司“〇七”工程翻译科技资料，使之收到很高的经济效益，为社会主义四化建设鞠躬尽瘁。

1978 年 5 月 27 日，先生病逝于汉口，终年 87 岁。

(选自《武汉大学学报》1992 年版，作者洪伯阳 1957 年毕业于武汉大学数学系，系湖北省数学学会会员)

武大来的数学家孙本旺先生

滕叙兖

第二次世界大战末尾，原子弹爆炸后的两朵蘑菇云久久悬停在日本广岛和长崎的上空，原子弹的巨大破坏力震惊了整个世界。一开始美国人准备和自己的盟国分享这项技术，这让很多国家，包括当时的国民党政府，都做起原子弹的美梦。蒋介石积极行动，他指示："中国也要制造原子弹。"

恰好，中国战区美军司令魏德迈将军问军政部次长、兵工署长俞大维："你们要不要派人到美国学造原子弹？"俞大维觉得良机不可失，立即将这一情况报告了蒋介石。在俞大维的保荐下，蒋介石在重庆召见了西南联大物理系教授吴大猷。蒋介石告诉吴大猷，他已下令拨给十万元法币的经费，去实施秘密的原子弹研制计划，并且指示兵工署挪出一间大礼堂，供作原子弹研究室之用。吴大猷则提出了自己的意见：发展原子弹，钱不是主要的，最重要的是人才，有了专门人才才能克服研制原子弹的困难。蒋介石当即向吴大猷承诺，美国退还的庚子赔款，可以拨用，作为奖助人才赴美国深造的经费，人才名单由吴大猷选拔开具。

1945年秋，吴大猷和同为西南联大教授的化学家曾昭抡、数学家华罗庚奉命赶往重庆，军政部长陈诚和次长俞大维与他们会面，咨询筹划中国原子弹的发展计划。这次会面的结果，无论是学界还是政界，都认为"有人才有弹"，决定选派一些学物理、化学、数学的青年才俊出国，研习观察近年来美国各部门科学发展的情形。曾昭抡、华罗庚、吴大猷回到西南联大后，从助教和学生中物色才子。曾昭抡负责化学的人选，他推荐了唐敖庆和王瑞駪；华罗庚负责数学的人选，他推荐了孙本旺；吴大猷负责物理学的人选，他推荐了朱光亚和李政道。

在数学新锐辈出的西南联大，独有孙本旺被选中，说明华罗庚识人的睿智目光，他看中孙本旺天赋好，有智慧，思想活跃，反应快，基础扎实。1945年秋，西南联大立即安排五名赴美才子的应急培训，由吴大猷为他们讲授量子力学等现代物理课程，前后约两三个月时间。孙本旺离开昆明后，其夫人王文英获得国民政府特设的“优秀青年人大学”奖励，进入清华大学社会系读书。翌年5月，西南联大结束了其历史使命，三校复员，北上平、津。

1946年8月的上海黄浦江码头，汽笛响过，一条美国运兵轮船缓缓驶离港口。在船舷一侧，有七个中国人聚在一处，久久凝望着远去的吴淞口。他们就是肩负重任赴美的华罗庚、唐敖庆、王瑞驻、孙本旺、朱光亚和李政道一行，此外还有吴大猷夫人阮冠世。曾昭抡已先期赴美，吴大猷去英国参加学术会议了。留学美国的杨振宁早就为他们在国际学舍预订了房间，做好接应准备。

轮船漂洋过海航行了三个星期，这一路上，大家相处融洽，过得十分愉快。性格随和的孙本旺很会讲故事，常逗得大家哈哈笑。除了要对华罗庚、阮冠世执弟子礼外，孙本旺算是五个学生里的“老资格”了，他年纪最大，且在西南联大任教多年。比孙本旺小13岁的李政道是大二学生，是大家喜爱的活泼的小弟弟。华罗庚提醒大家不要虚度光阴，还经常出点数学题考考这五才子。

9月13日，华罗庚一行抵达旧金山。初次来到经济发达的美国，他们闹出不少笑话。第一次吃自助餐，大家兴奋得很，这么多好吃的！每一个人都拿了几大盘食物，猛吃起来，服务小姐惊讶不已，围上来问，你们是从哪里来的？为什么这么饥饿？最逗的是华罗庚理发。美国的理发服务分很多项，由顾客自己选择，按项收费。这天华罗庚带五个学生去理发，五才子只选剪发一项，很快就剪完回去了。只有华罗庚坐在椅子上，总是不下来。一项完了，理发师问："要不要刮脸？"华罗庚点一下头。刮完脸理发师又问："要不要洗头？"他照样点头，"要不要吹风？""要不要按摩？"他还是点头，最后把所有项目都做了一遍。结账时华罗庚惊呆了：30 美元！别说中国留学生，就是对普通美国人，这也是理发的"天文数字"。大家在旅馆等了好久，华罗庚才姗姗归来，惊呼失算。精明的数学家为理发付出惨重代价，成了大家笑谈的段子。

几天后，先期到达的曾昭抡赶到旧金山来与大家会合。曾昭抡说，美国已经把原子弹研制列为国家核心机密，根本就不向任何人开放原子能技术。考察之事势难进行，宜各自先进入美国的大学学习。

美国拒绝他们参观任何与原子弹有关的设施，一腔热血的中国学者吃了闭门羹，只好解散考察组，经报军政部允许之后，大家各奔东西，分散到美国各大学从事研究和学习。好在他们这时还有国民政府的资助，暂不必为生计犯愁。

不久，华罗庚、吴大猷分别到普林斯顿高等研究院、密执安大学任客座教授，朱光亚、李政道分别到密执安大学研究生院、芝加哥大学研究生院，唐敖庆到哥伦比亚大学化学研究院，王瑞駪到密苏里州圣路易的华盛顿大学。孙本旺征求陈省身的意见后离开华罗庚进入纽约大学著名的柯朗数学研究所做研究。国民政府准备建立研究机构试图制造原子弹的计划，最终流产了。然而，在出国学习的人员中，朱光亚最终成为新中国原子弹研制工程的主要参与者，为中国原子能事业的发展作出了重要贡献。这也是西南联大培养的大批杰出人才中最令人关注的突出范例。

柯朗原是德国哥廷根数学研究所所长，希特勒上台后迫害犹太人，柯朗遂于 1933 年来到美国，经过多年努力，柯朗数学研究所成为世界上最大的应用数学研究中心，被誉为"应用数学分析王国的首都"。在第二次世界大战中，该所对美国军方的贡献甚大。在这个顶尖的数学殿堂里，孙本旺如鱼得水，他师从费雷德里希（Friedrichs），主攻泛函分析和偏微分方程，同时还在普林斯顿大学听阿廷（Artin）的课：环论、伽罗瓦理论、代数数论等。从这些德国哥廷根学派的大师那里，他学到极为严谨、生动、丰富的数学知识和研究方法。他先后发表《有限维投影几何》等数篇论著，攀登一个又一个数学山峰。他学问精进，接连拿下硕士和博士学位。

美国留学期间，孙老师参加了唐明照领导的中共地下党外嗣组织“新华月社”，任纽约地区留学生组织的理事。孙本旺一直关注着中国的政局，中华人民共和国的成立令他欣喜不已，妻子来信希望他学成归国，他归心似箭，坐立不安，直到拿到船票。1949 年 10 月，孙老师回到祖国。姜立夫先生闻讯后，从他任教的岭南大学寄来聘书及搬迁费。当时王文英在镇江的一所私立助产护士学校任行政工作，校方坚决不放她走。孙本旺最终选择了武汉大学数学系，任副教授，重登三尺讲台。寒暑假便坐江船回镇江与妻女团聚，他对珞珈山的工作环境甚为满意。1951 年，孙本旺推荐武大数学第一名的优秀毕业生丁夏畦，进入华罗庚筹建的中科院数学所，后成为该所著名的数学家。

1952 年 10 月，周祖同教授带着高教部的调令来到武汉大学商调孙本旺和周明鷁两教授，武大积极协助，痛快放人。孙本旺与周祖同一起离开武汉，他先去镇江家里，安排好妻女的生活，12 月北上，在天津火车站转车时，任新民早已在站台上恭候，为他办好去中国人民解放军军事工程学院的一切手续。

中国人民解放军军事工程学院建院初期，孙老师服从国防建设需要，放弃在微分几何等方向上的研究，积极投入基础教学。组建数学教授会、为一期学员补习高中课程、培训年轻助教，他都是拣重担子挑。卢庆骏教授到任后，他与卢教授配合默契，一对君子互相尊重，把数学教授会办成上下团结一心的模范集体。

初次与陈赓相识，孙老师就被陈赓的人格魅力所折服。1953 年 7 月 1 日，陈赓亲自为全校老教师讲党课，刚讲完，孙本旺就激动地站起来，当场大声表态：“我要求参加中国共产党。”

孙先生性情随和，满腹经纶，颇爱聊天。有时他下班回家，刚进门，后面就跟来曾思虞教授或薛鸿达教授，还没有吃饭就找孙本旺聊天来了。如果说年轻教员有点怕卢主任，但绝对不会怕孙主任，有些实在弄不懂的问题，就去问孙本旺。孙主任乐呵呵地听完，点拨一下思路，年轻教员恍然大悟，高兴地转身走了。

在讲课风格上，孙先生与卢庆骏不大一样。卢庆骏的课堂里是一片肃静，一丝不苟的卢教授很少开玩笑；而孙本旺的教学方式很特别，是典型的美国风格，他讲课思路开阔，善于启发诱导，课堂上常笑声不断、孙本旺肚子里的故事多，他常在讲课中穿插点数学家的小故事，有时也讲点自己在美闻留学时的小故事："我上第一堂课的时候，数学泰斗阿廷就问我，你会弹钢琴吗？我说不会，他说，完了，你没有希望了！"孙本旺的调侃让大家笑起来，他自己不笑，接着说："在西方，数学是个很讲艺术的学科，据说阿廷的钢琴演奏可以达到钢琴家的水平呢。"

孙先生还喜欢让学生上去讲课，他坐在下面听，他笑称学数学的人是为了追求精神上的优越——你搞的东西别人不明白嘛！在笑声里，学员们轻松地学到知识，体会到数学殿堂的瑰丽和魅力，很多人都说，听孙主任的数学课，如沐春风，那是一种精神享受。

1956 年，有一次孙本旺给海军系学员讲微分方程的"条件极值"，他首先给大家讲了一道题："在一个椭圆里求做一个内接三角形，使内接三角形的面积最大，并求其面积"。他说这是北大数学系提供的，在美国数学月刊上有人解过，但是非常繁复，解出来有一小册子那么厚。学员王世民一边听课一边想这个问题，突然来了一种灵感。课间休息时，他到教员休息室把解题草稿交给孙本旺，说道："我解出来了。"孙本旺感到很突然，看了一会儿微笑道："不对。"王世民认为自己没有错，犹豫着没有拿回草稿。孙本旺想了想说："那好，我再给你一个椭球，做它的内接四面体，使体积最大，这你恐怕就做不出来了吧？"再下一堂课，王世民把解法交给老师，孙本旺还说不对，王世民坚持说"对"，"那好吧，"孙本旺说，"我拿回去研究研究"。

第三次上课，孙先生乐呵呵地对王世民说："你做对了！"他在课堂上表扬了王世民一番。过了一段时间，孙老师把一份字迹清晰的手稿交给王世民，一共9页，署名顺序是“王世民、孙本旺”。这让王世民非常感动。作为著名数学教授，能接受学生的解题思路而纠正自己原来的判断，并花工夫完善学生的思路，写了详细的推导过程。孙本旺师之师德高尚由此可见一斑。

后来孙先生又把附有描图纸作图的正式稿件交给王世民，依然把学生的名字署在前面。而现已退休的国防科大教授王世民把孙老师的亲笔手稿珍藏了56年，因为泛黄变脆的手稿见证了自己学生时代的一件得意之作，更凝聚着老师提携学生的一片心血。

在中国人民解放军军事工程学院，学员放假不回家是司空见惯的现象。1957年寒假，空军工程系六科三年级学员集体行动，大家寒假都不回家过年，他们写信给孙本旺教授，请求他利用寒假帮助补学专业学习所必需的数学知识，孙本旺欣然应允，天天去给学员们上课。楼外是冰天雪地，孙本旺空着手，披着满身的雪花走进教室，摘下皮帽子拍打几下，再用手抹去眉毛上、下巴上的白霜沫儿，笑眯眯地登上讲台，圆圆的脸盘透着红晕。他气定神闲，娓娓而谈，复杂的数学问题变成兴趣盎然的科学故事。他旁征博引，由近及远，由此及彼，一气呵成，深深吸引着凝神忘情的学员们。教室里春光融融，此刻是孙先生和他的学生们最快乐的时刻。

孙先生发表过多篇重要学术论文。段学复在《近代中国数学家在代数方面的贡献》中指出：“孙本旺在矩阵几何方面的工作，为华罗庚1940年的工作所引导……他把以耦对正交群(辛群)为基本群的对称黎曼空间完全决定了出来。”苏步青在《新中国数学十年(1949—1959)》一书中，认为孙本旺是新中国成立后国内研究E.嘉当几何的第一人。

（选自《哈军工“两老”传记》，当代中国出版社2013年版，作者系中科院长春物理所高级工程师）

追念张资珙教授

若　华

C_3H_3，这是一种碳氢化合物吗？否。

它是才华横溢、潇洒风趣的张资珙教授早年所提出来的一个公式。他强调：化学家的“元素组成”应该是 C_3H_3，即 Clear Head（清醒的头脑）+Clever Hands（灵巧的双手）+Clean Habit（洁净的习惯）。

张资珙先生是国际知名的化学教授。1930 年，他在美国霍普金斯大学获得博士学位，回国后先后在厦门大学、华中大学、岭南大学和武汉大学执教 30 余年。卢嘉锡、应崇福、查全性、曹天钦、江元生、王佛松、范云六、陈文新等院士、教授都曾受业于他的门下。

张资珙先生出身于广东梅县一个大知识分子家庭，父亲张淑皋在清末的一次殿试中探花。1904 年，父亲被官派留学，到早稻田大学学法律，毕业后在东京、横滨、神户领事馆供职。可惜英年早逝，享年 48 岁。张资珙出生于 1904 年，自幼聪颖好学。1919 年，15 岁的他独自回国考入上海沪江大学化学系，由于成绩优异，毕业后留校任教。1927 年，他考取了清华大学庚款赴美留学，同批赴美的有江泽涵、赵忠尧、姜立夫、范存忠、郭斌和等人。1930 年回国后，在厦门大学任理学院院长兼系主任、教授，时年 26 岁，是当时全国最年轻的理学院长。卢嘉锡当年就在厦大读数学系，正是在张资珙的劝导下，改学化学。卢一直奉张为恩师。

1931 年起，张资珙先生在华中大学任化学系主任、教授。几年里他雷厉风行，建立了一整套严格的教学秩序和规章制度，大大提高了教学质量，使该校的化学系在国内声名鹊起。先生学识渊博，学贯中西，是严格意义上真正的学者，他对宋史、魏晋南北朝史都有很深的研究。早在20世纪20年代，他就开始研究科学史，在1927年和1952年，先后出版了《化学之创造》和《化学元素发现史》译著，在翻译过程中，他作了大量的研究，附加的注释占全书三分之一的篇幅。

1937年，为对抗日军的毒气战，张资珙再度赴美。作为访问学者，他在耶鲁大学、明尼苏达大学研究毒气的防护问题。他还去了哈佛大学与著名科学家萨顿教授共同切磋科学史的研究。萨顿颇为赏识他十多年来在这方面的探索。

1944年8月，张资珙、方重、范存忠、张汇文和殷宏章应英国文化委员会的邀请分别去剑桥、牛津和伦敦大学讲学。张资珙先生用漂亮的英语主讲中国科学技术史。他用翔实的资料证明，世界上最早炼出镍的是中国，他认为宋代的瓷器是当时全世界水平最高的，中国古代科学技术在很多方面是世界第一。他还应邀去巴黎大学、布鲁塞尔大学讲授中国科学史，在西欧学术界引起轰动。

张资珙先生讲授过"普通化学""理论化学""分析化学""定量分析化学""工业分析化学""化学史"和"化学文献"等多门课程。他讲课从不搬用现成教材，而是参考国外文献中的最新内容，自编试用教材。他讲课内容新颖，语言生动，中英语交叉，板书清晰工整，因而他的课深受学生欢迎。外系学生、年轻教师都慕名前来旁听。张资珙先生重视科学研究，认为大学不开展科研将不成其为大学。20世纪50年代初期，武汉大学化学系还不做毕业论文，他便在毕业班中进行课程论文的训练。另外，他特别重视实验教学，他说："如果基本概念不清楚，基本操作不合规范，将来参加国家建设，乱报分析结果，将造成重大损失，成为民族罪人。"

先生在人生道路上曾有过几次重大选择。1941年，张资珙先生在香港岭南大学执教，香港沦陷后，日军威胁利诱，要他为日本当局服务。先生毅然带领全家逃离，辗转去了重庆。

1946 年 12 月，先生从西欧讲学回国后，国民党以高官厚禄要他去上海著名的英文《字林西报》任主编，或去台湾任多家糖厂的总经理，他也婉言拒绝了。1947 年，张先生应聘去了武汉大学。

1948 年，陈毅在河南宝丰创办了中原大学，1949 年该校随军南下，负责接管武汉地区的大专院校，也负责中南地区文教人员的思想改造。1951 年武大的著名教授刘遁诚、燕树棠、韦润珊等都被命令去中原大学交代历史问题。先生不久也被送往那里写检查。

1955 年“肃反”中，有人揭发张资珙说过“肃反要从党内开始”的话，张资珙因此停职检查，被软禁在家中。后校方发现张资珙有以死抗争的倾向，才不得不中止了对他的软禁。1957 年春季大鸣大放，有学生写大字报，要张先生诉说自己几年来所受的委屈。一次鸣放会上，在同学们的一再要求下，张先生发了言，以平静的语气简短地汇报了几年来被批斗的经历。

最终的结果是，张老师被划为右派，送往农场劳动。此时他已年过半百，还要从江边挑水到半山腰种黄豆，大年三十推板车往城里送酱油，还不时挨耳光、罚跪……三年多后，先生摘掉右派帽子，分派到资料室整理旧书。就在如此屈辱的境遇中，他还编写了《英汉化学专业常用词汇》，收录名词约 9000 条，深受武大和周边院校化学、生物专业师生的欢迎。由于他“摘帽右派”的身份，这部书出版时，并没有署他的名字。

1964 年年底，他夫人王苏榛查出患子宫颈癌。翌年初去上海肿瘤医院治疗后康复。1965 年 12 月去武汉医学院复查，不到两周突然于 12 月 23 日去世。张先生忍着悲痛查阅了大量中外文献，证明年轻医生缺乏医学常识，给患者服用合霉素引起再生障碍性贫血致死。他伤感万分地写下：“半世浮萍随逝水，一宵风雨葬名花。魂似柳絮吹欲碎，绕天涯！”

相依为命的妻子死于医疗事故，先生还没来得及从悲痛中解脱出来，“文革”便爆发了。身为“摘帽右派”的他又得去农场劳动，半年多以后始返校。

1968年1月3日，武汉市出现了所谓的“反共产党、反文化大革命”传单，称为“一·三事件”。办案人员推断说这是个有学问、中英文都不错的老人在平坦的书桌上写的。……先生被莫名其妙地列为重点怀疑对象之一，被关押严刑拷打，两个月后被折磨致死，时年64岁。

“文革”结束后多时，张先生还未被平反。一次武大请卢嘉锡前去讲学，卢答：“不为恩师张资珙平反昭雪，决不去武汉大学！”1982年12月20日，一个小规模的张资珙追悼会举行了，卢嘉锡为恩师敬献的挽联是：

忆早岁喜聆教诲嘱改主修化学今日言犹在耳

赞毕生苦钻学术未忘忠爱祖国何期死竟含冤

作为约翰·霍普金斯大学哲学博士、英国皇家学会会员、剑桥大学客座教授、武汉大学二级教授的先生，抗日战争期间曾在桂林与国军高官做邻居。虽然张先生的国语带明显的梅县乡音，他的英语口音却与地道的剑桥人没有区别。高官的子女慕名拜师，先生闲时指点一二，自得其乐，并不收取酬金。作为答谢，抗战胜利后，高官在南京为先生谋得“少将参议”虚职，以便领取俸禄实惠。

其实先生并未去南京就任，而是返回珞珈山，住在十八栋，做化学系教授。不料，人家不管你到任与否，总是个少将吧？于是，后来就成为一个严重的政治历史问题。1955年肃反运动中先生挨整，心中不服，便在1957年“大鸣大放”期间为自己申辩。未几，反右运动开始，先生因“攻击肃反运动”而被划成右派，发配到蕲春县八里湖农场劳动改造，时年53岁。1962年下半年，武汉大学党委摘去先生头上的右派帽子，让他回化学系工作，但由高教二级降为高教五级，月工资由330元降到168元。

摘帽右派一般不能重登讲台，先前摘帽恢复工作的化学系副教授李国材就只是安排在实验室做助理员的工作。张先生的名气大，他摘帽的消息不径而走，常有人慕名找到化学系求教。大概是迫于校内外各方面的压力吧，化学系决定：英语作为第二外国语选修课在四年级开设，由张先生上台主讲。其时，化学系主任曾云鹗，副主任焦庚辛、查全性、吴萱阶都是做学问的人，不会反对张先生有机会为学生授课。阻力来自化学系党总支书记罗某，武大有名的左派。或许是因为罗某妥协了一次，张先生就重登讲台了。

其时，四年级正是我所在的年级。全年级一百八十多人大都愿意选修张先生讲授的英语课。第一次上课地点在理学院103阶梯教室，时间是9月中旬的一个星期三晚上。离开始上课的时间7点还差10分钟，103教室门口就被陆续赶来的人群挤得水泄不通，教室早已满座，后来的同学只能站在墙边着急地探问究竟。原来，外系以及外校的师生闻讯提前到达，部分座位被他们占据了。这些人大多想旁听附学，少数人纯属好奇，只想一瞻名师风采。7点差5分，拥挤在门口的师生纷纷让道，张先生健步走上讲台。他中等身材，穿一身藏青色套装西服，黑皮鞋，头发经过精心梳理。他从字母歌教起，但进度飞快，一节课下来，讲义的内容扫过五六页。课间休息时，河南籍学生李少丰跑到讲台下首，用中学时学到的英语说了些什么，张先生脸带微笑和他应答。十分钟休息过后，先生又重新上课，始终笑容可掬，风度翩翩。

听课的热度引起有关方面的重视。为了维持正常的教学秩序，估计还有出于缩小负面政治影响的考虑，化学系决定限制听课人数。选修生全部参加一外(俄语)考评，前三十名方能获得听课证，凭证入教室上课。发证后的第一次课同样场面热闹可观：化学系一位副系主任亲自守在教室门口检验听课证，被拒绝入内的无证者口出怨言，久久不散，以致过道上挤满人群。我穿过人群，持证入内，因而有幸目睹国人好学的场景。

张先生自编讲义，其内容分两大部分：第一部分是普通英语，第二部分是专业英语。第一部分含六十篇幽默小短文、包括 Robinson Crusoe by Daniel Defoe(笛福著《鲁宾逊漂流记》)在内的文学原著和几首艺术歌曲的歌词；第二部分是化学专业文选、语法自学；第二部分的课文领读两次就往前赶；第一部分是教学的重点。艺术歌曲的歌词不但讲解，还附有简谱，张先生演示领唱，课堂气氛活跃非常。然而课后不少人叫苦连天：作业特多，限时完成。先生亲自批改作业，一丝不苟，要求严格，评语多严厉之词。三十名入选者中陆续有人跟不上进度，知难而退。

我曾自学英语的高中课程，此外，俄语基础良好，对专业英语的学习就不感到困难。为跟上先生的讲课进度，用了不少工夫，受到先生好评并逐渐和先生有私下的交往。第一次到张先生家中是一个周末的晚上。张先生的夫人王苏榛女士态度和蔼，待人彬彬有礼。起先我有些拘谨，但很快就因张先生的爽朗、谐趣而放松下来。那一晚过得很开心。私下交往使我对先生有更多的了解和尊敬：先生在耶鲁攻读仪器分析，23 岁回国任厦门大学理学院院长所执教的功课也是仪器分析，读史书时受到启迪，兴趣转向研究世界化学史。通过大量工作后他提出化学起源于中国战国年间，分解、化合、置换等基本化学反应的操作实践从丝绸之路传入阿拉伯世界，西汉和唐代是这种文化交流的两个鼎盛时期。十六世纪以后，这类化学知识经地中海分两路分别传入西欧和东欧。按张先生考证，文艺复兴时期达·芬奇的名画“蒙娜丽莎”中的底板背景是中国山水画，其中用到的颜料一氧化铅是化学制品。由此可见，当时的中国化学工作者已非炼丹术士可比，其制品何止是早期的硫化汞、硫化铅一类化合物。传统的化学史一直宣称化学起源于 17 世纪西欧的炼金术，谬误长期流传。张先生的见解在 20 世纪 30 年代受到著名学者李约瑟博士欣赏，由于他的大力推荐，张先生成为英国皇家学会会员、剑桥大学客座教授。深入的考证需要深厚的古文根底和阅读多门外文的能力，尤其需要有足够的资料文献。20 世纪 60 年代，没有普及的互联网和复印机，只能靠照相机缩微在胶卷上，然后一边在显微阅读器上阅读，一边用打字机打印成普通文本。张先生自己制作的这种打印件堆满书房。先生精于英文却不因其时中苏关系恶化而轻视俄文，他劝我力求精通俄文，因为学习二外时，良好的一外功底能致事半功倍，他始学二外(德文)时有切身体会。我所读托尔斯泰《战争与和平》(俄文版)就是先生的藏书。为了表达敬意和感激之情，我每周都到珞珈山一区十八栋张先生寓所，为整理资料做些力所能及的工作。

张先生的英语课只维持到年底，1963 年 2 月开学时，四年级的英语选修课被取消。有人向上反映右派重新上台，副系主任守门开路，这还了得。罗某立即下令将此课腰斩，并发动 645 年级的同学们揭发、批判。不幸的是，真有青年学子跟着起哄，牵强附会拿张先生编的讲义做文章。且看一个例子，在语音练习的讲义中有一段课文是：

My daddy is sad，my daddy is mad，he is sad and mad for he had not hat on his head.

本来是相似音节的词放在一起组成句子，原出处是伊顿公学（Eton College）教材。为邀功请赏，揭发者把 hat（帽子）上纲为影射右派帽子，这段课文就成为攻击反右运动的"铁证"。荒谬的指证还很多，真是"欲加之罪，何患无辞"，这种人虽属少数，但能量很大，又得到上面的支持或授意，揭发材料就以 645 年级的名义上报了。面对师恩却睚眦相报，我为自己年级的行为羞愧。先生的讲义已编出下册，不能付印，总算成为一对一的教材：我坚持每周两个晚上去先生寓所，继续学习和帮忙整理资料。

1963 年秋天，我在大五学年刚开始就因考研体检获悉患浸润型肺结核症，并搬迁到隔离寝室，心情郁闷。张先生闻信后好言劝解，并赠 100 元慰问金，这在当时是不菲之数，我推辞，见先生怒而惶恐收下。12 月初，645 年级到外地实习一个月。我的病已脱离传染期，病灶吸收好转，但仍不宜外出，留在化学系的电化学楼在查全性先生和叶世源老师的指导下安装恒电位仪，以备下学期做毕业论文时使用。这一个月，我有更多的时间去张先生的寓所。

实习结束后，立即进行期终考试。这是本年级的最后一次考试，因为大学本科期间全部课程结束，下学期全都投入做毕业论文。四年累计，各门专业课考试成绩全部在"优秀"等级者只剩下三人，这三个人都在物理化学专业小班：计又为、李少丰和我。物理化学专业小班的最后一次考试考两门：化学热力学和化学动力学。李少丰和我的化学热力学考试成绩都是“优秀”，化学动力学考试全班只有我一人成绩是“优秀”。我把考试结果告诉张先生，有点沾沾自喜的样子。先生深思一会之后对我说：“凡做学问者都要动脑，动手，还要洁身自好，希望你百尺竿头，更进一步。”接着，先生讲起 C_3H_3。这不是化合物，是下列英文的缩写：Clear Head（清晰的头脑），Clever Hand（灵巧的手），Clean Habit（洁净的习惯）。我敛容领教，自觉终身受益。

天有不测之风云，1964 年 5 月，645 年级的黄某向上诬告张先生和我合谋策划逃亡香港，叛国投敌。黄在材料中还煞有介事地举报我曾受张先生指使到虎门一带探问偷渡路径，与边防军发生冲突，打斗受伤后潜逃回汉。我得到知情人通风报信后置之一笑，心想，这种天方夜谭般的故事谁会相信？如果真有其事，边防日志中便有记载，稍作调查不就真相大白了吗？于是照常做毕业论文，直到七月初论文答辩完毕，买好半价火车票，正准备回广州度过毕业分配前的最后一个暑假时，受到学校保卫科的突然袭击：隔离审查，交代罪行，剥夺行动自由，日夜专人监护。

8 月中旬，我留下遗书，在凌晨四时趁看守人不备时跳楼自杀，昏迷三天后在医院中醒来。求死不得，只是在右眼眉毛中央缝合七针，伤口被新长出的眉毛覆盖，未致破相；左足踝骨折断，用石膏固定；腰椎骨折，半年后错位愈合。

只怪我时运不济，合该遭罪：按照要求和规定，在全国高等学校中划出千分之五的思想反动应届毕业生（简称反动学生）。住院七天后，一辆板车把我拖回学校，安置在校门口治保会院子内的一间禁闭室内继续交代问题。经过三个月无休无止的盘问审讯，为求了结，我在交代材料上供称自己是一名少将国际间谍，系由假期乘火车时结识的一名中将国际间谍委任，这是当时我所能想象的最重的罪名。“这样交代组织上该满意了吧？”我无奈地问。按当时惯例，自杀应视为“自绝于党，自绝于人民”，政治影响极坏。如同日后工宣队重新审查后所作结论：“问题很小，态度很坏，民愤极大”。于是，我被定为反动应届毕业生，和湖北省的其他“反动学生”一起，保留学籍，先后发配到汉阳县国营东城垸农场和鄂城县国营鸭儿湖农场劳动改造。

“文化大革命”初期，武汉大学校长李达、党委第一书记朱邵天和常务副校长何定华被打成“武大三家村”。我又被划到“武大三家村”这条黑线上，虽远在鸭儿湖仍难逃珞珈山上风暴的袭击，工作组派专人下来胁迫我揭发张先生，并以“立功受奖”诱惑。我为牵累先生而自责，聊以自慰的是不曾屈服，未交代过攻击先生的一纸一字，1966 年下半年我饱受磨难：工作组施以批斗、体罚、刑逼，我对以绝食、逃亡。

1967 年 3 月，我在武汉青山背街的待用水泥涵洞管中蜗居，白天到武汉钢铁学院学生食堂吃一顿免费稀饭充饥。天无绝人之路：通过邮件我和张先生约定了见面的时间、地点。一个尚属早春的午后，在洪山施洋纪念碑前，我和先生分别近三年后第一次见面，真是感慨万千，一言难尽。好在校方不曾拿到先生的什么真实把柄，只能无限上纲地批判一番。先生身体尚可，除患脂肪肝外无大碍；一子一女分别在中南矿冶学院与沈阳音乐学院执教，每周都有问候家书。不幸的是师母已于“文化大革命”前辞世。“对她来说，也算是躲过一劫”，先生不无伤感地说，“如果亲历‘文化大革命’，她将无法承受”。接着，先生讲述了这场运动初期，李国材副教授被揪斗后，其妻自缢于化学系资料室的经过。

张夫人死于同济医院的医疗事故。起先医院方面托词推卸责任，先生据理力争，言之有据，院方只好认错认罚。殊不知先生不但放弃赔偿要求，反更将遗体无偿捐赠，裨能深入研究，在治疗同类病例时不再发生失误。有关人员深受感动，我备感崇敬。

先生尝赞赏我聪慧，孺子可教，但这次却告诫我好好领会难得糊涂，尤其是要远离文学，因为涉及意识形态的领域危险！先生劝我把精力用到数学上。“数学不计算政治，政治不计较数学”，先生如是说。我无言以对。

先生支持我上访北京高教部，并当即送旅资 300 元。先生嘱咐我得便时去西安碑林索取有关交通碑记资料，因为他始终未放弃考证丝绸之路与化学史之间的联系。

临别时，先生要我记住，无论去到哪里，都有人像父亲那样地关注，要随时书信联系。先生还与我约定：为防不测，回汉以后，可以用武汉医学院讲师张葆贞(先生的另一位学生)的名义给他写信，约定会面的时间、地点则仍在施洋纪念碑前。

此后几个月，我在外地多次收到先生以王苏榛名义寄出的汇款单，都是通过当地邮局留交，每次收款二百元、三百元不等。西安碑林在"文革"期间不对外开放，先生嘱托无法完成，我深以为憾。

1968 年 3 月，武汉发生一起张贴反动标语事件。该反标用古文书写，于是，各单位老一辈的"牛鬼蛇神"都被梳理、审查。先生不能幸免，被"造反派"揪到四区饭厅交代问题。化学系 705 年级的一个姓黎的军队高干子弟对张先生拳打脚踢，先生当场昏厥而得不到救治，四小时后罹难。

凶手后来只受到延缓分配工作半年的处理。

改革开放后，绝大多数右派陆续得到平反改正。武汉大学内部阻力重重，政策迟迟不能落实，张先生含冤致死，人命关天，但总也没有个说法。直到 1982 年，已平反和恢复名誉、当时正在武汉地质学院任教的我，写信告知了时任中国科学院院长的卢嘉锡先生，他当时正在上海报刊上公开著文纪念他的恩师张资珙先生。未几，先生终于得到平反。

〔选自《老照片》，山东画报出版社 2006 年版，作者 1967 年毕业于武汉大学化学系，系中国地质大学(武汉)教授〕

恩师俐娜院士

蔡　杰

从当年初入实验室做一名研究生到如今成为教授，科研路上总是充满艰辛与坎坷，幸运的是我加入了一个优秀的团队，遇到一位严谨睿智的导师——张俐娜院士，正是张老师一直以来的指导与帮扶让我一路披荆斩棘走到了今天。

我最早听说张老师是在我大二的时候，但因为自己只是本科生，没有做过实验，所以没有见过她。从其他同学那里知道，她很厉害，科研非常了不起。到了大三时，我对这位厉害的女教授实在感到好奇，便趁一次下课时和其他几个同学一起偷偷跑到我们教室楼上张老师的实验室去看看。那时我还没有准备考研，纯粹是出于好奇。只见几个博士生在做试验和整理数据。张老师给我的第一印象是风度优雅、端庄秀丽。当得知我们是趁在楼下上课而跑来“看看”的本科生时，她微微一笑说：“科学探索其乐无穷，但也艰辛无比。如果你们要致力于科研，不要学兔子急功近利，要承受得起挫折，失败了再做，从一点点进步里去寻找快乐。”

有了上述的体验，我本科毕业论文选择张老师作为指导老师。那时我并没有打算考研。因为早在本科时期，我已经选修了法学并得了 40 个学分，还没有拿到双学位，因为武大需要选满 60 个学分才能毕业。

一次张老师和我谈起了将来的打算，听我讲完我的双修和想做科研之后，她问：

“你想要做什么？要双学位就别到我这里。”

我考虑之后，还是想做科研，就没有等双学位修完匆匆上阵考研究生。我自此对张老师有了一种深刻的印象，就是做事非常专注。

我真正开始接触高分子专业，是 2001 年本科毕业至 2006 年硕博连读期间。高分子降解的实验自 20 世纪 80 年代张老师从日本归国到我进实验室 20 多年里，虽在国际上研究较多，但在国内还算是冷门。我真佩服她在 20 多年里持之以恒地去攻关而从不懈怠，以解决相关工艺的环境污染等问题。

自从 2001 年在张老师的指引下开始了我的研究生生涯，我从张老师身上学到的第一课就是对科研的热爱和激情，由此产生无比认真与专注。纤维素是最难溶解的天然高分子之一。传统黏胶法生产人造丝和玻璃纸由于使用了有毒的二硫化碳对环境造成严重污染，为此全球科学家急待解决这个难题。张老师下定决心要把冷板凳坐热，在我之前，她和她的研究生们做过无数次尝试，包括用低温多次做高分子溶解的实验，但屡试屡败又屡败屡试，效果一直不明显，无大突破。她鼓励我认准目标、持之以恒，大胆创新，不能因为难而逃避。他鼓励我们多看文献，总结经验规律，选择目标去啃那些难啃的“硬骨头”，做些有挑战性的工作，冲破传统。在张老师的悉心指导下，我终于开发出纤维素的氢氧化钠/尿素水体系低温快速溶解的“绿色”新溶剂。此后，由于我们团队的共同努力，不断取得一系列纤维素基材料新成果。由此，张老师获 2011 年度美国化学学会安塞姆·佩恩奖。我也在低温溶解技术和解决基础科学问题上作出一些贡献，作为第三完成人获得 2012 年国家自然科学奖二等奖。

虽然事务繁忙，张老师依然关注于我的实验进展。2003 年一个深秋的晚上，我在实验室做新溶剂体系下的纤维素纤维纺丝实验，张老师从家中赶来陪着我们一起做实验直到凌晨，此时化学楼显得格外空旷冷清，虽然深秋的夜晚寒气逼人，但我却从张老师身上感受到了她对实验的无限热情。尽管我从没有亲眼见过她狠批哪个学生，但她对自己的每一个学生都要求严格。我们习惯于把事情拖一拖放到明天完成，但是张老师一定要你今天就去做，并坚定地说：“把你的惰性掐掉”。我有次坐了几个小时的车去某地想放松玩一玩，她一个电话打去说：“有数据要讨论，我去办公室等你，你必须马上回来。”而她要讨论的数据，是我临走时才发给她的，我以为她会看几天的，没想到她那么及时。我的计划就这样被她打乱了，连忙往回赶。我们的数据讨论从下午开始一直到晚上八点多钟。她对自己也是这样。2004年，张老师因为骨折不得不在省人民医院住院，然而身体的伤痛并不能让张老师放下工作，她依然坚持靠在病床上逐字逐句地认真修改每一篇论文，而且每篇论文要改3次以上，有的多达8次。张老师对学生的认真与负责让我深受感动。这么多年她都是这样，许多师弟师妹也都是半夜收到她修改后的稿件。

2003年至2004年过年，我们都在做纤维素试验，第一次做出来，整理数据写文章时，需要补充一个数据，我应张老师的要求和她的另一个博士生、基础医学院的青年教师一起做实验，那年的大年三十我们就是在基础医学院加班做实验和修改论文中度过的。我本以为自己够苦的了，但当我将改完的论文当晚发给张老师时，没有想到的是她连夜读完并修改完，第二天一早就反馈给我，让我在实验室赶紧再改一次。她做事就是这样特别认真、效率特别高，让我们无法懒惰。有这样的老师是学生的幸运，尽管读研时觉得很苦，节假日不能与家人一聚，但现在一看当时的成绩，才知道有成绩才有好的基础发展。

2006年6月博士毕业后，我获得日本学术振兴学会奖学金在日本东京大学从事博士后研究工作，发现六十多岁的日本导师Shigenori Kuga教授也如同张老师一样亲自动手参与实验，逐字逐句修改论文，这些德高望重的科研巨匠们对科研都有着相似的认真与执著，使我对张老师又有了进一步更深更新的感触和认识。

2009年我从东京大学完成博士后研究后再次回到武汉大学开始任教，比学生时期更开阔的眼界让我从张老师身上看到她更多让人敬佩的地方。“老骥伏枥志在千里”，张老师经历过一个特殊的年代，历史的原因让她错过了最适合打拼的青春岁月，直到四十多岁才得到施展才华的舞台。然而张老师牢牢抓住这来之不易的机会，自学英语和计算机，刻苦拼搏，哪怕当了院士之后也没有一刻放松，仍然亲自指导学生和修改论文，奋斗拼搏在科研的第一线。张老师是我们所有年轻老师的表率。我现在也学张老师，对自己的学生像张老师对我一样要求严格，因为我知道这样对学生以后的发展更有利。

张老师常说，“对待科学研究要严谨，一步一个脚印，不能脚踩西瓜皮”，“科研要有明确的目标，敢于做有挑战性的研究，敢于解决基础性难题”，“要做切实有用的事情”。作为国际纤维素和再生资源材料领域最高奖安塞姆·佩恩奖(Anselme Payen)获得者和“近五十年来中国绿色化学先锋”(英国皇家化学会在 Chemistry world 刊物评价)，张老师有着强烈的社会责任感，也十分关注国计民生。长期以来她带领我们团队不断探索，开发出一系列基于天然高分子的生物医用、能源、水处理等材料。2012 年，张老师受化学工业出版社邀请，作为总主编组织编写“十二五”国家重点图书《天然高分子基新材料》丛书，一套共十本，我和其他老师共同承担了《纤维素科学与材料》一书的组稿与编写工作，并在 2015 年顺利出版。2014 年，张老师又马不停蹄地组织了数十家高等学校、科研院所和企业单位，汇聚了 14 位两院院士、50 多名专家学者，我也有幸参与其中，历经两年多时间，通过多次调研、考察和研讨，最终形成《关于海洋生物质资源开发与利用中存在的问题和对策》的咨询报告并呈送国务院献计献策。这些工作使我进一步认识到我们年轻人不仅要做好学问，而且要爱国爱家，多做一些公益性的工作。

年逾七十，张老师仍然为了祖国的科技发展而兢兢业业地工作着。

她不仅是我们科研上的严师，也是我们生活中的“慈母”。我刚从东京大学回来学校办理入校手续时，因为我的周转房问题，张老师亲自和我一起去后勤保障部联系，又去九区看住房条件。她那么忙，当时已经六十多岁了，还像妈妈一样关心自己学生的生活琐事。不只是我，她对她的其他学生也是如此。有个慕名而来的法国学生来校做她的博士后，住宿的事情张老师也是亲自过问，直到安置好为止。她和杜老师一年到头都不怎么休息，每次我过年在外地给她打电话，他们都是初一休息一天，初二又忙着改我们的论文。我当学生时的每一篇论文都给她改过三四遍。等最后要投稿了，她还要再看一遍，这一看不打紧，她说这里还有几个句子或单词、那里还有几个符号需要改，我们就又改。所有她给我改的每一稿我都留着，这些稿成了我的宝贵财富——它们是我和老师的共同心血的结晶，是恩师高尚人格的物证。我觉得这里面有些无价的东西，我会把它们一直留下去——不是一点两点，不是能用语言说得清楚的东西。

我现在把恩师教我的方式不知不觉就用到了我的研究生身上，现在我也是一遍一遍认真仔细地改学生论文，甚至修改得几乎没有学生原来的表达了。

我们这些张老师的学生每年都有几次特别开心的师生聚会，就是每年毕业季节，张老师的博士生都会和杜老师的博士生一起野外活动一次，交流一下心得体会，每个人都谈毕业感想。大家的共同感受就是苦和累，但都丰收和快乐。因为张老师和杜老师对学生培养都以严格而出名，学习和科研氛围好，研究生能学到很多东西，毕业后就业有竞争力。每年年底张老师和杜老师就会请在汉的所有学生一起吃团年饭，这是我们一年最热闹的时刻。

回首十六年来，作为张老师的学生和同事我深感骄傲。

现在，我也是教授了，有自己的博士生，因为我一直牢记张老师给我讲的一句话：做事一步一个脚印，踏踏实实，不能跟风，要把冷板凳坐热，挑战困难，勇于创新。到现在为止，我的研究生也都做出了原始创新性工作并发表高水平研究论文。

（作者系武汉大学教授）

我的导师杜予民教授

冯　涛

春温秋肃，物转星移，尽管时光不能倒流，但往事并非如烟，回首研究生期间的学习与奋斗，心中感慨良多。从最初的不知所措、迷茫无助，到后来的信心满满、踌躇满志，这条蜕变之路尽管艰难，却也充满温情。因为有一位睿智的长者，在我遇到挫折时给予我鼓励，在我遇到问题时给予我指导，犹如一盏明灯照亮了我前进的方向。这位长者，正是我的导师杜予民教授。

杜老师是我国著名的再生资源化学家，长期从事再生资源和环境保护的研究，是中国天然漆化学的奠基者，是中国甲壳素科技的开拓者，也是生物质资源高效利用的倡导者。1961 年杜老师毕业于武汉大学并留校任教，1982—1985 年在日本东京大学从事天然漆化学生物学研究，回国后组建并主持武汉大学再生资源应用研究所工作，1991 年和 1994 年分别在东京大学和美国哥伦比亚大学做访问教授研究，他用行动阐述着什么是“天行健，君子以自强不息”。杜老师是我国学者中的杰出代表，他在科技创新和英才培养上作出了卓越的贡献。而他从不居功自傲，始终虚怀若谷，谦虚谨慎，正是这优秀的人格魅力和学术的高深造诣，影响着一批批的学生。

21 年前，我拿着武汉大学的录取通知书来到江城，成为这所大学众多新生中的一员。开学不久后的报告会上，杜老师给我们讲了开学第一课，报告的内容已记不太清楚，但他那风度翩翩的学者气质和大师风范给我留下了深刻的印象。犹记得那是一场十分精彩的报告会，少有几个生涩的专业术语也在杜老师幽默风趣的语言变得通俗易懂，他那信手拈来的佳言妙语更是将会场的气氛推向高潮。当时钟指向晚上九点半时，这场报告会才在大家的意犹未尽中落下帷幕……事后我才知道，报告结束后，杜老师又回到了实验室继续工作。这也是第一次，我清晰深刻地感受到杜老师对科研工作的执著与认真。未接触杜老师以前，所有人都会为他所得到过的成就和荣誉赞叹不已，而我们看到的只是这些荣誉表面的光彩；走近以后，才深知每一份荣誉里，都蕴含着杜老师辛勤的汗水和奋斗的足迹。

许是这份师生缘不该就此结束，2002 年的一个决定就此改变了我的人生。那年的我经过几番深思熟虑，毅然决定放弃工作返回校园继续深造。而我无疑是幸运的，不仅如愿考上了武汉大学研究生，并有幸师从杜予民老师，让这份师生缘得以延续。此时杜老师拥有一个不小的课题组阵容，那是一个有着 11 位博士研究生和 16 位硕士研究生的大家庭。

入学后，与杜老师的接触日益增多，进一步地感受到了老师渊博的学识，以及朴实无华的为学为人之道。在杜老师的理念里，研究工作要有自己的创造，要有新意，而学术交流作为学术本身的需要，可以更大程度地提高我们的能力，拓展我们的知识面。他常说："你有一个苹果，我有一个苹果，我们交换后还是每人一个苹果。但是，你有一个 idea，我有一个 idea，交换后每人都有两个 idea。"在老师的大力支持下，我们课题组每周六都会展开一场学术交流会。学术交流的作用是重要的、不容忽视的，每场交流会上我们都能畅所欲言、各抒己见，智慧的火花就在一场场的交流中碰撞出璀璨之光。还记得那个炎热的夏天，那个交流最多、进步最大的暑假，为促进我们平时的交流，杜老师想出了一个中午"聚餐"的方法。为此，他走遍学校周边的餐馆，选定了一家干净卫生的餐馆为我们送午餐，而每天中午不仅是课题组的"聚餐"时间，更是心得交流的时间。正是这种浓厚的学术气氛，驱动了创新性成果的产生，我们实验室已在国内外主要学术刊物上发表本领域学术论文 400 余篇，其中在 SCI 源刊发表 320 多篇，应用研究成果已获准和申报专利 87 项，获国家自然科学奖二等奖、湖北省自然科学一等奖等多项科学技术奖励。世界著名出版公司爱斯唯尔(Elsevier)自2014年起发布中国高被引学者榜单，杜老师2014—2016年连续三年上榜，是最具世界影响力的中国学者之一。也正是这种浓厚的学术气氛中，我们实验室走出许多杰出的人才。杜老师培养了33位博士，46位硕士，他们都没有辜负老师的期望，各有建树，有高校校长、院长，有海外高校与研究机构著名教授，有高科技企业的老总，更有“青年长江学者”、“国家万人计划青年拔尖人才”和“教育部新世纪优秀人才”等大批青年才俊。他们在自己的岗位上不断传承着科学研究的魅力。

在我的印象中，杜老师永远有做不完的事情，但他对我们的要求并未因此有所松懈。我们所写的每一篇文章从初稿到终稿，都要经过杜老师的无数次的批改，直到最后令他满意为止。每一次老师都会逐行逐字地修改，他给我们的批复更是详尽入微，每个出错的地方都会被老师标注出来，附加上他的一些参考意见。当然，杜老师也不会放过格式上的问题，即使是一个小小的标点错误也能被发现。他常对我们说“细节决定成败”，不论是论文中的细节、实验研究中的细节，还是生活中的细节、工作中的细节。只有做好每一个细节，才可能有所成就，只有改变心浮气躁，不求甚解的毛病，脚踏实地，从小事做起，注意细节，才会成功。杜老师对细节的极致追求、对科研的严谨态度让我们终生受用。杜老师的这种学术涵养已经潜移默化的深入我们的骨髓，让我们形成了正确的学术观和严谨的学术习惯。

2005年，我和另外一位博士研究生赴广西大学的一个重点实验室开展一项科研合作工作。那时的铁路交通不像现在这么方便，武汉至南宁的火车票可谓是“一票难求”。为了让我们安心安全抵达广西大学，杜老师前前后后奔走多日，从车票预订到住宿安排都是一手操办。临行前，老师千叮咛万嘱咐，唯恐我们准备得不够充分。在广西大学的两个月时间里，杜老师更是几乎每天给我们打一个电话，询问我们的学习生活状况，包括吃的怎么样、住的怎么样、钱够不够用等生活细节，啰唆的杜老师让我们感受到了浓浓的关怀，他不仅激励学生的创新精神，激发学生内在的源动力，因材施教，让他们各展所长，更像一位长者在生活中给了我们很多无微不至的照顾和关爱。

兢兢业业，辛勤耕耘，秋去春来，花落秋实，杜老师已走过了几十年的科研教学道路，岁月的流逝没有给他带来丝毫沧桑感，“虽已近黄昏，夕阳无限好”，如今年近八旬的杜老师仍每天在实验室里，奋斗在科技创新的第一线，还承担着国家级、省部级重点科研项目以及企业科技攻关项目，积极推动科技创新成果的产业化，始终坚持科技创新既要“顶天”，面向世界科技前沿，致力于未来发展；又要“立地”，面向国家战略需求，赢得战略主动；同时还要“惠民”，面向经济发展主战场，为人民创造更多财富。他在担任武汉市人民政府参事期间，积极奔走，广泛调研，撰写了“推动我市环保产业快速发展的几点建议”、“关于大力促进武汉市水产甲壳素加工产业发展的建议”等多项建议，为社会经济的发展建言献策。

如今，我也成为高校教师，带着一批研究生开展科学研究工作，也深切体会到科研工作的艰辛。有时回到武汉大学，回到曾经的实验室，总会回忆起在这里学习的日子，也会与杜老师谈起现在工作学习状况，杜老师依然不断给我一些启发和帮助，杜老师的言传身教让我在遇到研究瓶颈时不再困惑，让我在指导研究生时不再忙乱，也激励着我在学术的道路上不断探索。

（作者2007年毕业于武汉大学环境学专业，系武汉科技大学教授）

我的导师雷爱文

石　炜

那还是一天早上，确定保研没多久的我还在憧憬规划着未来的人生，这时候下铺的王海波晃晃床架，问我："石炜，你保研打算去哪个实验室？"

"呃……你呢？"

"去院里看看呗，听说学院新来了一个海归，挺年轻的，要不我们去看看？"

"……你等下我，我们一起去。"

十几年后我再回想起当时的情景，应该是从这个时候和雷老师开始的这段师生缘分。第一次到雷老师办公室，那是一间普通的房子，隔成了内外两个隔间，雷老师的办公桌在里面。办公桌的对面墙上挂着一个小白板，上面用黑色的马克笔写下了许多分子式，还有许多我当时还看不懂的英文。雷老师当时问了我们的来意后，说，欢迎来到我们实验室，不过我有几个问题想问问你们。问王海波的问题我不记得了，但是问我的问题，我至今记忆犹新。

"你之前在其他实验室做实验有什么比较深刻的体验没？"

"还好，当时只觉得还比较辛苦吧，有时晚上九点十点回寝室，实验室外面走廊的灯都很昏暗，整个楼都像没啥人似的。"

此前我曾在陈远荫教授课题组官冰博士那里做过一段时间的业余科研，有时候晚上会因为柱层析或者旋蒸等，十点左右才回宿舍，那时候化南楼晚上还是很少人的，昏暗的路灯下走着，的确有种恍惚的感觉。

微笑。

“……九十点也叫辛苦啊？”

“……”

“你要有心理准备，我们组肯定比这个还要晚些，但是在这里你们会学到很多东西。”

现在想想，的确如此。化学院当时晚上亮灯的实验室的确不多。也是从那时候起，我们才真正意识到什么叫做“只争朝夕”。虽然在大四的时候雷老师也给我们上过大课，但是印象里这是雷老师给我单独上的第一节课，让我受益至今：想要做出成绩，怎么能不流下汗水，怎么能不付出耕耘和努力？

正式成为雷老师的硕士生后，我的第一次教训很快就来了。当年国庆节前，赵师兄让我做一个简单的重结晶，说室温下用溶剂乙醚充分搅拌十几个小时，再抽滤，产品就可以纯化了。那是一个 100ml 的 Schlenk 瓶，加入磁子，塞上塞子，搅拌很快就开始了。然而，把瓶子架上搅拌器后，我就欢快地去过国庆节了，直到几天后，赵师兄叫我过来，雷老师也在，气氛非常严肃。我这才想起来，哎呀，我有个实验还在继续，我竟然把它给忘记了！溶剂早就挥发殆尽了，只剩下白色的磁子在固体粉末物料中跳动。

雷老师狠狠地批评了我，这让我当时非常难堪，也很自责。我觉得自己真的是做错了，雷老师批评得对。一方面是自己的责任心不够，太贪玩；另一方面也是一个严重的安全隐患。也是从这件小事开始，我真正地融入了实验室，也正式开始了我的科研生涯。从这件事，我开始意识到科研来不得半点马虎，更不能掉以轻心，要有高度的责任心和安全意识。

雷老师的坚持和勤奋，不仅仅是对我们口头上的要求，更是他自己身体力行为我们做出了示范。我至今都深深记得的一件事，更是成为我自己时时提醒自己的例子，甚至在我自己也成为一名光荣的高校教师和研究生导师后，时时拿来教育学生的例子。

实验室当时有一台仪器，叫做 ReactIR，我们通常叫它在线红外或者反应红外。这是用来研究有机反应过程的重要仪器，当时国外已经有课题组开始在这一领域进行研究，但是尚属前沿领域，国内几乎没有几个课题组在做。雷老师很有前瞻性地购买了这台仪器，但是一个问题摆在我们面前：国内几乎没有工程师会完全操作、演示和调试这台仪器。经过协商后，仪器厂家直接从国外派来了一名外国专家来现场教学，印象中这名专家的中文名叫做霍法迪。霍法迪来了后直接操英文，雷老师也用娴熟的英语与之对话。这不是重点，重点是在操作仪器过程中，由于机位比较特殊，要把很重的高压反应釜装到仪器上时，全程一直身先士卒的雷老师竟然不顾自己西装革履，就亲自跪在地板上把反应釜仔细地装到仪器上。反应结束后还自己用棉签蘸无水乙醇来冲洗探头和精密部件。也是从这件事开始，我深深体会到雷老师身上的那种坚持、忘我和认真的劲，这种态度值得我们终身学习。

当然，不仅如此，雷老师要求我们要尽量多把时间用在实验室和科研上，他自己也是这么做的。经常我们做到凌晨一点才准备回去的时候，“化北406”，雷老师的办公室的灯依然还在亮着。而即使是在出差，我们给他发的email，他总是能在第一时间给我们回复。这种以身作则的精神，使整个实验室的工作面貌在当时整个化学院都让人赞叹，也让我们明白，没有付出哪有收获的道理。

雷老师不只是只有这么严肃的一面。后来和雷老师相处的时间渐长，发现雷老师虽然在学术上要求很严格，但是生活中却很随和。我们私底下都说雷老师长得有点像当时央视著名的主持人崔永元，尤其是笑起来略歪的嘴角。一次和雷老师一起吃饭，他听说后一脸不解地问：“崔永元是谁?”我们面面相觑，终于忍不住笑出声来。不过想想也正常，崔永元红起来的那段时间，雷老师还在美国留学，科研生涯又辛苦，哪有时间看电视呢。

雷老师生活上的随和也表现在对我们生活的关心上。2005 年年底，雷老师单独给我们每人一个信封，信封上都有我们的名字，还邀请我们实验室全体学生到他家去欢聚。我们偷偷地打开信封，发现里面除了几张大额钞票，还有一封手写的信，对我们这几个月以来工作和表现的点评，以及鼓励和希冀的话语，读完非常感动，而那封信我也至今都在珍藏着。去他家时，那时还在珞珈山脚的九区，房子虽然不小，可是我们呼啦啦一二十个学生都涌去了，家里竟然也显得拥挤了。雷老师非常高兴，和他父亲亲自下厨，给我们做了满满一桌子的江西特色菜。因为板凳不够，我们就站着围着桌子夹菜。桌子动不了，我们就自己围着桌子走，边走边夹菜。平时和我们讨论学术、课题异常严肃的雷老师，这时候完全就像换了一个人似的，不停劝我们多吃点，大口吃菜，高兴喝酒。吃完后我们又热热闹闹地看电视、唱歌、打牌，有的女生还会逗逗雷老师的俩儿子，大家其乐融融，似乎一年来的紧张和疲惫都要在此刻发泄了。

而这也成为我们实验室多年来的一项持之以恒的传统：那就是大家一定会暂时放下一年来的辛劳和任务，一起欢聚一堂，和雷老师一家人一起过一个欢乐、热闹、开心的新年。现在回想起来，这其实是很不容易的，但是雷老师一直坚持下来了，而且已经成为实验室文化的一部分，凝聚着实验室所有人的心，即使是我们毕业后五湖四海天南海北，只要有机会，我们还是很高兴很骄傲地参加这样的聚会。而每次聚会的常菜“辣得跳”，指定用酒“江西佬米酒”，也是我们津津乐道的话题。

转眼间，从 2005 年我进入实验室算起，12 年就要过去了。雷老师也从当年的海归新秀，成长为如今的长江学者。惭愧如我，未能学习到雷老师的真谛，但也时时刻刻以恩师为榜样和鞭策的动力，在自己行将懒惰之时，拿来鼓励自己继续前行。也感谢雷老师多年来一直的指导、关心和爱护，学生此时唯有以短文以记之，谨此怀念从 GCI 毕业 6 年来对实验室的点点滴滴，也愿将自己的一点感想，和大家共享，共勉，共奋斗。

（作者 2008 年毕业于武汉大学化学与分子科学学院，系华中农业大学副教授）

师者之师邓子新

陈　实

岁末年首，欣闻恩师邓子新首次代表中国当选为国际工业微生物遗传学组织委员会主席，我激动难眠。一次又一次，他刷新着纪录。他不仅用智慧和品格开拓了又一个国际“新疆域”，而且用奉献和影响筑就了又一个中国微生物学腾飞的“新跑道”。他是我人生的标杆，是我科学的泰山，是我精神的磐石，而且他是微生物学界的志士同仁们贴心的朋友、学术的导师、事业的领航。他是师者之师，金声玉振。跟随他、学习他，是我的荣幸和骄傲。

当年的我仰望邓老师，犹如山下看山，高不可攀。我是“华农”学子，他是首届“杰青”。但命运向我伸出了橄榄枝，邓老师选择学生的方式非同一般，他公开宣布：“没有吃苦耐劳精神，没有执著追求精神，没有创新的激情，不想成为拔尖人才，只想要功利、混毕业的学生，不必来我的实验室。”有很多学生知难而退，而我想踏踏实实、艰苦认真地培养自己，成为像邓老师一样的杰出青年科学家。1997 年，我在华中农业大学生物技术本科专业连读硕士学位时，坚定不移地选择邓老师做我的导师。至此，一段师生缘延续至今。

带着对新奇的“基因簇”极大的兴趣，带着对数十种国家荣誉加身的邓老师无比地敬仰，本科成绩优异的我有几分得意地进入邓老师实验室。让我吃惊的是，身边处处是高手，入室不到一年的研究生们就已经具备了扎实的理论基础，掌握了熟练的实验技能，讲起国内国际前沿科研动态个个头头是道，我很惊异学生们的这种与众不同，脑子里充满了问号。谦逊的邓老师告诉我：“实验室是一个大的游泳池，在游泳池里同时练出本领、练出水平、练出人格的同学才是实验室的人才，才可以到大江大海去游去闯。光练出点本领的同学你只能到浅水区去游。成才不成才，除了老师的培养，重要的还在于个人的主观能动性。要有进取心，勇往直前，屡仆屡起、屡败屡战，敢为实现梦想而战。”手把手传授我们实验技能的他亲切地如父如兄，他以平民的心态、贵族的气质，把自己放到最低，把我们高高举起，激发我们内心的学习斗志。他深知教与学的关系，不是单纯地教学生学知识、学技能，而是鼓励和引导学生好学乐为、怡情悦志、收获成长的快乐。

进入邓老师实验室就意味着进入了培养优秀人才的发酵罐，做人做事做科研的标准没有最高，只有更高。那种互动交往、比学赶帮超的文化，从大家的一言一行一举一动中自觉地发散出来，产生着强大的互为影响力和辐射力。他要求我们：“不能千篇一律地只从老师身上学习，要领略、总结、学习身边每个人的优点，把每个人的优势变成自己的，你才能快速成长为一个完全的人。”在邓老师的实验室“三人行必有我师”已演化成了“两人行你是我师”。擅长洗练、擅长追索身边老师和同学经验，不断充实自己、学会成长、胜人一筹的自我加压、自我培养方式蔚然成风。实验室例会、大组会、小组会以及不同课题之间的交往和联系，让出色的研究生轮流报告科研进展，供老师和学生们集中“挑刺”。对每个人来说，这是才能的展示舞台也是真金白银的熔炼炉。不管报告和科研做得再好，只要一上台讲解，没有人不心惊胆战的。因为台下都是“挑刺”的话语，“苛刻”的建议，能虚心接受批评，进行分析、提炼、归纳、改进科研的学生和老师，在这种锤炼的过程中已经百炼成钢、破茧成蝶了。这种严肃而紧张、谦虚而自信的学习氛围，感染着刚进入实验室的每一个学生，我们把优秀学生当成一面面镜子来关注来比对来超越。学生的成长史成为实验室的成长史，一个学生的成功激发着一大批学生吃苦耐劳、勤学创新的潜力，进入世界名校、研究机构深造，进入国家级人才计划的学生蔚为壮观。如同天地变化、万物生长，这种教师和学生之间生命感应、精神感通的教与学关系深深地烙刻着邓老师的教育理念，多年来像粒粒种子在高校院所的实验室传而广之，成为一种必不可少的实验室创新文化。

科研上的每一点进步，都凝结着邓老师对我事无巨细地指点。他教导我要学会“人见其近，我见其远。人见其粗，我见其细”的逆向科研思维和方法。善于从细节之中见大节，善于从小事之中见趋势。对于当时年轻气盛，想问题天马行空，做实验毛手毛脚的我，他没有直接批评我的不足，而是充满关爱、理解、宽容，委婉地强调，“观察力和想象力很重要，牛顿的发明在乎会观察现象、洞察细微。只有比别人多一点观察、多一点想象、多一点思考，才会与众不同”。有一次，他在指导我科研工作细节和规划时，顺手拿过我的实验本，写下了“发现的灵感在于不寻常的关注异常，创新的真谛在于不唯理的追求真理”。刚劲有力、字字珠玑的两行话至今依然如春风化雨般滋润着我。从那以后，我勤学苦练，做实验精益求精，力求不出纰漏。记得他当时每年会到英国进行三个月的学术访问，其间他有排满日程的实验和讲座，利用时差，他在英国的深夜开始指导我们每天上午的实验，辛苦程度可想而知。那时电子邮件并不流行，他专门从英国用手写的传真询问我实验的进展。当我心疼他的辛苦时，他说，“每天多做一点，不要小看，不是白做，坚持不懈日积月累，最终会产生不可思议的结果。锲而舍之，朽木不折；锲而不舍，金石可镂。你一定要多学多做，只讲耕耘不讲收获，最后收获得会更多。”他的教导顺性达情、即事言理、相机而动、游于无方，在情、知、意、行的联动中促进着我的精神转化和成长。其实，这种惜时如命，和时间赛跑，不顾白天黑夜沉浸科研中的痴迷状态在邓老师，不是一天一年，而是几十年如此。他从来没有抱怨累，没有懈怠过，没有消极过，总是激情满满，总是意气风发。他用坚韧不拔之志，勤奋地修炼出超世之才，在学而不厌、诲而不倦的路上为我们树立了标杆。

2000 年，他创造条件让我到韩国高等科技学院的 Sang Yup Lee 教授实验室进行联合培养，在韩国的一年半时间，也是我培养自己独立研究能力的一个重要时期。还记得我在鉴定完一个巨大的抗生素生物合成基因簇的精细结构以后，有些迷茫无助。他不间断地鼓励我，“你要用战略的眼光来学微生物学，因为宏观中有微观，微观中见宏观。要从微观中抽取宏观，细微之中延伸出更深层次，演绎和归纳出不同的课题。只有看问题的角度和思维转变了，你才能找到出口，找到节点”。经过邓老师的指导，我闻言而悟，针对这个基因簇进行进一步改造并获得了一系列新型的抗生素衍生物。邓老师相机而动、因人设教、情达理顺的教育方法，潜移默化地影响着我。接下来的论文，他不厌其烦地修改，一遍一遍仔细打磨、逐字逐句地把关，返还给我的论文上全是他红色的密密麻麻的修改笔迹。他对科研的严谨细致、苛求完美给了我很深的感触。该研究发表在 *Cell* 杂志社的子刊 *Chemistry & Biology* 上，还申请了一系列的国际国内专利。正是这种系统而连贯的科学训练，使我养成了良好的科研习惯。

2011 年，邓老师来到武汉大学药学院并投身于武汉光谷生物城暨武汉生物技术研究院的建设，我毫不犹豫决定追寻他的脚步。来自于剑桥大学、麻省理工学院、斯坦福大学等的一批年轻人和我一样，聚集到邓老师身边。因为站在了巨人的肩上，我看得比别人远，成长得比别人快，率先成为“青年千人”。对和我一样的青年人才，邓老师鞠躬尽瘁，倾注了大量的心血来培养。在教书育人上，他教导我们：“老师要善待学生，学生才会尊重老师。从实验室培养出来的人才，不管今后在哪里，他都是广告，他都是名片，都是让实验室为之骄傲的才行。所以老师要挖掘素材，让学生少走弯路，培养别人的过程就是在培养自己。每一个学生都是老师的延伸，影响一个学生就能影响一大片人群。推动学生的手，就是推动世界的手。”他以温和的言谈举止，平易的循循善诱提倡并实践着谨言慎行、以身示教的为师之道。在申请基金上，他因人而异，分析优劣势，指导我们选择不同的学科入口申报，根据指南调整选题，找到切入点做到多学科协作，建立联动互惠的系统，抱团发展。邓老师亲力亲为地修改着我们这些“菜鸟”的项目申请书，邮件的发送时间经常是凌晨，很多老师上午一打开电脑，阅读到已改头换面的申请书，既惊讶他有强健的体力、饱满的精神、无私的厚爱，又佩服他高屋建瓴、精准构思、言简意赅的表达才华。经由他的引领，许多青年老师们成为药学院的核心竞争力，每年申请各项基金超1000多万元。在人才计划上，他不遗余力地组织参加答辩的老师，共同讨论一张PPT，进行头脑风暴，激发灵感，凝练出画龙点睛的题目、子题目，寻找恰如其分的表述方式和扣人心弦的个性语言。他一张一张地修改幻灯片，一句一句地润色汇报内容，直到整个答辩内容没有一句多余的话，直到我们的演练效果达到无懈可击。短短的5年时间，药学院引进培养了包括青年千人1人、青年长江1人，青年拔尖人才2人，优青3人，青年人才的优势体现得淋漓尽致，学术研究在整个武汉大学药学院体现出了十分鲜明的特色。

他是蜚声国内外的科学家，是中国科学院院士，是世界科学院院士，是美国微生物科学院Fellow，在国际上享有崇高的学术声誉，他受邀担任*Cell Chemical Biology*、*ACS Chemical Biology*等数个国际著名期刊的副主编或编委，在国际学术大会上作一系列的特邀报告和主旨演讲。除在国际上开拓DNA硫修饰领域之外，他克隆了一系列新结构类型的抗生素生物合成基因簇，并在国际上首次提出了多烯、多醚类等抗生素生物合成的模型。这些新发现大大扩展了人们对许多重要微生物药物生物合成机理的认识，使通过遗传工程大幅度提高抗生素药物的产量，以及拓展生物学功能越来越得心应手。国际化学生物学领域的专家多次高度评价这些成果。系统性地建成了具有国际影响的“抗生素药物基因资源库”和“抗生素药物化合物库”，建立和发展了重要抗生素产生菌的基因克隆体系，克隆的杀虫、抗病、抗细菌、抗真菌、抗癌及HIV等抗生素药物基因簇和一系列控制药物产量的正、负调节基因等不断受到国内外的密切关注。部分重要抗生素药物(如井冈霉素)基因已成为推动学科发展和产业进步的重要新基因储备。

他是桃李满天下的教育家。几十年来，他以信徒朝圣般的执著，点燃信念之灯，让学生们获得自信和力量；点燃理想之灯，让学生们充满激情和希望；点燃奋斗之灯，让学生们拥有现在和未来。他的学生有超过30人在各大院校任教，他是师者之师，他的上千学子已广泛活跃在我国科研、教学、生产第一线和国际学坛。他积极培养青年人才，为华中农业大学、武汉大学、上海交通大学和全国兄弟院校培育着一支支教学和科研梯队。他编著英文教材，主编《微生物学》教材，组织老师们著书立说，争取站在科学的各个高峰。学院团队每年积极邀请40多名国外著名学者来访讲学，加强同与剑桥大学、斯坦福大学、麻省理工学院、法国里尔二大、德国耶拿大学、新加坡国立大学、中国台湾嘉南理工大学、爱尔兰都柏林理工大学等国际著名高校科研上的互融、互鉴、互通。他把互动影响的文化传播到高天厚地，他以教育家的胸襟度量厚载万物，兼纳百川。

他是国际性思维的战略家。他连续两届担任中国微生物学会理事长；他是我国合成生物学的领军人物之一，他呼吁重视微生物组学、海洋微生物药物研究。他引领着我国微生物及代谢工程领域的研究，从无到有组建了组合生物合成与新药发现教育部重点实验室。如今他还振臂高呼，推动我国代谢科学的整体发展。成功在国内主办了高规格、高水平、高学术的国际放线菌生物学大会和国际工业微生物遗传学大会。2016年第13届国际工业微生物大会吸引了全球30多个国家的300余位国外顶级专家与会，千余名学者齐聚武汉。他还积极引导生物产业的加速发展，推动科研与产业联动。他所带领的微生物代谢重点实验室经历了从教育部重点实验室向国家重点实验室的挺进，重点实验室在与产业集团或国家产业开发区相结合，催化科研成果向产业化转移方面也日见成效，有的成果已形成高端生物产品，有的大大推动了产品的升级换代。武汉生物技术研究院在他的领导下，已经成为一个名副其实的政产学研交融协力的平台，区域优势集成创新的基地，生物产业做大做强的支撑，人才聚集合力共赢的舞台。先后引进了20多名全球生物领域领军人才，带领了100多个海内外创新团队，凝聚了国内高等院校高端创新型人才，承担了30余个国家重大专项，孵化了上百家生物相关企业，培育了一系列特色产业集群。他正合纵连横引导方向、整合资源、蓄势而为更大的事业。

40年前，微生物世界为他打开了一扇神奇的窗。40年后，他给微生物世界书写了一卷丰赡的画。他以谨慎敬畏的态度，以矢志不渝的坚韧，以兼济天下的情怀，以刚健有为的精神，承担初为偶然后为必然的神圣使命，把家国把科学领向国际的广阔高深，为建设世界科教强国，为开启创新发展的未来，释放大爱大美、大真大善。

（作者系武汉大学楚天学者特聘教授、国家青年千人计划专家）

我的父亲石声汉

石定枎

我的父亲石声汉小学毕业后，尽管家境十分艰难，爷爷、奶奶还是决心让父亲进最好的中学读书。1920 年 9 月，他考进了以“功课认真”著名的长沙私立明德中学。由于爷爷常失业没有收入保障，三个弟弟又相继到了要进学校读书的年龄，家境更加艰难。父亲曾自述过当时在贫困中挣扎求学的情景：

> 考入这有名的私立中学后，交了学费就买不起教科书和练习本。教科书借到一部分旧的，还缺三种，就向同班同学借来夜间抄写，第二天用。有一个同学给我几个练习本，交换条件是替他做数学练习。后一件事，很快就被发觉，训育员叫了我去严厉诘责，我把实情说了出来。他听了后，停止责备，让我把未动用的练习本退还，说以后不准再这么做。我说我还不出，因为都动用了。第二天，这位训育员又叫了我去，递给我几本新练习本，叫我还给那个同学。我问这位训育员，练习本从哪里来？他不肯说，我看见他也和我一样，在勉强忍住泪花，就拿了练习本走了。

当时明德中学许多老师都注意到这个聪明体弱、勤奋刻苦、个性倔强的学生，很赏识他，多方想办法帮助他。校长胡子靖、博物课老师辛树帜、国文老师刘永济等都给予他关心和帮助。刘永济曾回忆道：“石声汉在校时，功课很好，但体气很弱，性格很强，对人落落寡合。他家庭经济很苦，记得当时校主持人和我都感觉他体太弱，面无血色，作文时常赞美死，知道他心境太坏，怕他不永年。因托他族兄石声灏探问他家庭情况，知道他父亲出外谋事似未如意，他的母亲待儿女很严，他兄弟多，声汉为长子，在家除营养不良外，还要挑水、劈柴，做些劳力工作。我们想帮助他，要他住宿，他的母亲不允许，没有成功。石声汉天资很聪明，我曾设法测验他的智力，在全班为最优秀者。我当时就认为他是可深造的。”

自小酷爱文学的父亲就是在刘永济和明德中学另一位国文老师吴芳吉的指导下学会填词的，这种爱好伴随他一生。父亲常以填词“自写块垒”，寻求精神上的慰藉。他的词清丽、深沉，其艺术性和思想性都是很高的，留下手书词集《荔尾词存》，1998 年经我们整理由中华书局出版。饮誉中外的词学家叶嘉莹教授称它为“一册不平凡的词集”。

明德中学的老师中对父亲最关心、帮助最大、影响他的一生的是辛树帜先生。就在那位训育员找了父亲两天后，辛树帜先生就设法找来了父亲所缺的三种教科书亲自交给他，并交代：“以后有困难就和我说。”据父亲回忆：“此后，他多次代我借旧教科书，也为我想各种办法找补助——包括后来帮我获得学校中唯一的一个工读生位置(替学校管理图书，免去学费还供应午餐)。当时他的经济状况并不好，可是我提出的几次请求，都给了我最快的解决。1924 年元月，我从中学毕业了，辛先生自己也正准备出国，他除了请求学校让我继续管理图书外，又替我找了几个人家(大多是学校教师)晚间为子女温课的家庭教师机会，让我积几文钱秋后升学。”

辛树帜先生为我国著名教育家、生物学家、古农学家，他的“科学救国”的思想这时已深深影响了父亲，就是在他的影响下，自小酷爱文学的父亲在报考武昌高师(也是辛先生的母校)时选择了生物学专业。

这学校唯一的半工半读的位置，使父亲得以坚持上完明德中学。“半工”没有减少他读书的时间和兴致，而他正好利用在图书馆工作的方便接触到明德中学丰富的藏书。他如饥似渴地以极快的速度博览群书，常常是头晚上带回家，第二天就带去还。他除了线装书外，更广泛涉猎了生物、化学等方面的课外读物，包括一些大学的课本；他还读了不少英文书籍，如狄更斯、萨克雷的原版小说，雪莱、拜伦的原版诗歌。他读得快，理解深透，加上他具有特强的记忆力，这为他奠定了坚实的广博的知识基础。

广泛的阅读也影响着父亲的思想和性格。

由于是以“半工半读”的方式完成学业，父亲的学习十分紧张，而家贫还给他带来一些额外负担。二叔曾告诉我们：“我记得当时中学有几何画一门课，准许学生带到课堂下作业。你父亲常是在家伏在小煤油灯下画到深夜，画两张，带到学校，让别的同学挑选一张，挑剩的一张才署名作为自己的作业交上去。这是因为要借用别人的画图仪器，一盒仪器不是我们家能买得起的。”就在这样的艰难困苦中，他在明德中学的学习成绩却一直都非常优异，在同学中十分突出，深得师长器重。也正因读书机会来得不易，他对学习之外的事关心得很少。但他毕竟正是热血青年，又是一个非常敏感富于正义感的人，他痛恨列强的侵略和霸道，曾自发地带着弟弟们把大卷的反对列强及其走狗屠杀中国人民的标语和漫画张贴在街上。“五四”运动的启蒙，使他向往民主、自由，加强了“科学救国”的信念，决心要奋起实现自己的理想抱负。

1924 年夏，父亲以初试、复试两榜均第一的成绩考入武昌师范大学生物系。在每场考试中瘦小的他都交头卷，这引起了巡视考场的湖南省教育司司长李剑农先生的注意。看了父亲的试卷后，李剑农极为赞赏他的才智和学识。

高师虽说免学费，但那时我爷爷在天津做小职员，收入微薄，奶奶带着四个儿子在长沙艰难度日，根本无力为我父亲置办行装和筹措路费、生活费。李剑农先生已从明德中学辛树帜等老师处了解到我父亲的情况，便和他们一起凑了一笔钱，让父亲备了一套被褥等行装前去武昌上学。后来李剑农先生还自湖南设法让父亲在武昌的湖南旅鄂小学兼课。就这样，父亲一边勤奋学习，一边辛勤工作，除维持自己的生活外，还节衣缩食，省下一笔路费，让失业困在天津的爷爷得以返回湖南。

父亲进入武昌高师时还不满 17 岁，在同学中年龄较小。但他的天赋和勤奋使他的功课特别突出，深为同学敬重，是一个全校闻名的好学生。不少比他大几岁甚至十几岁的同学成了他的终生挚友。

父亲非常崇敬张镜澄教授，对张教授的道德、学问都极端拜服。张教授名珽，安徽桐城人。张珽1903年桐城中学毕业后，因历年成绩均属第一，保送日本留学；1906年进入东京高等师范大学博物专科学习植物学，后参加孙中山先生领导的同盟会。1912年回国后一直从事教育工作，是我国现代最早的植物学家和生物学教育家，中国近代植物学的先驱，现代实验性植物生理学和植物生态学的奠基人。他最先自编了我国第一套植物学、植物形态学、植物解剖学、种子植物分类学、植物生态学和植物生理学教科书，为祖国的生物科学教育与研究事业作出了杰出的贡献。张先生1914年来到武昌高师后就再没有离开这所学校。

1924年父亲在武昌高师生物系读书时，系主任张珽已是国内有名的教授，他对系里这名贫困瘦弱、天资聪颖而又特别勤奋的好学生十分器重，多次帮助他，就在我父亲被学校无端开除后张教授还接济过他。父亲对张珽教授的个人感情是极真挚、深厚的。

父亲1941年8月应聘来到武大生物系后，系主任张珽非常了解父亲"科学救国"的抱负，让他发挥自己的业务专长，主讲植物生理学，放手让他从事科研和实验，从不让父亲分散精力去做行政事务。因此父亲在武大跟随张珽教授的九年中，心情是较舒畅的。在"文革"中写的一份检查中，父亲写道："1941年8月，我离开同济到早迁到了乐山的武汉大学，在生物系专讲植物生理。系主任是从前的老师，我不接触行政事务，工作任务又归到了原专业上，除了战时物质生活的困难之外，别无拘束。"父亲对张教授的知遇之恩是非常感激的，他曾说："张教授不但是我的老师，也还是辛院长(辛树帜)的老师。我在武大跟随张老师九年，相依为命(张珽教授患有严重胃病，当时留在身边的儿子又耳聋。因此，在武大时，父亲在生活上非常关心照顾张教授)，谁来(包括辛树帜先生)找我，我都不肯离开武大。1950年夏天，老师病逝，我因'触景伤情'，情绪恶劣，才肯离开珞珈山。"

张珽教授连续在武昌高师、武昌师范大学、武昌大学、武昌中山大学和武汉大学这同一所大学坚守了三十年，父亲认为"一个教师，坚守着一所学校，历尽了艰难困苦，始终不离开，是难能可贵的。"他要以老师为榜样。

1943 年，父亲主动邀集武大生物系张镜澄教授的门生，发起为他筹备一个"连续在一校任教卅周年纪念会"。父亲这样做的动机是纯洁的，用心是良苦的。父亲认为张镜澄教授历尽艰辛始终如一地苦守在同一所学校，其精神非常值得发扬，有深远的社会意义。"足可教育'见异思迁'的个人主义者。'经师易得，人师难求'，'尊师重道'，必须师有可尊之道，张教授在这方面是可以为先的。"另一方面，"那时候，大学教员生活很苦，我之所以要纪念他，并不纯粹是为了温暖他的心情，同时，也还想替他打一点退休后养老的经济基础。"后一点，父亲说"是我的'不可告人'之隐，老师也没有觉察。"父亲为此，专门写了一封信到当时的教育部，希望能争取到一笔钱。可结果令不懂政治的父亲大失所望，当时的教育部长陈立夫请唐山交大另一位老教授出来，一齐明令褒奖，用平信寄了一张书写潦草的奖状后，就再无下文了。

父亲全力筹办的纪念会，极富特色。他把会场布置得古色古香，自己身着蓝布长衫，外罩玄青马褂，扶持着张珽教授进入会场，坐上太师椅，接受大家祝贺。他和同为生物系教授的何定杰，代表"及门弟子"，向老师敬献"杖"与"履"。父亲跪在老师面前，替他脱下旧鞋子换上新鞋子。这富于中国传统文化特色的仪式，表达了父亲对老师的由衷尊敬和爱戴，感动了在场的师生。1948 年，朱家骅任教育部长时，为表示自己"尊师重教"，曾示意武大另办一次"张镜澄任教卅五周年纪念会"，并亲笔书写一副立轴交父亲送给张镜澄作礼物。父亲积极参加了这次纪念会，以另一种传统形式向张教授表达了自己的敬意。

父亲到武汉大学后，专心于教学和实验，以实现自己"科学救国"的理想。

植物生理学在当时是一门新兴学科，对生物系来说是非常重要的课程。武大由于缺乏师资，已多年没开出这门课了。父亲去了以后，从拟定教学大纲、准备教材，到实验室的建设，几乎都是从头开始。刚开始时还没有助手和实验员，一切都得他一人操办，困难可想而知。父亲以极大的热情和高度的责任感忘我地工作着，克服重重困难，很快就开出了植物生理课和实验。

父亲知识渊博，不但在植物生理学方面掌握了世界最新的科学成就，而且对古代生物学典籍和现代自然科学的若干分支，都有较深入的了解，加上他有很好的文学功底，备课极其认真，每次上课的前一夜，都要自己先在房里默讲一遍。因此，他讲的课内容丰富新颖，条理清晰，论证精辟，表达生动幽默，深入浅出，极富启发性，深受学生欢迎。他还经常把课堂搬到大自然中，让学生理论联系实际，把知识学活。在武大的十年中，父亲除主讲植物生理学外，还教过动物生理学、德文、中国文学。无论教什么课，他都是深受学生欢迎的好老师。

植物生理学是一门实验性极强的学科。在抗战后方物资和经费都极端短缺的情况下，父亲迎难而上，千方百计创造条件，让学生能掌握更多的实验方法。那时他的实验室在乐山郊外北斗山的半山坡上(现在那儿是乐山六中的校址)，没有自来水，他买来几口大水缸置于高处，里面分层铺上河沙、鹅卵石和棕衣，将水过滤；再在水缸的下方开个洞，连接剖开的粗竹子，将水引入实验室。当时我们家就住在实验室后面的山坡上，下面就是大渡河，至今，我还记得那蔚为壮观的土自来水装置。没有天平，就用戥子代替；没有玻璃器皿，就把酱菜瓶、泡菜缸搬进实验室。李约瑟参观了父亲的实验室后，曾由衷地赞美他“巧思过人”。

在武汉大学的十年中，父亲以其渊博的学识、精湛的教学、多方面的才华和高尚的品格深受人们尊重。

1987 年复旦大学薛应龙教授在《怀念恩师石声汉教授》一文中深情地回忆道：

1941年秋季开学，石声汉老师应武大生物系的聘请来校讲授植物生理学，全班同学闻听无不高兴。植物生理学在当时是生物系的一门新兴学科，石老师的讲课不但内容丰富新鲜，并且讲得深入浅出，条理清楚。全班同学对石老师的渊博学识无不钦佩，我更是佩服得五体投地。当时我们已是四年级学生，都已选好论文题目并确定了导师。记得我的论文题目是"乐山地区药用植物的分类"。由于我当时对植物生理学的入迷，在完成毕业论文的同时，请求石老师指导我做植物生理方面的研究。使我永远感激的是石老师没有把我看成朽木不可雕，而是同意我协助他进行一项科研工作，题目是"白头翁(毛茛科)雌、雄蕊性器官的动态变化"，通过这一工作使我第一次实际认识到环境条件和植物内在因素对生理过程的影响。在石老师的指引下，我决心今后从事植物生理的教学和研究。也是机缘凑巧，1942年夏在我毕业的时候，一方面由于高尚荫老师的推荐，另一方面我直接致函清华大学农业研究所植生室主任、当时最著名的植物生理学家汤佩松教授，表达了我对植物生理学工作的向往，希望能到他的实验室从事植物生理的研究。幸运的是，汤佩松教授接受了我的请求，从此我在植物生理领域中从事教学科研将近半个世纪至今。如果我在植物生理学方面有所贡献的话，饮水思源，首先应感谢声汉师，是他的讲授使我具备了扎实的植物生理学基础，更重要的是引导我登上了植物生理学的方舟，这是我终生难忘的。声汉师知识渊博，不仅是植物生理学，就是植物分类、植物生态以及形态解剖等领域都有很深的造诣。声汉师的学问也不是只停留在书本上，而是有着丰富的实践经验。我记得很清楚，在声汉师一年的教学中，多次利用星期天带领我们班上同学到野外郊游。这不仅仅是为了观赏景色，陶冶性情，更有意义的是循循善诱地引导我们注意路旁不同生长发育的植物与环境的关系，以及分析生长发育形态的差别可能与内部生理过程的联系，使我们把知识学活了。声汉师这种引导方式，无形中还交融了师生间的感情，使我们深深感受到声汉师不仅是位学者，更是一位长者。同石老师在一起，大家都感到轻松愉快。声汉师性情豁达，待人和蔼，说话有时非常幽默风趣，常引得听者忍俊不禁而爽朗发笑。但是在幽默中我们可以体会老师善意的批评或提示。……有一次，我们上植物生理课，临时改了教室，事先没有通知石老师，我们担心石老师找不到教室。可是上课铃声刚响，石老师就进了教室。我们不禁纳闷石老师如何知道教室改在这儿的？声汉师风趣地说："本来我不知道，但一想只要听听薛应龙的声音在哪里，教室也就找到了。"一番话引得全班同学哈哈大笑。事实上石老师的话是寓善意提示于幽默之中了。从那以后我常常注意场合而控制自己的大嗓门……

与声汉师相处愈多，愈能领会声汉师的高尚品格和无比才华。他为人正直不阿，疾恶如仇，不求名利有君子之风。声汉师的才气美名在生物学界老一辈学者中是遐迩闻名的。石老师不仅在植物生理学界和古农学界是著名学者，就是在汉文学方面无论是诗、词、古文也无不精通；在西方文字方面，不仅能用英语、德语讲学，就是对拉丁等文字也都能运用自如。特别值得一提的是，声汉师的汉字书法，真是字似其人，洒脱飘逸，毫无俗态，为科学界同仁喜爱收藏。作为石老师的弟子，老师曾为我挥毫多幅。我记得声汉师最爱书写辛弃疾稼轩词以赠人。在我毕业那年从乐山赴昆明时，行前声汉师写了一首稼轩词《定风波》送我，后来声汉师又陆续写了几首稼轩词送我，记得其中有《满江红》及《破阵子》两幅。声汉师选书的几幅稼轩词，细细捉摸，无不隐含着吾师述怀之意。十年动乱时期，声汉师送我的几幅手书都被抄，以后也没有再物归原主，这是我终身感到遗憾的事。声汉师的一生是奉献的一生，他的贡献将永远留在人们的记忆中。有声汉师这样的老师，我感到自豪；作为声汉师的学生，自己丝毫没有辱没师门，同样使我感到自豪。

父亲在武大时的另一位学生孙顺潮，即漫画家方成先生在《我的老师石声汉先生》一文中深情回忆道：

> 我在武汉大学读化学系，和读生物系的同学、现任复旦大学教授的薛应龙，在宿舍中有邻床之谊，便也和生物系的师生常来往。石声汉先生是生物系很有声望的教授，我早有仰慕之意。1942 年，我入黄海化学工业研究社任助理研究员，声汉先生兼任研究员，我们开始有一些交往。我的毕业论文是在这个研究社里完成的，声汉先生是我的导师。在学校我没上过他授的课，不知道他有多深的学问，只知道薛应龙对他佩服得五体投地。黄海化工研究社是国内有名的研究机构，他能被聘任研究员，自非等闲之辈。在一次丧礼中，声汉先生致悼词，词情悲切，读时声泪俱下，感人至深。我惊奇地发现，他作的悼文，竟是古雅的楚辞，非深通古文是写不出来的。我那时二十五六岁，声汉先生也就三十多岁，比我大不了很多，这使我也佩服得五体投地了。那时他还未留胡须，穿一身灰布大褂，朴实得像小学老师。但看他炯炯有神的双眼，谈话时讲得深刻入微，脸上不时浮起意味深长的微笑，又坦率平和，使人感到信任和友情。因之我们相处，既是师生，又是朋友，无话不谈，他还讲笑话，开人的玩笑。我深爱他的正直和湖南人性格中常见的刚毅，喜欢他的宽厚和幽默感。可惜他经常在乐山，我在五通桥，相隔几十里，抗日战争期间大家都很穷，交通不便，难得去拜候。后来我离开黄海，他也离开武大，各奔东西，我又改行从事文艺工作，距离又远一程。但声汉老师的严谨治学精神，尤其是高尚的人品和对我深厚的情谊，我是毕生难忘的。

这种建立在对老师真心崇敬和爱戴基础上的深厚师生情谊是超越时空的。五十余年后的 1992 年，当西北农业大学隆重纪念父亲诞辰 85 周年时，已年过七旬的薛应龙教授不顾病痛，拄着双拐专程从上海来到陕西杨陵参加纪念大会，并在大会上作了情感深挚的发言。他指出：“先师石声汉教授是我国少数老一辈著名的植物生理学家之一，对促进我国植物生理学科的发展有着重要贡献。……石师对植物生理学有极深的造诣。20 世纪 40 年代初植物生理学在当时还是门新兴学科。石师在讲课时已尝试将生理和生化过程结合起来阐明事物的本质，强调要正确认识内因和外因相互作用的辩证关系，并深刻阐述了单因子和多因子作用之间的辩证关系。他还经常带领学生到野外观察田间、路旁不同生长发育的植物与环境的关系，分析和讨论生长发育的差别及可能的内在原因。声汉师的这些教学观点和方法对引导我们正确认识和分析生命现象有着重要意义，使我们终身受益。”

（选自《用生命去创造：记我的父亲植物生理学家和农业历史学家石声汉》，西北农林科技大学出版社 2005 年版，作者系石声汉之女）

恩师弘远院士和周嫦先生

孙蒙祥

我的老师杨弘远、周嫦二位先生常强调做科学家要先学做人。我理解这是说做一个正派、严谨的人是做一个优秀科学家的基础。长期和老师接触、交谈，对老师的经历和对人对事的态度有较多的了解。这些年我也在不断地回顾旧事，总结和思考老师的成功经验，希望能得其一二，有所进步。

《赏花拾趣》

杨先生逝世后，我们编辑了《赏花拾趣》，将两位先生的摄影作品汇成一书，以资纪念。我为此书写了短序。其中谈到一些事正是此刻我之所想。“恩师杨弘远先生和周嫦先生半个世纪相濡以沫，形成了共同的情趣爱好。每每外出郊游，不喜庙堂，独近自然，尤好观赏树木花草。两位先生大半生忙于科学研究，一直无暇顾及个人爱好。1994年周嫦先生不幸中风，因行动不便而在家休养，熟悉的生活节奏和模式因此发生了巨变。自此，杨先生便总惦记着如何给周先生变换一下生活环境，如何给生活增添一些乐趣以便周先生康复。花前树下便时常出现满头银发的杨先生推着轮椅陪伴周先生郊游的身影。两位先生陶醉于花丛之中，走走停停，指指点点，时而开怀大笑，时而妙语连珠。常引得路人驻足瞩目，羡慕不已。于是，杨先生爱上了花卉摄影，周先生学会了幻灯制作。每年好友同事们都会收到他们精心拍摄、着意制作的赏花专题片。有一阵，周先生非常高兴又学会了幻灯片配乐技术，我们因此又常常在赏花的同时沉浸在美妙的音乐之中。”

“由于周先生行动不便，远足就受到极大限制。位于磨山南麓，东湖之畔的中科院武汉植物园就成了他们常去的地方。植物园的地理位置得天独厚，加之近年励精图治，将其科普教育、服务社会的功能发挥得淋漓尽致。大型花卉展览、特色游园活动此起彼伏。尤其方便的是植物园不仅收集了各大洲奇异花卉，还给每种植物都标注了科属名称。两位先生本是植物学家，不免常关注近缘种植株形态的差异，植物对环境的适应性等，赏花之中，较之常人又多了诸般乐趣。于是，他们制作的赏花专题片中又多了花卉辨别要点，花器官变态趣谈等一般摄影学家难以表现的内容。这期间，周先生尤其关注那些逆境中成长，毁损后重生的植物，感悟生命的坚强与伟大。”

这里记叙的是两位先生对生命之壮美的礼赞，对生命之多彩的礼赞，对生命之顽强的礼赞。展示的是他们对彼此的爱，对家庭的爱，对大自然的爱，对生活的爱。正是这种伟大的爱感染着他们的学生，感染着我们，让我们在风雨中仍然充满着对灿烂阳光的追求，在纷杂的俗世中保持着一颗淳朴之心。

弘远先生

20世纪70年代末，杨弘远与周嫦在水稻花药培养实验中，意外地观察到子房中出现异常的变化，他们抓住这一偶然的发现，由未传粉子房中培养出单倍体植株，并于1980年在《遗传学报》上报道了这一研究结果。他们意识到这是一片未开垦的处女地，慎重而果断地进行了研究战略的转移和部署，开始了长达10年关于离体雌核发育的实验研究，和研究生一起相继在多种植物中通过未传粉子房与胚珠培养诱导出单倍体植株，继而从胚胎学上揭示了“离体孤雌生殖”与“离体无配子生殖”两种类型的发生与发育规律。1981年，在国际刊物*Plant Science Letters*发表了这方面用英文撰写的第一篇原始研究论文；1982年在*Theoretical and Applied Genetics*上又发表了首篇关于这方面的综述，引起了国际同行的重视。在子房培养成功的基础上，他们开始探索子房内的核心部分胚囊的分离。胚囊是受精的场所、孕育胚和胚乳的温床。胚囊的分离不仅提供了一种整体观察胚囊结构的手段，更重要的是开拓了直接操作生活胚囊的前景。1982 年，他们在《植物学报》上发表了这一研究结果，1985 年在国际著名刊物 *Planta* 中作了更全面的报道。此后，国内外不少单位都开展了分离胚囊的研究，并推进到卵细胞分离，为 20 世纪 90 年代离体受精的突破奠定了一定的基础。杨弘远与周嫦及由他们指导的研究生在这一研究方向上所获成果，于 1991 年获国家自然科学奖。同年，杨弘远当选中国科学院院士。

杨弘远院士还敏锐地觉察到发育生物学是 21 世纪生命科学前沿学科之一，而植物生殖生物学正在融入发育生物学这个更宽阔的学科领域，从而因势利导提出发展植物发育生物学的战略目标，并主持了国内高校第一批"211 工程"重点学科植物发育生物学建设项目。1992—1996 年，他主持了国家自然科学基金重大项目"植物性细胞操作系统的创建与发育生物学研究"，1998—2001 年，他主持了国家自然科学基金重点项目"植物受精与早期胚胎发生过程中基因表达的发育生物学"。通过 10 多年的研究，先生领导的科研集体在植物生殖与发育生物学领域上了一个又一个新台阶。先后获得 1991 年国家自然科学三等奖、1997 年国家教委科技进步奖一等奖、2003 年湖北省自然科学奖一等奖、2004 年国家自然科学二等奖。共发表学术论文 190 多篇。他的论著中除了原始研究论文外，还包括不少综述论文，就学科发展或若干重要专题提出自己的见解。20 世纪 80 年代末，他指出植物实验生殖生物学的新方向是性细胞与原生质体的操作。该文的观点后来在 1992 年的 *American Journal of Botany* 上以特邀论文发表。

杨先生的成就无疑是令人赞叹的。上述成果似乎表明他总是有先见之明，能先人一步，所以才能成功。其实并不尽然。多年来，杨老师有一个基本的人生态度，就是老老实实做事，做实事，做于人于己有益的事。杨老师的受人尊重在于此，杨老师的成功也得益于此。这句话看起来简单，做起来很难。尤其是50年来政治风云变幻，各种诱惑纷至沓来，要守身如一，谈何容易。在杨老师的经历中“文革”期间是一个重要阶段。那个时候以革命的名义进行的各种活动把所有的人都卷入其中。各种风云人物一批又一批，很少有人能抵住诱惑。但杨老师行事与人不同。我听说大家都必须开会时他也按时参加，别人读毛主席语录他也读，但他拿的是英文毛主席语录。从他的自述中可见，别人忙着搞运动他一头扎入旧仓库，读文献，记了几大本科学进展笔记。正是由于这些积累，使他在“文革”后一冲而起。在荒芜的科学园地成为一棵大树。有些人不服气，我也听到一些议论，说他早有准备。看他在开会实际在背单词。言下之意，如果我们有所准备未必科研就上不去。那么为什么当时不背单词呢？组织开会，抄大字报耽误了时间。如果说那时杨老师就有超凡的远见卓识，预见几年以后一定会改革开放，我看也有些苛求于他。可他怎么会想到先人一步去学外语，查资料呢？有些他的同辈人也百思不得其解。我想这其实与他的人生态度，个人信念有关。他只想做些踏踏实实，于人于己有益的事，没有政治奢求。而那个时候，选择学习，补充自己是唯一可做的，既不害人又对自己有利的事。事情可能就这么简单。他可能并没有预见到自己的成功。但他相信老老实实做事，做实事，做于人于己有益的事，惠人且终将受益。

周嫦先生

周嫦先生也是武汉大学生命科学学院教授，博士生导师。虽不幸突然中风而右侧瘫痪，但她却以惊人的胆识冷静面对残疾，振作精神，开创了多彩的新生活，为我们树立了另一种人生的榜样。

曾有撰文记叙其感人事迹：“周先生右手不能动，她开始训练左手做事，努力争取更多地生活自理。右手不能写字，她便从头学习用左手写字，从一笔一画练起，逐步做到能够用左手撰文，修改论文、评审稿件，以后进而学习用左手电脑打字，并逐步做到编著和撰写书稿。”“自2001年至2012年周先生先后出版了《微笑面对现实》《冬菊与宝石花——科学家讲故事》《井底之蛙走四方——科学家讲故事》《赏花拾趣》等 8 本不同类型的书籍。《微笑面对现实》是周嫦病后抒怀的文集，反映她如何面对残疾，如何建立新的晚年生活以及当时的思想变化。这在许多老人与残疾人中引起共鸣与启发。她的儿童科普故事包括《冬菊与宝石花——科学家讲故事》《井底之蛙走四方——科学家讲故事》《花仙子传奇——科学家讲故事》和《奇迹！真是奇迹——科学家讲故事》4 本书，内容为生物题材。《冬菊与宝石花——科学家讲故事》与《井底之蛙走四方——科学家讲故事》于 2007 年被国家新闻出版总署列入向全国青少年推荐的 100 种优秀图书目录。”“此外，周先生还学习用左手绘画，进而学习电脑绘画，最后为杨弘远撰写的《植物生殖寻幽探密》(科学出版社 2009 年版)一书用电脑绘制了 39 幅专业图解图，质量达到了作者与科学出版社出版要求的水平。一个过去毫无绘画基础的老人能够做到如此程度实属不易。”

周先生是一位残疾老人，她竭力争取老有所为、老有所学、老有所乐。一位残疾的老年科学家身居斗室，伏案神驰，以她对生命的热爱，构思、创作出一篇篇文稿，又用她瘫痪后仅存功能的那只左手，一笔一画地让这些书稿从笔尖缓缓流淌到纸上、电脑里。她本人在工作过程中感受学习与工作乐趣，充实了晚年生活。她更希望读者阅读她的作品时心情愉快，并从中汲取有益的精神营养。这是她留给我们的宝贵遗产，她生命不止、自强不息的精神，为我们展示了一个科学家、一个内心充满爱与阳光的人的生活态度与追求。

幸遇杨周

我最初知道杨弘远老师，是他的一件全国轰动的成果——在水稻花药培养实验中由未传粉子房中培养出单倍体植株，这在国际上是首次，也是开创性的。

我第一次联系杨老师，是我当年在其他学校工作时只讲课、难以科研，我找杨老师说了我的难处。先生是很少找人说情的，但那次他帮了我，因为他的声望与帮助，我很顺利来到武大学习工作。他当时问我为什么要过来要跟他深造，我说希望能做植物体外受精。那时全世界只有3家，就是德国人和我们还有荷兰人能做这个，尽管我们的手段是土法上马。杨先生要招对他所从事的事业有兴趣的人，我算是找对了人。我那时大学毕业参加工作不久，在华中农大教书，对自己未来的事业满怀期待，因此对杨先生的创新和武大非常向往，向往在这个领域里做些事情。此前我也做了，但不得要领，就下决心考了他们的博士生。因为杨先生和周先生是一个实验室的，所以认识杨先生自然也认识了周先生。杨先生对我攻读他博士生的计划表示支持，为此，当原来学校不想放人时，一向不屑于徇私情的杨先生专门去做了工作，所以1991年之后，我如愿以偿地成为他们的博士生。

在后来攻博的3年里，我在《植物学报》也就是我们这个领域的一级学报上发表3篇论文，每一篇的草稿我都留着直到现在，因为杨先生每一字都改过。我自己反复琢磨先生修改的地方，看不懂我就去问他，所以我的功夫练出来了，行文简洁明了，逻辑清晰了，没有废话了。当年《植物学报》享誉全国，发一篇很难，而我3年发表了3篇。没有杨先生的精心培育我做不到这些。

杨先生和周先生他们两个在一起有优势，周老师是留苏的，能从俄文资料里找到一些线索，然后和杨老师一起将其扩充开来。后来他们连续不断地获得重大突破和世界影响，美国植物学会主席詹森邀请杨先生去美国作了报告，在国际上引起了很大反响，对我们年轻学者是极大鼓励。我读博士时，先生开始指导我把卵细胞批量生产出来，建立了单对细胞的融合技术，完成植物性细胞的融合。我那时实际上是一直想出国的，但先生和武大一直挽留我，我没有走成。更重要的是，我博士毕业前后，周老师病了，杨先生工作家务两头忙，实在忙不过来，科研他只能问一下，我就彻底放弃了出国的念头。

周老师的病成了他们晚年科研和生活无法回避的一劫，而这病也可以说是因科研而起。他们的女儿们都在国外，他们俩每天的时间基本上是在实验室，晚上回家谈论的也是实验室的事。其实他们所有的时间几乎都给了科研。科研成了两先生的目的和归宿。周老师在那种情况下还是自强不息，以自己的童话、科普作品贡献于社会，直至她生命的结束也是长期的积淀使然。我现在也这样想，要活得有质量有意义。

周先生的病也让我们认识了杨先生的另一面即作为丈夫和家庭成员的一面。记得周老师生病之后，杨老师专门买了面包机，不断做各种各样面包出来，换着样子给周老师吃。他一直担心，万一自己早走，周老师怎么办？谁照顾她洗澡吃饭？孩子们都不在身边。杨先生的早逝与周先生的疾病有一定的关联。

杨先生教我们，做学问就老老实实做学问，不可以鱼与熊掌兼得。他自己就是这样做的。他是湖北省政协委员，总说要退出。他的想法就是教授就要心无旁骛才能有所进步，耽误精力耽误时间做学术之外的某些事情不仅是用心不一而且是风气不正。我不知不觉也完全接受了先生的价值观念。杨先生说我的性格适合做学问。他对我说起他父亲的历史经验，以及他母亲的教训——一个著名教授又成为旧国大代表，结果被毁灭得更快。他诚恳地要求我，如果不是有很大的政治抱负就不要去弄，不要舍弃了专业，而科学家任何时候总是对国家有用的。我现在仍在先生给我选择的路从不懈怠地行进——能走多远就走多远。抓紧时间把科研弄得再好一些。两位先生作为导师希望我少付出一点代价，老老实实做学问，肯定是没有错的，要守住一条。

两位先生做学问，是非常认真细致，因为只有如此你才能有所发现，否则是很难在科研上前进的。所以我写了个大标语，挂在实验室里，就是“细节决定成败”。我们的巨大成功都源自细节。两位先生以前每天都和博士生们一样做小孢子培养，是单倍体植株，过去叫细胞工程，后来周老师发现有些小孢子的外壁是裂的，和其他的不一样，开辟了一个新的领域——花粉原生质体的培养和应用。这个是他们的首创，源于看见小的苗头并把它抓住。

两位先生一直对我们每一个学生言传身教，他们一直待在实验室里，亲自指导学生，直到五十几岁了，周老师在偏瘫之前他们一直在实验室里，学生做学生的试验，他们自己做自己的试验；否则，你当导师就是空的，指导不了学生。我现在也是这样，与同学们没有距离，身先士卒，他们看在眼里，基本上没有休息过，这就是培养学生很有用的细节。

我这个年纪，以前没有觉得，现在体会更深。对我们今后，对年轻的一代，尽可能地做些事情，一代代传承。年轻人与我们不同，但他们能否坚守，与我们导师的人格引领密不可分。我要传承给我的学生的，就是二位恩师的学术坚守。这是他们的人格尊严，是武大的师德师魂，是中国的核心竞争力。我慢慢在学习他们。

二位恩师做的是细胞层面的，我做的是用现代分子学研究植物受精等的分子机制，我们 2015 年获得了教育部自然科学一等奖。关于分子生物学的分子机制，科研队伍里很多人都落伍了，但是我们跟上了时代的步伐。我当选国家杰青、全国科研先进工作者，“973”首席科学家也当了 10 年了。所以算是没有辜负二位先生的期望。我的很多学生在各个高校任教。我目前正在培养后备梯队，培养青年科学家，把我们和先生们一起拼搏建构的在全国有影响的植物生殖学科的大旗扛下去，把武大的研究特色坚持下去。这就是我现在的一点希望。

以前两位先生经常提醒我要按时吃饭，要注意身体，要细水长流。杨先生后来不工作了、当顾问的时候，他有点心得，比如买了半成品的好吃的，总是来介绍给我们，说好吃，省时间，你们也买些去。周先生老拿自己生病的前因后果教育我，记得有一次她说，东湖公园宾馆好啊，适合疗养，你一定要带着家人休息一个星期。因为我太太曾向她告状说我许诺了十年的一个旅行计划从没兑现。两位先生的关心时常激励着我。现在，我也试图把两位先生对我的关爱体现在我的学生们身上，我现在的目的是把年轻人再扶一把，告慰老师们的灵魂。我要用我们的成绩告诉二位先生，我们没有落伍，跟上了时代的步伐。希望年轻的一代做得更好。

（作者系武汉大学教授）

我眼里的恩师朱英国院士

黄文超

初识先生

1996年，我考取了四川农业大学，通过4年的学习之后，我又继续在本校攻读硕士研究生。2003年年初，离我硕士毕业还有近半年的时间，我的指导老师曹墨菊教授来到武汉大学，进入朱英国先生的实验室开展植物雄性不育研究，曹老师了解到我要继续深造之后，积极推荐我报考先生的博士研究生。曹老师告诉我说，先生是一位人品很好的教授，学术成就也很高，在领域内十分出名。得知这个消息后，我就认真学习，积极备考。在考前约一个月，我来到了武汉大学，一想提前熟悉环境，二想见见先生。我怀揣着一颗紧张而又忐忑的心来到了先生的办公室，初进先生的办公室，看到的是一个房间被隔成了两个非常狭小的单间，外面是先生的助手工作的地方，里间才是先生的办公室，这与我之前想象的有些不一样。一进入先生的办公室，我看到了一位头发花白，脸上有些白斑，但精神非常好也很和善的老者。先生很热情，站了起来，用略带罗田乡音的普通话招呼我坐下，还去拧起水瓶倒了一杯温开水递我手上，问我叫什么名字、从哪里来，此时此刻，我心里完全没有了先前空间狭小的那种感觉了，也不再紧张和忐忑，那种感觉就像回到了家里一样，轻松而又温馨。我对先生的问题一一作答，先生随后说，欢迎报考武汉大学，国家现在急需具有农学专业基础的人才，并向我介绍了团队的一些研究成果，这让我热血澎湃，更加向往加入先生的团队，去学习和提升自己。先生还仔细询问了我报考所使用的专业参考书及我的住宿条件等，这让我感到先生的心是如此的细腻、如此的温暖，我明白，我又遇到了一位非常非常好的老师。

一腔热血找到了方向

2003 年 4 月，我以优异的笔试成绩考入武汉大学，考取了先生的博士研究生，但还要通过面试才能入学。先生知道我是四川人，学校在四川雅安，从雅安到武汉有上千公里，路途遥远，于是亲自打电话给我的硕士研究生导师荣廷昭院士，委托他组织有关老师，在四川农业大学对我就地进行面试。不用再跑一趟，我当时还懵懵懂懂，只感觉到先生肯定是位好老师，今后定要跟随先生努力学习，勇攀科学的高峰。后来我才知道，先生是担心我路途遥远，来去辛苦，他是要通过这种方式来爱护我、爱护学生。我的面试成绩也很优秀，这样我就很顺利地考取了先生的博士研究生。7 月，离入学还有近两个月的时间，在四川农业大学办理完毕业相关手续后，我未做丝毫的停留，家也没回，就买了前往武汉的车票，我想早早地来到先生的身边，聆听先生的教诲。7 月的武汉已经开启了高温模式，但我完全感觉不到这些，我唯一想的就是能够尽快见到先生。来到武汉大学安顿好之后，我再次来到了先生的办公室，这是我第二次见到先生，先生还是如此的亲切、和蔼，一如既往地关心着我的衣食住行。这一次，先生问到了我攻读博士期间的研究计划。坦白地说，我心里还真没有任何研究计划，也没有明确的研究目标，我有的只是一腔热血，一颗全身心投入科学的誓死决心。我如实告知了先生我的情况后，先生并没有批评我，而是很和蔼很耐心地告诉我，要深入了解实验室的研究工作，跟随师姐师兄们学好技术、打好基础，也要多读文献，尤其是英文文献，跟紧国际研究前沿的步伐。先生说，做科学研究既要埋头苦干，也要抬头看路，这是多么浅显易懂而又深刻的道理啊。先生也谈到了红莲型杂交水稻，让我多了解水稻雄性不育与育性恢复方面的知识。之前我一直都是以玉米为对象开展研究，完全没有接触过水稻，是先生让我生平第一次知道了这个世界上有一种水稻叫做“红莲型杂交水稻”，还让我生平第一次知道了“红莲型杂交水稻”是国际公认的三大细胞质之一，以前那么遥远、那么伟大的科学其实就在我的身边，我激动万分。离开了先生的办公室，我知道，我的一腔热血已经有了方向。

领受核心科学任务

来到武汉大学，我的首次试验是在校内的试验田里做的，先生让我从最基本的水稻杂交开始。8 月，武汉的太阳是毫不留情的，肆意照耀着大地，我第一次体会到了武汉是全国四大火炉之一的名声绝不是虚得的，更为要命的是水稻的开花时间偏偏就集中在太阳最直射地表的时刻——中午 12 点左右，必须抢在那个时间点去田间授粉，方能杂交成功，否则将颗粒无收。我每天头顶烈日，脚蹬长靴，身穿长袖，汗水像“决堤”的泪水一样，数度模糊了我的双眼，而我却像士兵一样，始终高昂着头、挺起了胸，无比忠诚地守卫在稻田里做着杂交试验，因为在我眼里，我守卫的是这个世界上最伟大的一项科学，我感到无比骄傲和自豪，丝毫没有觉察到路人投过来的异样眼光。有一天气温特别高，太阳似乎是要把自己的全部能量都赐予大地一样，特别热，尽管我自小就在农村生活，具有极好的大自然耐受性，但这样的火热炙烤已经达到了我的生理承受极限，我那颗坚守的心开始了动摇。就在那个时候，先生来了，他来到了试验田，喊出了我的名字，那时我正低着头做着水稻杂交，一抬头看见了先生，很是诧异；先生没有戴帽子，更没有打伞，肩上就搭了一条毛巾，那条毛巾有些旧，泛白，已让汗水浸得湿了透。先生站在试验田埂上，一面擦着啪啪直滴的汗水，一面关切地询问我喝水了吗、要防止中暑及试验进展怎样；见到先生，听到先生的询问，我心里顿时觉得好凉快，凉快透顶了，早已把太阳炙烤那种难受的感觉抛到了九霄云外。我自豪地跟先生说，已经完成了 304 个单株的杂交，今天就能完成好任务。先生很是高兴，我想，那时先生应该也和我一样，心里装的只有水稻，因为我看到了先生在稻田里的灿烂笑容。先生告诉我说，等试验完成后就去他办公室，先生在那里等着我。当天下午，我就兴冲冲地来到了生命科学学院大楼的第三层，先生的办公室就在那里，紧挨着的就是先生的实验室，也是我今后完成博士学业的地方。先生还是那么的温和、细心，关切地询问着我的衣食住行和身体状况，先生看着我说，文超，你很能吃苦，具有吃苦精神，我们现在想把一项重要的研究任务交给你。听先生的语气很是严肃，我心里一紧，感觉到了这项研究一定非常重要，时至今日，我深刻领悟到了这项研究是先生提出并毕生坚持的一项核心科学任务。随后，先生用商量的语气说，我们打算把“红莲型杂交水稻恢复基因的克隆与分子机理”的研究任务交由你去完成，你觉得怎么样。我当时也没多想，就觉得先生是多么重视我，多么信任我啊，我立刻向先生表明了态度，坚决接受并完成好这项研究任务，语气坚定而又激昂，先生会心地笑了。

研究挫折与坚守

领受这项研究任务后，我立刻全身心地投入研究中，我首先要突破的是构建出高质量的水稻基因组文库，这项工作的技术性非常强、繁杂，需要提取大量的质粒载体，利用超速离心机进行纯化，并提取水稻大片段基因组 DNA，利用限制性内切酶进行消化，脉冲电泳分离，连接转化，最后获得水稻基因组的阳性大片段克隆，从而成功构建出基因组文库。以前我从未受到过这方面的训练，没有一点基础，这项工作对我具有极大的挑战性，但我心想，绝不能退缩，不能辜负先生对我的信任。于是我从最简单的质粒培养、收集和提取开始，不断地向师兄师姐和同学们请教，先生也时刻鼓舞着我，帮助我分析实验中遇到的各种问题，还不时提醒我多看文献、多交流，渐渐的，我对这项实验树立起了信心，沉浸到了实验中去。2004 年 1 月 21 日，农历 2003 年大年三十，我没有回四川宜宾老家，依然沉迷在实验当中，那时我的眼里、脑里、心里，全是水稻基因组文库构建实验。实验室的其他人都回家过年了，就我没回，那天先生一直在他办公室，陪着我，先生还来到实验室，让我给远在千里的亲人打了个电话，报声平安；接通电话后，我告诉父母，先生就在我身边，与我一起过除夕，父母很激动也很高兴，不再担忧，要求我好好跟着先生学习，不用担心家里事情。第二天，大年初一，我早早地来到了学院，整个实验大楼除了值班人员外，空荡荡的，没有任何一个人，还没走到实验室，我就看见先生的办公室是开着的，心想糟了，谁进了先生的办公室了，当我走到实验室门口一看，很是吃惊，发现里面是先生，先生也看见了我，微笑着向我说新年好。在这个最重要的传统节日里，先生没有陪伴家人，却守护在我的身边，与我共进退，那时那刻，我感动得心都快要碎了。扭头进入实验室后，我流下了滚烫的泪水，那是我时隔 12 年后的第一次泪水（12 年前初中还未毕业，我曾流过叛逆的眼泪），我悄悄擦去。在付出了近一年多的艰辛之后，临近 2004 年春节，我终于成功构建出“籼稻 9311”大片段基因组文库，我第一个向先生报告了这个好消息，先生笑了，笑得很开心，我知道先生是由衷为我所取得的这个小小进步而感到开心。也是那个春节，我依然没有回家，大年三十、正月初一，这些传统节日继续与我无缘，擦肩而过。我暗下决心，一定要在先生的帮助下，以此为突破口，趁热打铁，继续深入。但试验远非我想象的那么简单，又经过近两年的时间研究后，我们的研究工作突然崩塌，重新回到了起点。2006 年 6 月，是我们的博士毕业季，看着身边的同学各自带着沉甸甸的成果如期毕业，我的内心五味杂陈，无比失落。我独自一人来到珞珈山顶，坐在石板上默默地发着呆，就在这个时候，先生通过电话找到了我，让我赶快到他的办公室，我带着迷惘，带着忧伤，来到了先生的办公室，先生依旧带着笑容，那么的和蔼、亲切。先生让我坐下后，同样，倒了一杯温开水递给了我，先生详细询地问了我的家庭情况，我告诉了先生家庭挺好的，爱人一直都很支持我；先生听了很高兴，要我孝顺岳父母，保护好爱人，爱护好家庭。先生向我谈起了他的人生经历，20世纪70年代，先生被任命为湖北省三系杂交水稻协作组组长，带领50余人在沔阳(现今的仙桃)排湖农场开展协作研究，当时所有人团结一心，互帮互助，取得了很好的进展，但后来种种原因，协作组被强行拆散了，先生所付出的辛勤汗水付之东流，先生没有怨言，更没有放弃，先生想尽一切办法，组织团队从零开始，坚持水稻研究，最终取得了一系列令人瞩目的成果："马协型"杂交稻选育成功，获得国家技术发明二等奖，"红莲型"杂交稻的种子生产也取得重大突破，被大面积推广应用，2005年被评选为中国工程院院士，带领着团队正大步向前。我突然领会到了先生的良苦用心，先生是在用切身经历向我传递着那种永不言弃、百折不挠的精神。我看到先生的眼里全是刚毅，并充满着对我的信任，先生要我不放弃，勇敢面对，并做我最坚强的后盾，先生的话语再次激起了我内心深处的渴望，我渴望去探索红莲型杂交水稻恢复基因的奥妙，有了先生的开导和支持，我义无反顾。

成功克隆红莲型杂交水稻恢复基因

2006年11月，我重新准备了实验材料，带到了海南南繁基地种植。2007年3月，先生来到海南研究基地，穿着长靴套鞋(海南田里常有水蛇、石块，防护用)，拄着一根竹头棍子(用于察看水稻的生长势)，带着我来到试验田，亲自教我把水稻单株一株一株套袋自交，以构建更大的遗传作图群体。有了曾经的失败经历，这一次我套袋工作做得特别仔细、认真。3月26日，接到家人电话，我妻子生产了，是个儿子，我连忙把消息告诉了先生，先生听后非常开心，叮嘱我把田间工作结束后尽快回家，照顾好家人。40天后之后，我收完水稻种子，才安心地回到了武汉，看到摇床里的小生命和默默守护在旁的爱人，我内心充满了愧疚和感恩，愧疚对家人照顾不周，感恩有妻如此。8月，先生号召实验室十多位同学和我一起，在武汉花山基地对由2万多个单株组成的遗传作图群体逐一进行花粉的育性调查，这有着很大的工作量，我们住农家、打地铺，大家团结起来，无私奉献，克服了重重困难，足足奋斗了两个多星期才获得了全部数据；最后，我们通过遗传分析才发现，“红莲型”杂交水稻的不育性是由两对独立非等位的核恢复基因所控制，分别被命名为Rf5和Rf6。由此我们提出配子体细胞质雄性不育作物的双基因恢复模式。双恢复基因模式对于指导红莲型水稻和包台型水稻及其他配子体细胞质雄性不育作物的强恢复系选育具有重大的实践指导意义，得到了国际公认。随后，我们又把恢复基因Rf6定位在第8染色体，并进一步进行了精细定位，通过农杆菌介导法，功能互补验证了PPR894为RF6，为一个崭新的恢复基因。从而最终成功克隆到了“红莲型”杂交水稻这个重要的恢复基因，接着，我们又利用酵母双杂交技术鉴定出了RF6的重要互作蛋白OsHXK6，并建立了RF6恢复“红莲型”杂交水稻不育性的分子模型，相关成果于2015年发表在《美国科学院院》(PNAS)上，受到了领域内专家们的瞩目和一致好评。这是先生的坚持，不放弃，耐心等待，亲力亲为，才让我们取得了这样突破性的成果，这也让我在科学的道路上得到了充分的锻炼。当得知PNAS接收发表该项成果时，先生还在北京出差，我就在他身旁，我看到先生的脸上露出了欣慰的笑容，久久未能消失。

兼任秘书，见证先生为国操劳至生命的最后一刻

2010年1月，我留校工作，兼任先生秘书，协助先生处理一些日常事务的同时，也继续从事着恢复基因Rf6分子作用机制的深入研究工作。兼任先生秘书后，我有了更多的时间和机会去接触先生、了解先生。先生胸怀宽广，待人宽厚。先生的心像无穷尽的大海一样，无比宽广，和先生相处的那些日子里，先生从未批评过我，也从未批评过他人，曾有一次我向先生倾诉委屈，先生告诫我要严于律己，宽以待人，并要我学会包容他人，善待他人。在先生执教50周年的座谈会上，省里领导、学校领导，那么多的老师、同学、同事们

逐一谈起先生的点点滴滴，先生作为一个大科学家、院士，从小事做起，平易近人，细致入微，谦逊做人，宽厚待人，这些高尚的品质和人格魅力在大家的言语中体现得淋漓尽致。先生温和的性格、谦卑的为人、大海般的胸怀深深地震撼了我。先生热爱事业，将毕生都奉献给了事业、奉献给了国家、奉献给了水稻，直至生命的最后一刻。

先生19岁那年离开家乡徒步100多华里山路，只身来到武汉大学求学，并留校工作，时至今日，已有60个年头。先生留校后，毅然选择以水稻为研究对象，终身与水稻打交道，先生高瞻远瞩，不仅重视基础研究，也重视应用研究，通过53年的努力，在先生的带领下，武汉大学的水稻研究已经形成了基础研究、应用研究和产业化的完整体系，放眼全国乃至全世界，在一所综合性大学能取得如此成就，鲜为少见。工作中，先生除了要面对实验室科学问题上的重重艰难险阻，还要为培育出优异品种，常年奔波在海南、武汉的田间地头，接受烈日的炙烤，条件艰苦，极为不易；先生一生吃尽无数苦头，可从未向人诉说，默默地用钢铁般的意志去克服，用大海般的胸怀去包容。我曾问过先生，那么多的困难是怎么挺过来的，先生告诉我，只要心里装着国家，有着民族，想着千千万万的老百姓，想着自己所从事的事业是在造福全人类，任何艰难困苦和委屈都不再重要了。

2013年7月22日，国家主席、中央军委主席习近平总书记来到武汉大学鄂州水稻基地，专程考察了“红莲型”杂交水稻，并看望了先生。总书记拔起“红莲型”杂交水稻优异品种珞优8号，夸奖说禾苗长得很壮实。先生向总书记汇报了“红莲型”杂交水稻的研究进展。当听说“红莲型”杂交水稻已经在国内外推广面积累计上亿亩后，总书记说您们辛苦了，感谢您们为国家粮食安全所作的突出贡献，提出保障国家粮食安全靠自己。先生时刻牢记总书记的嘱托，带领团队，不顾70多岁的高龄，忘我工作，直到生命的最后一刻。先生常说总书记都来看过我们了，这是一种至高无上的荣誉，更是一种责任，我们没有任何理由去懈怠，我们要加紧高产、优质、多抗和广适应性水稻新品种的研究，加紧红莲型杂交水稻的基础研究，切实践行好习总书记提出的“保障国家粮食安全靠自己”的最高指示。病重期间，先生还在为杂交水稻研究，学校学科发展，人才培养和基地建设操劳。就在先生去世的前一天，先生专门召集相关研究人员，商讨着杂交水稻新品种研发事宜。先生把毕生都奉献给了国家、党和民族，以及千千万万老百姓，为保障国家的粮食安全作出了巨大贡献，是最伟大的人。我有幸与先生同行 14 年零 1 月 7 天，感激先生曾经对我的守护和培养，感激先生对我成长的耐心等待，从未放弃，这是我人生中最宝贵的财富。先生宽广的胸怀、高尚的道德品质、人格魅力，以及那种百折不挠、永不言弃的精神将永远激励着我前行。

（作者系武汉大学副研究员）

我最敬仰的赵师梅老师

俞大光

赵师梅老师是我国有名的教育家，早年曾参加辛亥武昌首义。1940 年，我考入武汉大学后不久就认识他。那时他是武汉大学的训导长和工学院电机系主任。我被录取在工学院，第一学年不分系，从 1941 年秋季学期我被分到电机系起，就一直在他的直接教育下完成了学业。大学毕业后我曾留校任教 6 年，仍继续得到他的教导和关怀。中华人民共和国成立后电机系主任职务已转由叶永竞教授担任，他也是我敬仰的老师之一。1950 年秋，我被派去哈尔滨工业大学学习苏联教学经验，1953 年结业后即被高教部指名调往该校，就这样我恋恋不舍地离开了母校武汉大学和敬仰的老师们。

然而，在那约十年受赵师梅老师的教导和关怀的时间里，我也和很多同学及同事一样，对这位受尊敬的老先生、老教授的事迹并不清楚，只是道听途说。他曾参加武昌首义；而我们很多人都听传说认为他是参加了黄花岗起义。他十分平易近人，我们电机系同学常相约三五人到他住宅叩访，谈话都很随便。有时他还拿出从巴东老家带来的核桃让大家品尝。但当我们问起他参加起义之事时，他总是不肯透露，或者草率接话，或者转而言他。他对自己的功绩总是讳莫如深。另外当时他已年近 50，仍过着独身生活，是何原因？作为他的学生，我们未便询问。有些好心的同学出于爱师，曾据传说为先生杜撰了一篇与实情有些相似的凄婉的爱情悲剧故事，广为流传，但毕竟并非事实。

1962 年，我又从哈尔滨工业大学被中央组织部指名调到现在单位——中国工程物理研究院的前身，一直干到 1991 年退休。在这四十多年漫长的岁月里，由于工作繁忙、政治运动接二连三等原因，使我未曾回过母校，只参加过几次成都校友会活动；但从与个别校友的通信中已获悉恩师赵师梅教授已于1984年辞世。我退休后不久就传来了联名发起设立赵师梅教授奖学基金会的倡议，我欣然参加并作为发起人之一。经过一段时间的动员和募捐，在庆祝武汉大学90周年校庆时(1993年11月)，基金会在华中工学院成立。翌年即开始每年给武汉大学、华中工学院和巴东七七义立小学(赵师梅先生于抗战开始那年兴办的)三校中的极少数贫困而学习优秀的学生评发奖学金。由于基金额度有限，开始是利用利息发放奖学金，随着利率的下降而不得不动用基金本金。这样还能维持多久，尚无所知。大家在筹办奖学基金的同时，还有另一想法，即出版一本赵师梅先生传，用以宣传恩师生平事迹，用他无私奉献一生的高贵品德来教育后代。这事经与恩师赵师梅的堂弟、华中工学院的赵学田教授(也是我在武大学习时的老师)商议后由他收集资料，由我和武大电机系校友、华中工学院陈锦江教授执笔完成。那时我虽感到任务不轻，但还是愿意承担，因为通过这项工作可以首先获悉在恩师面前未能知晓的情节，并通过传记的出版让渴望清楚了解恩师事迹的同学们知晓。编完后，感到内容虽丰，但由于知之不详而篇幅较小，故决定改称"传略"，同时又收录他的诗文和他亲人、同事和学生的怀念文章，共11万多字成书，后由华中理工大学出版社于2000年出版。

赵师梅老师早年痛心于清政府的腐败懦弱、民族备受帝国欺凌、国家走向灭亡的形势，奋起参加辛亥革命。他坐过牢，上过战场，流过血。推翻清朝政府后，他被评为甲等功勋者，被中山先生选派赴美留学。学成归国后，他目睹军阀混战不已、人民痛苦依旧的状况，不屑于在京做官获取厚禄，而宁肯终生潜身清门从事教育，并从不与人话及参加辛亥革命之事。

在他19世纪二三十年代的遗诗中，可多处读到他痛斥军阀、忧国忧民的句子。

抗战时期，赵师梅老师在家乡向乡亲们宣传抗日，经常对抗日军人家属提供经济支持。

他出资创办了一所小学，称作“七七义立小学”，用一个日寇的炸弹壳做钟，以加强师生的抗战意识。他自己还作了打游击的准备方案。

抗战胜利后，赵师梅老师反对国民党政府发动内战，支持“反饥饿、反内战”的社会运动。

当政府派军警到武汉大学逮捕进步师生、制造枪杀三学生的“六一惨案”后，他不顾个人安危，仗义执言，领衔署名公开发表文告，揭露惨案真相，要求严惩凶手，释放被捕师生。当时正值著名学者闻一多、李公朴在街头被特务暗杀后不久，所以他的行为是要冒着极大风险的。

武汉临解放前，赵师梅老师支持武大周鲠生校长抵制政府要求迁校的决定，主持应变委员会，组织联防护校工作。应变委员会是由各公共团体——教授会、讲师助教会、工友会、学生会等派代表参加，研讨并决定各项应变计划和实施方案的临时性组织。“手中有粮，心中不慌。”该会第一个决定就是囤粮并发到各家各户和各集体食堂。师梅教授率领着印刷厂肖洁厂长四处奔波，购回足量的稻谷和面粉并及时下发，对安定人心起到了很大的作用。在临近解放的时段，在中共武汉市委武大临时工作委员会的暗中领导下，组成的“武大安全互助团”实际上也是应变委员会的扩大。几个月的坚持，使抵制迁校和护校保产都圆满完成。

老师劫难面前不丢原则。中华人民共和国成立前恩师当过大学训导长，在“文化大革命”中自然免不了挨批斗。他被抄家、被关进牛棚，成为武大工学院头号“牛鬼蛇神”。在一次批斗中，当他被问道：“你是否说过共产党什么都好，就是斗争太残酷的话?”他答道：“说过。”又问：“你现在是否还是这个观点?”他答道：“是。”于是问者就冲上去给了他两个耳光。他虽受凌辱但没有丧失原则，而问者的粗暴行为却恰好证实了恩师的观点正确。

师梅教授遵照中山先生的旨意，走教育救国的道路。中华人民共和国成立前他先后创办了湖南大学电机系和武汉大学电机系，担任过电工原理、交流电路、直流电机、交流电机、电仪与测法、发电厂、电工学等多门课程的讲授，十分熟练，学生们曾打趣他讲课像开机关枪似的。他还十分热心公务。一方面当教授和系主任，而学校每有大事也常常请他负责。武汉大学建校时的水电工程是由他设计和指挥施工的。抗战时期校舍被日军用作医院，水电系统、教室、实验室和宿舍都受到严重破坏，他又被派先期去那里负责接收和修复工作。这工程量大而人手缺乏，且生活艰苦，他在极其困难的情况下按时完成了任务。他工作头绪很多、很忙，但从不在人前说一个忙字。只要工作需要，从不因忙而推脱。他常讲："我赤身来到人间，我的一切是人民给的，我的一切也要为人民。"

我和当时在武大的许多同学一样，对这样好的老师曾在武大当训导长很不理解，直到准备写他的传记时才弄清楚。原来这正是他顾全大局不计毁誉的表现。20 世纪 30 年代末，国民党政府为了管制学生的思想和行为，责令在高校设置训导处和训导长，后者一般由政府派人担任。当时武大王星拱校长力主学术自由，要让各派思想在学校兼容并蓄，而校内进步思想十分活跃，学生办的各种壁报异彩纷呈。王校长了解师梅先生乃国民党元老，又一贯不同意政府的倒行逆施，而且十分关爱青年学生，因此认为只有推荐他出任训导长才能渡过难关。师梅先生知道出任训导长将承受来自政府的压力，又将受到同事们特别是学生们的误解，毁损自己的声誉，因而回避了一段时间。后来王校长通过他的堂弟赵学田教授转告他，如果他不承担，就可能有个特务或党棍被派来学校，后果将不堪设想。最后，师梅教授还是顾全大局，抱着"我不入地狱，谁入地狱"的心情答应了下来，担任了四年训导长。

师梅先生常以顾全大局来教导学生。现举一例。当时的武大只有一个简陋的校医室，仅有一位校医，八小时工作制，薪俸微薄，下班后还得自己开业。某夜一学生患趴病(四川乐山的地方病，患者全身发软，难以救治，重者危及生命，后经研究认为乃井盐中含氯化钡使人中毒所致)，有同学去校医住宅要求出诊，被其家属以劳累回绝，次晨患者不幸死亡。同学们悲痛之余，除报告学校外，有两个火气大的同学去校医家砸了门窗，又去校医室砸了牌子。

事后校医向学校提出严重抗议，并要辞职。校医经校领导安抚和朋友劝说，虽勉强同意留下，但要求查处肇事者并向他道歉。面对这一难题，师梅先生利用早操后的时间集合讲话。他说："同学们的激动心情可以理解，但行为粗暴，已造成不良后果。学校医疗条件差，校医仅一人，众多员工和学生中谁有病都离不了他。为此事件，他要辞职。请肇事者听着，为了大局，你们必须承认错误，接受处分并向大夫道歉，挽回影响。砸坏的门窗要修理，校医室的牌子要重做。我信任你们有血性有志气，好汉做事好汉当，我在办公室专候。"话虽短却很见效，当天就有两名学生受到感动，到师梅先生办公室"自首"了，此中也许还捎带有师梅先生已在青年学生中树立起较高威信的因素。从此矛盾逐步化解，广大学生也受到了教育。

师梅先生平易近人、和蔼可亲，学生都愿与他接近，在接近中受到他的教诲；他也在与学生的接近中对学生有更多了解。在学生中普遍印象很深的是他很注意德、智、体三育间的差异。他多次说过："品德问题是别人要给你记账的。个人的坏毛病不仅难改，即使痛下决心改了，别人还是会记得你曾犯过某种毛病。业务知识也很重要，但只需自己记账。你一课没学好，甚至未考及格，只要你努力赶上，甚至超过一般，别人是不会再记住你以前曾经不及格过的。所以品德修养比业务水平更重要。体质则是老来要算总账的。年轻时不注意锻炼身体，生活无规律、经常开夜车，暂时看不出问题，而人到中年未老先衰，五十多岁就疾病缠身，什么理想、抱负也都将化为乌有了！"恩师就是这样教育学生，而且身体力行，用行动做大家的榜样。

他生活十分简朴。节俭下来的钱除在家乡办起一所小学外，还大量用以帮助贫困学生，使他们能顺利完成学业，受助者感恩不尽，毕业时一一到他家辞别；有的还跪下谢恩，并承诺将来还钱。恩师总是说："钱不用还我，你有能力也资助几个贫困青年上学，就算还我了。"他不仅对学生，当同事有难处时，他也总是伸出救援之手。武大西迁乐山时，有位机械系老师在赴校途中不幸遭遇劫匪，行李财物被抢一空，到校后不知所措。师梅先生把他接到家食宿数日，并带动几位同事协力为他解决了衣食住问题。1949 年后，师梅先生所在单位年轻人较多，当时实行低工资制，家庭负担重者也常遇到困难。为方便帮助同事克服困难，他索性把自己的存折放到单位，谁有急需径自取用，归还之事他从不过问。

恩师赵师梅先生的教诲体现在做人、治学和办事的各个方面，使我受益终身。遗憾的是恩师的事迹有许多我在 20 世纪末尚未得知或未知其详。现对照我的所思、所做、所为，写出以下几点体会：

社会要前进，就要不断改造和变革，就会出现矛盾和斗争，就会有风险。师梅先生参加辛亥革命和维护武大的思想自由都经历了巨大的风险才取得了成就。推及其他方面也是一样。办企业就有竞争，优胜劣汰，必有风险。搞科技研究有成败的风险，也有事故的风险。虽然风险大小不一，但完全没有风险的事很难找到，即令找到也难以从中获得大的成就。

1962 年，我被调到现在的单位中国工程物理研究院的前身，从事核武器的研制工作，通过自己的经历体会到这点。首先是事故的风险。核材料有放射性，核武器引爆要用炸药，因而在加工、装卸、实验过程中都有出现事故的概率。参加这些工作的人员中，确实就有极少数人因事故受伤，也有几个人牺牲，至今令人怀念。有次我在装在实验台上的核炸弹准备进行振动试验的现场，测试人员忽然发现厂房内不仅在弹壳上，而且在暖气片上都能使试电笔发光，这现象引起了一场虚惊。因为当时炸弹内装的是敏感度高的火花隙雷管，虽然核材料是用惰性材料模拟的，但其中的炸药如被雷管引爆，其毁伤半径也将近千米。有我在内的实验领导小组紧急商定试验暂停进行，只留少数人查找未明现象的原因，其余人员一律到千米以外待命。幸而只过约半小时原因即查明，乃参试人员着胶底鞋与场地铺设的橡胶垫相互摩擦之故，基本未影响工作进度，但与我同留在现场查找原因的同志们，显然都承担了风险。

我们的核武器研制事业起步时还需承受另一类风险，即国际间垄断与反垄断的斗争风险。我们首先遇到的是苏联单方面撕毁援助中国研制核武器的协定，这使我们不得不改变策略，自力更生，摸着石头过河。当我们在中央政府指挥、全国各方大力协同下完成了设计和试制，准备外场试验之际，又遇到美国的核讹诈，扬言要对我国进行核绝育手术。为了防范万一，我们不得不有所准备：复制所有的重要资料并易地秘密安全储存；疏散不影响后续主要任务的人员。当时一部分人员去基地参加试验，一部分人员疏散后，院设计部原共六位业务领导只留下我一人负责，不但要承担来自核讹诈的风险，也还要承担业务上的风险，好在我们最终顺利度过了那段时间，不到两个月就迎回了胜利完成了我国第一颗原子弹爆炸的试验大军，疏散的人员也适时返回了。

这里陈述的风险显然比不上师梅先生曾经承受过的巨大风险，有的甚至是微不足道的，只能说是给了我们一点初步考验。

1962 年，毛泽东主席曾给我国两弹一星项目做过指示：要大力协同做好这件工作。师梅先生为顾全大局的典范事迹，也是大力协同的出色表现。我们研制的核武器，主要为了装备导弹，因此技术上首先要与导弹适配良好，为此在着手研制前就需密切协调；而核武器内部也包含多个环节，需要多方交错协调。协调既商定分工，又商定相互技术数据和要求，故必然涉及各方分担任务的难易差别、留有余量的多少、承担风险的大小和如何解决尚存问题的途径等。为了协调和谐进展，必须要求参与协调的各方都能顾全大局，因此大力协同的风格是十分重要的。但还必须让参加协调的人员都能对大局了解。只有对别人的工作和难点都有大致的了解才有可能做到大力协同。我担任过型号总设计师，主持和参加过多次内外协调，为此也需要在协调前做好充分准备，并在协调过程中多次陈述相互了解、顾全大局的必要性才能有所进展。

大力协同的风格应该体现在“把困难留给自己，把方便让给别人”，师梅先生作出的榜样就是如此。我们在技术协作中提出的口号——“有问题共同讨论，有困难共同克服，有余量共同掌握，有风险共同承担”，应该说这只是起码的要求。如果每位参与协调者都能按此口号去做，协调也就必然能够和谐地进行了。

这是恩师赵师梅给予我们的重要而简洁的教导，大多数同学能铭记心中，也在我的毕生经历中得到普遍应验。德首先应体现在诚信，这是处理好人际关系、事业成败的关键。我在哈工大跟苏联专家学习时，专家规定翻译苏联教材为学习任务。我在译到有体会之处就以脚注形式添加译者注。但有处译者注中推导有错误，经参译者相互校阅两次均未发现，交稿后的审阅亦未发现，因而存留在已出版的书中。译书出版后，一位武大学长(也是我的好友)在与我的通信中谦虚地向我提出问题之所在，经我考虑后才恍然大悟。怎么办呢？错了必须承认并及早纠正为妥。于是我即时拟定改正文字并函告出版社，要求在下次重印时予以改正，后已按要求做到。想不到时过四十余载仍有人读到我的该本译著的初版书，发现了该错误，其旁恰有一位武大电机系校友，当面告诉他可能早有改正过的新版本了。随后该校友向我函询，才敢肯定它原来的估计是正确的。此事不大，但反映出能否知错就改，那就是品质问题了。

中华人民共和国刚成立时，我出于恐惧心理，将我的国民党党证烧毁。及至 1953 年忠诚老实运动时，已认识到共产党是持团结大多数知识分子的政策，就如实交代了此问题。此后也获得了作为政治历史问题的正确结论。1956 年我申请加入共产党时，曾被怀疑我在参加国民党后何以既无活动又未交过党费，经调查后确实如此，因此也就承认原结论并被表决通过入党。至于“文化大革命”中重新把此问题端出来穷追，那已是失去理性的现象，不值一提。此例也同样反映诚信的重要性。然而这其中还有件事须作说明，因为我参加国民党是恩师的介绍。我在武大毕业前几个月，恩师在一天晚上把有我在内的几个学生约到他住宅，告诉我们进入社会宜有个国民党党员的身份，面对各种关口可能会方便些；而当时参加国民党的手续很简单，只需填个简表就可以了。他随即把表拿出，让我们自愿取走。就这样我拿了表填好后即交给恩师，不久就拿到党证，此后再无任何活动。但因这事，我在“文革”中被反复穷追后对恩师产生了误解，直到在商讨为恩师写传记时才了解到他当时是为顾全大局才当了四年训导长，而且在任期内是反对管制青年学生思想并保护学生的，才消除误解并深感内疚。

体育是老来算总账的，对此我深有体会。我青年时代爱好多种运动，如乒乓球、板羽球、滑冰、游泳等；但仅从爱好出发参与活动而非出自锻炼的要求是很不够的。另外由于我未能注意保健知识的获取，加之长期未进行全面体检，直到年过花甲检出高血压、血管硬化等疾患时，已经是老来算总账了。这笔账是难还清的。从那时起，我只是亡羊补牢地坚持锻炼身体，开始控制饮食，以求减缓身体的劣化速度，从近二十年来看还是有效的，但想还原健康体质已不可能了！只好常以自身的教训和恩师的教导来教育后代青年。

（选自《共和国院士回忆录》，东方出版社 2012 年版，作者 1944 年毕业于武汉大学电机系并留校任教，系中国工程院院士，曾任中国工程物理研究院副院长、科技委副主任）

恩师谭声乙先生

吴裕煜

1949年冬，原湖北机械厂接管工作结束，工厂进入恢复生产之际，武汉三镇亟待恢复水陆交通，因此，修复轮渡及其他被破坏船舶的任务颇为繁忙，过江轮渡亦急需新建补充，以适应三镇来往交通的发展需要。据此，原中南工业部决定成立江汉船舶机械公司，由我担任总经理。武汉居长江中游，地处汉水和长江交汇处，上接川江，下通大海，发展造船工业前景广阔。当时公司所属武昌、汉口、汉阳三个小厂，设备陈旧，厂房残破狭小，员工不足600人，技术力量薄弱。为适应长江运输事业的发展，原工业部指示，以江汉船舶机械公司为基础，筹建具有一定规模的江汉造船厂。当时中华人民共和国成立伊始，还没有专业基建设计单位，公司也没有高水平的总工程师，要筹建一座现代化造船厂，是难以想象的。公司要聘请一位总工程师，我首先想到向谭声乙老师和中国造船工程学会求助，经原中南工业部部长朱毅的赞同，我和年过六旬的副总张道、工程师吴纪辉专程去上海，先后拜访了谭师和学会理事长杨俊生先生。经谭、杨二位前辈商量，并经学会有关理事赞同，推荐萨本忻先生出任总工工程师，萨曾历任江南、马尾、基隆三个大型船厂的总工程师，基隆船厂厂长，以及武汉大学机械工程学系教授等职，学术精深，经验丰富，我和张道先生深感满意。

谭师立即去电福州促驾，萨先生随即应邀赴沪，谭师曾设宴为萨先生洗尘，杨俊生、林蔚平（江南造船所当时所长）和我作陪。席间，谭师对刚刚开始的祖国社会主义建设满怀希望，对我总是勉励有加，此情至今铭记不忘。在上海我们参观了江南、沪东和中华等船厂以后，萨师和我一道返回武昌。不久中南工业部任命萨师为总工程师，这是造船工业发展过程中一件值得纪念的事。之后萨总在武昌造船厂（公司隶属一机部后改厂）主持苏联转产舰艇的制造工作，十年以后，调船舶设计院，仍任总工程师，工作八年，参与组建第七设计研究院，对我国造船和海军建设他做过很大贡献。谭师举贤之功，不可没也。

1950年春，中央重工业部在北京召开第一次全国机械工业会议，中南工业部约请谭师为中南区代表。朱毅部长率领包括萨总和我在内的中南代表团赴北京，谭师亦应约到达。这次会议开的时间比较长，除春节休息几天外，一直开会。会议期间，我们这个小组颇受瞩目，重工业部计划司王敬之司长驻组参加讨论，关于发展造船工业和建设海军等议论受到重视，中南区拟在武汉筹建一座船厂的意见得到肯定，鉴于造船工业综合性强，必须有专门领导机构统筹的建议，受到主持会议的何长工副部长的关注，并亲自来驻地看望谭师和萨总。回想当时在会上，谭师屡屡发言，理论严谨，言必有据，其风采记忆犹新。会议后期，程望同志得到通知来京参加会议。会后不久，重工业部船舶局在上海成立，程望同志任局长，这对于中国造船工业的发展起到重大作用。今天回顾历史，这次会议的成果是丰硕的。国家当年即为船舶局安排投资计划，而江汉船舶机械公司是当时船舶局唯一的直属企业。根据程局长的指示，成立江汉造船厂筹备处，并开始进行一部分前期工作，如为报计划任务书所必需的方案设计和选择厂址等。

回到武汉，经中南工业部批准，在汉口鄱阳街成立江汉造船厂筹备处，聘请谭师为顾问。萨总函约谭师来武汉，共同为新船厂编制设计方案，作为前期工作的依据。谭师依约如期来到汉口，下榻于江汉村十四号四楼，这是事先租下的一套有屋顶花园的住宅，作为萨总和谭师的工作室和住所。萨总还调来几位技术干部协助工作。谭师看了原造船厂（武昌一厂），感到此厂址不适用，于是我和萨总等陪同，沿长江上下两岸寻找新址。当时条件较差，乘船之外，多要步行。经过几天寻找，上到金口，下至湛家矶，最后选定金口为第一厂址，临江作为厂区，两子山之后为生活区。石咀作为第二厂址，准备作两个方案，以资比较。对两个拟议中的厂址，按谭师要求，对金口新址作了概略测量，画过一张厂区地形地貌图，据此作了方案设计和总体布置图。

设计要点说明，此方案系以选定区域内一个天然湖开挖成一个大水池，船舶在船台区完成后，下水入池，拖向舾装区舾装码头完成舾装和系船试验，水池可承受万吨级船舶下水。大水池临江还有两座大小不等船渠，作系船试验后入江通道。两个船渠可分期建设，小船渠可出入三千吨以下江轮，大船渠是为将来发展万吨级海轮和海军舰艇预留。长江水位枯洪差距，武汉地区达 17 米，这是船舶下水难点，此方案构想恰恰可以克服难点，使厂在内河如处海滨，平地造船不受或少受枯洪差影响，这一特点也是最大优点。方案规定船渠外墙闸门边线离江岸保持适当距离，便于在地面开挖施工，全部完工后，将墙外土方挖去，这就可以避免水下工程的风险，并节约投资，这是其他下水方案所难以比拟的，这是一个构想独特、工艺流程畅顺、经济合理的办案设计。

随着领导体制的变更，按基本建设程序，将方案转交专业设计院考虑，并曾在石咀作过一个横向滑道下水方案相比较，厂区钻探测量等前期工作亦继续进行。

1952 年，情况起了变化，苏联转产制造的两项产品任务，先后分配给武昌造船厂。苏联专家来华考察，认为只需扩建老厂，即可完成所承担的建造任务。于是筹建新厂被搁置，设计院重新编制计划任务书，国家随即批准扩建老厂计划，这就是今日的武昌造船厂。

历史发展，常会有多少曲折和多少令后人遗憾的事，由于短视行为，使今日武昌造船厂，其规模和发展都受到限制。

回忆这一段谭师和我们相处的日日夜夜，曾提出许多有益的意见，例如西方各国的大中船厂，没有不承接海军任务的，因此设计必须考虑军民兼顾。要有前瞻性，如张之洞办的汉阳铁厂，曾建造当时最大的一百吨高炉，英伦也受到震动。沙俄彼得堡船厂，用一百吨吊车，也是当时最大的，因此第一辆坦克、第一尊巨炮都是在该厂生产出来等，都说明谭师有恢弘的气魄，设计思想的科学性和前瞻性，闪烁着智慧的光辉。

至于谭师教书育人数十年，春风化雨，润物无声，业绩文章，道德风范，足以激励后人，启迪来者，则非拙笔所能尽矣。

（选自《无边往事：纪念谭声乙教授百年诞辰文集》，中国纺织大学出版社2000年版。作者1939年毕业于武汉大学机械系）

怀念老师俞忽教授

粟一凡　潘基礩

尊敬的俞忽教授离开我们已经26年了，为了表示对他的深切怀念，宣扬他严谨的治学精神，谨将我们对他的生平所知道的一些情况，扼要地介绍给大家。

先生又名子慎，1894年出生于安徽省婺源县(现已划归江西省)，1912年进苏州拓殖学堂学习，一年后到英国格拉斯哥大学留学，于1919年毕业获得学士学位，同年回国，在上海交通大学任教，半年后即转入沪杭甬铁路局工作，1921年调京奉铁路局任副工程师，在那里工作了10年之久，1931年到武汉大学任教，1952年全国高等院校进行院系调整，在武汉大学内成立了武汉水利水电学院，他专任水利水电学院教授，1959年因病逝世，终年65岁。

我是1934年秋考入国立武汉大学土木系的，9月中才到珞珈山入学。武汉大学素来以治学严谨、学风纯朴著称。据说工学院学生一门主科补考仍不及格时，便有留级的危险。一年级主要是读基础课，教材全是英文课本。当时能考入武大工学院的学生，读英文原著本已不成问题，无奈教授们讲得快，除教本要细读外，还有许多笔记，甚至还另加习题。一年下来不少同学感到很吃力，个别人还因身体不济而申请休学。第二年暑假后回到学校，几位湖南同班在我的房里闲谈，二年级我们进入了学习专业基础课阶段，全是新科目，能否读下去，都有点感到前途茫然。突然进来了一位土木系高年级同学，当他得知我们的担心时，他说你们的难关还在后面，你们知道俞忽教授吗？他是世界著名的结构学权威，结构学是学土木工程的重头课，他要求极严，那才是你们真正的难关。接着他叙谈了俞忽老师许多令人尊敬而神往的故事。

终于我们走进了俞师的课堂。课本是他自己编的一本英文教材，果然内容广泛而精深。俞师讲课，仪态安详，出语谦和，平铺细述，从不高声哗众，豪语惊人。遇有难题，学生质疑发问，俞师一再讲解，问者仍觉哑然，他在无可奈何时，付之以莞尔微笑，使人感到既可亲又可畏。俞师考试命题极难，每试4~5题，一般内容不重记忆，而重推理，要学者能举一反三。俞师计分方法则独辟蹊径，据说俞师评卷毕，将及格者搁置一边，并一再推究不及格者答题的思路，如有可取之处，虽不中亦可以加分过关，最后实在无法的，才忍痛闭阅。以这种方法记分，人们不禁要问，为什么不将试题出得容易点，若还不能及格，理所当然就被淘汰了，这样老师自己省却了许多记分麻烦，对此我们当时也并不理解。时隔60年，平心而论，俞师所以不惮其烦者，可用四个字来表达，叫做“取法乎上”。我们做任何事，特别教育学生应当如此。一个班的学生，根据各人的条件、天赋与勤奋，总不一样的，如何做到各尽所长，在群体教育中如何做到因材施教。俞师的办法有四大优点：第一，可以激励全班同学，知其难而奋进；第二，因其难就可以造就出执著追求的尖子人物；第三，能照顾一般，使其涉险而过；第四，警惕后进，使其知不足而能改过自励。可谓一举四得，全面鞭策各种不同条件的学生。所以在俞师的教导下，武大土木系出了不少驰名海内外的结构学尖子人物。半个多世纪过去了，我现在已是80出头的人，才悟出俞师教育学生高度的负责精神，以及深谋远虑、宽严相济、不惮其烦的诱导方法。值此纪念俞师百年冥诞之际，我想如果我国每位教授都能效法俞师精神，我国社会主义建设何愁没有人才。

俞忽教授为人极为正直，不仅富有正义感，而且具有一定的胆识。他在旧社会，对清朝政府、北洋军阀及蒋介石反动派的腐败无能，祸国殃民的反动统治非常不满。

他在青年时代，就曾向当时的《新青年》杂志写过信，主张所有大学毕业靠薪水生活的人联合起来，组织互助所，共同解决当时社会上存在的严重失业问题。据说他还曾亲自到北京大学找陈独秀先生反映过这方面的意见。在抗日战争期间的 1943 年，他还曾以大学教授的身份写文向当时大家认为立论比较公正的《大公报》投稿，反对蒋介石政府滥发纸币并主张严惩贪污腐化的反动政府官员。当然，在旧中国反动政府的统治下，所有这些做法都起不了多少作用，但是对俞忽教授本人来说，却使他更深刻地认清了反动政府的本质。

由于俞忽教授的辛勤劳动和他所作出的成绩，他曾于 1955 年、1956 年连续两度被评为武汉市甲等劳动模范，于 1955 年出席了全国先进生产工作者大会，并先后被推选为武汉市人民代表大会代表、武汉市人民政协委员、中国土木工程学会武汉分会结构组主任，并参与了各方面的领导工作。

俞忽教授自幼好学，钻研能力很强，在大学学习期间，对工程学科打下了很牢固的基础。毕业后，长期从事工程设计和教学，科研工作。他非常注意理论联系实际，在工程力学方面特别是结构力学方面造诣极深，因此在 1956 年国务院评定全国高等院校教师的职称和级别时，他被评为“一级教授”号。

俞忽教授完成的著作，主要有《结构学》《静不定结构》等，后者是俞忽教授根据他对静不定结构所进行的科学研究和多年的教学经验编写而成的专著。在书中详细列举了各种超静定结构的计算方法，有好多新颖的算法都是俞忽教授自己的科研成果。我还记得他曾经说过，他在编写这本书中的“悬桥”一章初稿的时候，因为还没有他自己的东西，他就停下来做关于计算悬桥方法的科研工作，结果找到了根据一定的假定，由悬索的伸长尺寸推算悬索张力的方法，计算起来，不但省事(只需解一个二次方程)而且比位移法更准确。他就把这个方法写到书里去了。《静不定结构》这本书不但是俞忽教授一生心血之所在，是他的得意之作，而且这本书能够得到正式出版，也使他更加看清了新旧社会的本质，更加加深了对社会主义新中国和中国共产党的热爱。他曾在这本书的序言中叙述了这本书在旧社会中所经历的坎坷，以及在新社会中得到出版的喜悦，他写道：“这本书的初稿是用英文写的，最初于 1933 年由我自己花钱付印，曾在几家外国杂志上作了介绍。但在国民党反动统治时期，这种科学著作很难用祖国文字出版。到1935年，我又得了一点新材料，才把这本书在武汉大学当讲义用铅字排印。抗战前，武汉大学答应我将这本书当武大丛书出版，由武汉大学印刷所排印，打算先印一千本，已经排印了二百多面，抗战事起，武汉大学搬家到四川乐山，我的书排好的一部分也装箱往四川搬，到了宜昌，日本飞机一炸，一起炸光，幸好原稿由我自己带到四川，没有被炸毁。现在这一本书大部分是从原稿翻译的。”

1949年以后，学院领导了解到俞忽教授的这部著作后，就积极地向高教部和高教出版社推荐。经过评审，很快就得到了批准并且于1954年年底正式出版，使俞忽教授20多年以来的夙愿得以实现。随后不久，国务院提出要对当时的优秀科研成果进行评奖，学院领导认为《静不定结构》这部专著，除了其本身的编写就是一种科研工作以外，特别是书中的内容包含了俞忽教授的许多科研成果，因此又组织了专门的评审小组，向国务院进行推荐，结果获得了优秀科研成果奖。

1949年初期，俞忽教授积极地自学俄文，并努力翻译苏联的一本结构力学权威教材。他在翻译苏联教材的过程中，一方面虚心学习别人的好东西，一方面也在每一章译稿的后面，实事求是地补充了与该章内容有关的他自己的研究成果。因此，此书在1955年由人民铁道出版社正式出版时，除将《结构静力学》的译稿分为上、中、下三分册出版外，还另出版了一册由俞忽教授自己写的《结构静力学(参考资料)》，对国内外的出版界来说，可能是非常罕见的事。

到了1956年，苏联的结构力学教学大纲有了变动，《结构静力学》根据新的教学大纲出了第五版，并改名为《建筑力学》，俞忽教授在找到原本后也立即进行了修订和补译，并于1958年由高等教育出版社作为我国高等学校教学用书正式出版。在当时我国自编中文教材还很有限的时候，俞忽教授的翻译教材，对于介绍苏联教材内容和促进我国结构力学的教学工作，是起了很大作用的。

除此以外，俞忽教授在1957年中还领导当时结构力学教研室的部分中青年同志集体翻译了苏联的《弹性系统的振动》一书，由建筑工程出版社于 1959 年正式出版。

俞忽教授生前为了工作和教学的需要，曾理论联系实际地做过不少的科学研究工作，特别是在 1949 年以后，为了适应新中国社会主义建设的需要，曾积极参加有关生产部门召开的各种技术会议，并针对生产建设中所出现的问题，及时地进行科学研究，根据研究成果，提出解决问题的意见和办法，例如对荆江分洪工程闸底板的设计、长江大桥的桁架设计、江汉船舶公司特殊结构的设计，他都提出过有益的建议，为新中国的社会主义建设事业作出了自己的贡献。

（选自《武汉水利电力学院学报》1984 年版、《未遗集：潘基礩诗文选》2004 年版，作者粟一凡系工程力学教育家，曾参加创建武汉水利学院。作者潘基礩 1934 年毕业于武大土木系，教授级高级工程师，曾任湖南省人大常委会副主任）

怀念我的老师张蔚榛院士

张家发

老师，2012 年夏天，您安详地离开了我们，让我们大家为您庆祝 90 寿辰的愿望落空了。5 年过去了，您的身影仍不时浮现在我的眼前。

老师，1982 年大学毕业后，我在地质系统工作，那期间读到杂志上连载的您关于非饱和土壤水运动的讲座，更加坚定了要投奔您门下的决心。您带领的科研团队中各位老师的研究生，有的来自水利院校，有的来自地质院校，甚至后者更多。两大系统的学生都以能够投奔到您的团队为荣，有的师兄弟为此锲而不舍，那是因为您在我国农田水利和水文地质两大领域同时享有卓越学术声誉和人格魅力。我感到，在众多师兄弟中，李文渊教授是很特别的一个。他于 20 世纪 50 年代拜于老师门下，比您还年长一岁。你们师生俩一起共事一辈子，我从没听到您提及你们的师生关系，您总是称他为李老师，而李老师一直称您为先生。我一直称您老师，心中其实免不了有些忐忑，但我从来不敢妄称李老师为师兄。

老师，我在校期间，您已年过花甲，仍带头给我们授课。您在黑板前，背向我们，扭过头来，双手比划着讲解保角变换，那身姿颇为潇洒。实验室里，您来往的身影，以及偶尔的关心和询问，给我们一种无形的压力。师兄弟们说到您在试验田间的京剧唱段，让未曾欣赏到的我好生羡慕。老师，您的学生都不肯在课程学习和科研工作中松懈、落后，唯恐辜负您的期冀和降低您团队的声望。

老师，我不记得在您家里聊天的次数，但是那画面、那声音总是留在我的脑际。您很少与我们师兄弟主动开展专业讨论，而是聊曾遇到哪些重大问题，在一些问题上与哪些同仁开展了怎样的合作，本专业上国内曾经有过哪些学术争论，以及与国际同行的交往。看到您似乎不关心我们的具体事情，反而增添了心头的压力，师兄弟们都更加刻苦认真，尽力克服依赖心理，尽可能独立地解决面临的问题。我们同年级三个同学论文选题时，您也是以聊天方式告诉一系列可选的题目。其中之一是推导一个大口井的地下水流解析公式，我们仨都没有选择这个题目。您只是笑了笑。不记得是过了多久以后，您说自己已经推导出了那个公式，兑现了对一个同行的承诺，这使我心里有一丝愧疚，却更增添了崇敬。

老师，我记得 2012 年那次医院走廊里的一幕。那是我下班后赶去医院，上楼后就看到您坐在走廊的座椅上，您也看见我了，还是那样的满脸笑意。那段时间，您喜欢借用带有轮子的输液架作移动扶手，到走廊上来活动一下，看来是在那儿小歇，于是我也坐下。您告诉我那两天情况还好，平静地谈到医生们对于下一步治疗的意见，以及当天开始服用化疗药物的安排。我心里一紧，这说明您的病已经确诊为我一直想否认的癌症。您笑着说，已经给一直关心的中国地质大学张人权教授打电话，报告了治疗和恢复情况。接着话题又转向了你们几十年的合作交情是如何开始的。20 世纪 70 年代，您找到地质矿产部总工陈院士和主管司长，希望开展跨部门的地下水科研合作。您的提议被婉拒了。对此，您没有说原因。当您与地质系统的张宗祜院士和德高望重的王大纯先生提出同样的要求后，得到了热切的回应，于是开始了一段跨部门合作的佳话，建立了深厚的友情。王大纯先生是我国水文地质界元老之一，正好年长您 20 岁，我后来才知道你俩同为河北丰润人。您赞佩王大纯先生以宽阔胸怀对待跨部门合作，您说到曾在一次重要会议上因被主持人点名而被迫在王大纯先生之前表态，让我能感受到您内心的歉意。您后来还提出过与陈院士不同的学术观点，虽然陈院士当时未接受意见，但是后来却介绍您到全国多个地方为地质系统专业干部举办培训班。您又谈到有两个专业问题需要予以特别研究，一个是因为忽略了水资源的重复利用，目前确定的灌溉水利用系数偏低；二是由于给水度取值过小，低估了越流补给对于深层承压水含水层开采量的贡献。说到给水度，您是最有发言权的，当时您的课题组围绕给水度开展了系列研究，取得了比较深入的认识。您指导我研究的也是给水度。为这两个问题，您在前一年分析了掌握的资料，分别写成文稿发送给原地质矿产部张副部长、张人权教授和我的师兄裴源生教授、杨金忠教授等，说是要请几位看看自己的分析和观点是否存在错误。您的兴致很高，聊了一个多小时后才显出倦意，我俩相视一笑，才起身慢慢走回病房。

老师，作为晚辈，对您与张人权教授等老一辈的深厚情谊，做不到感同身受，只能暗自赞叹。张人权教授是我大学毕业论文的指导老师。我对你们两位的交情有所耳闻，但及至研究生论文答辩时，才亲眼见到你们聚在一起，张人权教授是论文评阅人。作为您的硕士生既要做数值模拟，也要做物理模拟，还要测定土壤参数，有的甚至要做现场试验。我记得张人权教授当堂“诘问”：你们硕士研究生论文做这么多工作，那以后博士论文该怎么要求啊？这让答辩会轻松了起来。我知道你们退休后，仍然有频繁的隔空交流。您本来很少生病。2010 年您第一次做胃部手术，我都不知道，但张人权教授提前知道了，手术当天一早就和靳孟贵教授赶到医院送您进手术室，并一直守在医院，直到手术成功。您故去以后，张人权教授也曾嗔怪您对自己的病情有所隐瞒，让他对您的离去感到突然；我曾向他请教如何写您的碑文，他强调您的科学家和教育家地位毋庸置疑，不必在碑文中过多着墨，而更应该记取和称颂您的高尚品格。

老师，您去世后，武汉大学曾举行媒体见面会。会上，您的同事，原武汉水电学院院长刘肇祎教授发言给我留下了深刻的印象。我知道，在查明您的癌症扩散后，刘老师四处为您求医问药，深得您的信任。刘老师已是高龄，他用清晰、克制的声音谈他心中的您，语速较慢，语言精练，显然是经过深思熟虑的。刘老师没有谈论细节，大概是有意将这一任务留给后续发言者吧。但是，刘老师的介绍足以让各位记者对您有总体的了解。最后刘老师说：假设张院士知道今天有这么个媒体采访活动，他一定要反对的，他也不会参加，也会要求我们少说。

老师，2011 年暑假期间曾有过多次事关您的磋商。起因是武汉大学的王红老师向中国科协申请来的老科学家学术成长资料采集工程项目已经结题，她希望将结题成果作为您的传记出版。师母一贯坚持按照您生前的风格和意愿行事，包括您关于后事从简的遗言，最后突破了不保留骨灰这一项，希望您能够谅解。正因为您不愿意宣传自己，师母在王老师做了很多工作后才转而支持其项目。但是对于传记出版之事，师母和您的同事、朋友们都非常谨慎，这不仅是针对传记内容，更主要的是出版传记这件事情本身。经过多次交流以后，王老师同意放弃出版传记的打算。今年春节我去拜访时，一向出言谨慎的师母道出您不愿意宣传自己的原因，说您总是觉得相对于得到的，自己做得不够多。师母极为朴实的一句话，让我一时怔在那里，无法用语言表达对您和师母的敬意。

老师，您的学生都怀念您。例如中国农业大学的任理教授，他虽然也已临近花甲，但仍带领团队坚持把精力投放在华北平原上，念念不忘的就是继承和发展您倾注一生的农田水利专业。又例如武汉大学的杨金忠教授，他经常让师兄弟们回校学习交流。刚刚过去的 3 月份，他还邀请我去讨论科研成果，会上 6 位硕士生轮流汇报为同一个项目从不同侧面开展的研究工作，具体组织研究工作的是伍靖伟教授和朱焱副教授，他们都曾经是杨金忠教授的博士生。如今，杨金忠教授团队的教学和科研工作正处于良性循环，已是硕果累累。

老师，我曾见过的榛子树，树身高大，枝繁叶茂，投下一大片浓荫。榛子树契合了您在我心中的形象，让我备感亲切。如今，我心中的榛子树，不仅在珞珈山麓、东湖之畔根深叶茂，蔚然成林，且扎根于大江南北、神州内外。

（作者 1987 年毕业于武汉大学水利水电学院，系长江科学院高级工程师）

我的老师邵象华院士

张兴铃

1939年暑期过后，王星拱校长发出聘书，请来一位学识渊博、年仅26岁的青年教授邵象华。他是有名的英国伦敦大学的冶金硕士，英国皇家矿学院、帝国理工学院特殊学衔和马瑟科学奖金获得者，同学们对他非常景仰。

虽已时隔数十年，当时曾在乐山武大读书的同学仍是记忆犹新，近日几位老校友重去探访了邵象华老师，当年风华正茂的青年教授，虽已年逾80，但精神饱满，谈笑风生地和我们畅谈往事，师母王晓云也在座，还不时插话。

邵老师兴致勃勃地说："我从浙大化工系毕业，在上海交大工作两年后，考取中英庚子赔款公费赴英留学转习冶金，1937年获伦敦大学硕士学位后，适逢当时任资源委员会主任的翁文灏先生作为特使访英国，参加英皇加冕典礼之便，召见了我，动员我参加国内正在筹建的中央钢铁厂。钢铁救国本来是我的夙愿，我立即终止了继续攻读学位的手续，即先去西欧几国考察钢铁工业，然后到承包"中钢"工程的德国克虏伯钢铁公司实习进修。"从那时起，邵老师就和祖国的钢铁事业结了不解之缘，但远不是一路顺风的。邵老师说："我在国外任务尚未结束，抗日战争就已爆发，不久战祸延至湖南，日寇侵占了湘潭，钢厂宣布缓建。"1938年，邵老师辗转回到昆明，暂在建设中的"中央机器厂"工作，在那里筹建了理化实验室和耐火材料车间。

武汉大学工学院院长邵逸周早年亦曾在伦敦留学，是邵老师的校友，深知邵象华的学识和情况。当时武大正在筹建矿冶系，遂于1939年聘请邵老师为第一任冶金教授。他来校后的主要工作是筹建教学必需的冶金实验室，同时还为其他系开了工程材料学等课程。邵老师学识渊博，有雄厚的理论根基和丰富的阅历与实践。在讲课中他条理清晰，既深入浅出地讲清了基本概念，又指出了其实际意义和应用。每次讲课他都认真准备。如在讲作为钢的组织和性能基础的铁碳相图时，他将事先亲自用大张绘图纸工整绘制的相图挂在黑板上，大家一目了然。同学们上他的课是一种享受，既学到了知识，又领受了他严谨治学的态度和娴熟的表达技巧。他还善于听取同学们的意见，同学卢贞等提出请邵老师用英语授课，他即用流利的英语讲课，但因少数同学听不懂，又改用中文讲。邵老师讲到当年武大举办学术报告会的情况时说："当时虽是抗战的困难年代，但武大的学术空气十分浓厚，经常举行学术报告会，由教师自选题目，在由旧庙改成的大教室中做学术讲演，全校师生自由参加。听众非常踊跃，不仅座无虚席，而且有很多同学站着也听得津津有味。记得当时高尚荫、丁道衡（地质学家）、赵学田（机械专家）、杨仁缏（欧洲历史学家，也是中英庚款留学回国的学者）等教授做过专题学术报告。"邵老师也做过几次学术报告，讲西欧各国钢铁工业的发展情况，结合讲他在四川、云南等地亲自调查所了解的我国自古就有的土法冶炼方法。邵老师的报告内容新颖生动，联系实际，至今印象犹深。邵老师说："当时武大教学设备很差，但由珞珈山搬来的图书馆却藏书丰富，自然科学、工程技术、社会科学以及文学艺术方面的书刊都较齐全。我爱读书，经常去借阅理工书籍和一些外国古典名著。那时精神生活并不单调，物质条件则比较艰苦，夜晚靠一盏小油灯备课和编写教材。我们睡在竹片制成的床上，夏天虽凉快，冬天却很冷。幸好乐山的冬季不长，多穿点衣服，盖上厚被，也就过去了。"邵老师对当时生活更加艰苦的学生们的学习热情感触极深。他说："我看到那些青年学生满腔热情地从事各种爱国活动，同情之心也就油然而生，由旁观而参加而支持。"他经常看爱国学生举办的各种演出，在对抗日前线战士的慰问捐助活动中作出了重要贡献。后来他也曾帮助写论文的同学找到一些有关苏联的参考书刊。当行辕公署的便衣特务欲对爱国学生进行逮捕时，邵老师不畏风险，设法掩护特务指名要抓的同学，为他们寻找躲避的处所。邵老师的这些正义行动，老校友们至今念念不忘。

邵老师认为他在武大矿冶系任教的那段时间，是他为祖国的钢铁事业出力的真正起点，也是他思想发展的一段重要时间。但为时不久，1940 年秋，资源委员会为了在大后方增产钢铁的迫切需要，又把他请了回去。他从当时当地的资源条件及产品要求出发，并考虑到全国铁矿资源的特点，为战后发展钢铁工业技术做准备。他提出建立小容量现代化碱性平炉炼钢厂的方案，并得到了批准。其后几年，在四川他参考国外经验，运用最新的热工和气体动力学原理，亲自设计了我国第一座现代小平炉并主持建设，并于 1944 年末投产。这是我国炼钢技术发展初期的一件盛事。这工厂的建设和投产过程，是和一支新的钢铁技术队伍的形成和发展密不可分的。在那个战争年代，有不少大学从沦陷区迁到大后方，加上那里原有的大学，每年都有矿冶系的学生毕业，邵老师每年都要吸收几名优秀的毕业生参加创建钢厂的工作，其中也有不少武大矿冶系的毕业的学生。他们不但为当时的钢铁生产作出了一定的贡献，而且后来成为新中国钢铁工业的重要骨干力量。

1945 年日本投降后，邵老师被调到东北参加接受日寇占领时期建造的钢铁工业，其后担任鞍钢公司协理兼制钢所所长，当时的总经理是原武大工学院院长邵逸周先生。邵老师沉痛地说："接管后看到，已在战争中破坏的钢铁厂又遭忙于内战的国民党军警明劫暗盗，致使复工极为困难，终于被迫停止，感到非常痛心。1948 年 1 月 29 日，人民解放军进入鞍山。军代表一再宣讲党的政策，打消科技人员的顾虑，以实际行动保护工程技术专家，保护钢厂，使我们深受感动。其后，东北地区有一段拉锯战时期，我们随解放军撤出鞍山，到丹东集中学习。除了学习当时党发布的许多文件、资料以外，还读了干部必读 12 本书，系统学习了马克思主义，辩证唯物论和历史唯物论，对我的思想影响很大。我恍然悟到，在自己过去许多年作为科技工作者的工作经历中，只有那些符合辩证唯物发展规律的事物才能够得到成功，否则都要失败。马克思提出社会生产力发展是社会前进的动力这一根本原理，使我深信共产党真正争取的并不是一种抽象的意识形态，而是发展生产力，使人类不断进步以达到更加幸福的崇高目的。”邵老师似乎突然发现他过去为什么搞不出钢铁救国的壮举，为什么过去的钢铁救国论是脱离实际的空想。而今后钢铁必然作为一门基础工业，在新中国以前所未有的态势发展起来。因此邵老师决心留在解放区。邵老师在新建的鞍钢公司任总工程师、钢铁生产技术厂长、公司技术处长和中央实验室主任。他以极大的热情主持炼钢设备复修和生产恢复工作，被授予二等功臣称号。1950 年，他主持制定了各项技术管理制度，建立了公司技术管理体系，至今鞍钢人所共知。邵老师是我国现代化大型联合企业技术管理工作的奠基人。

邵老师说：“钢铁工业创建初期，最急需的是人才。技术专业人才、技术工人，以及业务管理干部，当时鞍钢都十分缺乏。中央号召：‘全国支援鞍钢，鞍钢支援全国！’很多大学毕业的青年从全国各地涌向鞍钢，当时来鞍钢工作的武大同学就有 30 多位。但他们都是第一次接触鞍钢这样的现代化大型联合企业，技术水平和生产经验都急需提高。我提出加强技术教育的具体建议，经领导批准后由我负责进行。”邵老师一方面用理论结合实际的方法，在建厂和恢复生产的过程中，培养出一大批后来在全国各大钢铁企业中举足轻重的技术骨干力量，另一方面组织公司、厂矿及科室全体领导干部，包括鞍山市委书记，每周两三次在清晨上班前学习两个小时，由他讲课。邵老师说：“这些为解放事业作过重大贡献的老干部，没有居功自傲的架子，都虚心求教，渴求知识，努力争取变外行为内行，为祖国钢铁工业献身。他们在百忙中坚持业余学习，上课认真听讲，记笔记，严肃地参加考试，这种刻苦的崇高的精神使我十分感动，我越讲越有劲，我在业余时间努力编写教材，印发讲稿。以后在此基础上出版了中国第一部钢铁技术专著《钢铁冶金学》。这些老干部的作风使我对共产党能办好鞍钢增强了信心。”以后，我国钢铁业蓬勃发展，鞍钢为各大企业输送干部、工程师和技术工人，达到鞍钢支援了全国的要求，当时冶金界称“鞍钢是冶金工业的老母鸡”，这和邵老师在技术教育中付出的辛勤劳动是分不开的。

1958年，邵老师调钢铁研究所工作。40年来，他结合国家急需和资源特点，研究开发冶炼钢、铁合金和特殊合金的新技术、新工艺，作出了卓越贡献。他独创用普通电弧炉生产超低碳不锈钢的特殊工艺，解决了国防工业的急需。他创立从平炉渣提取铌、锰的工业生产流程和铁水连续处理提取铌、锰的喷雾处理法；他主持建设了国内第一台工业用电子束熔炼设备，等等。

邵老师对人对事总是采取虚心诚挚的态度。普通科研工作者来求教，来咨询问题，或来信，他都平等对待，共同探讨。对每一篇求教指导的论文或信件，他不分日夜地查阅资料，认真答复。他的虚心诚恳态度感动了每一个来访者。

一丝不苟，敢于力排众议，直言不讳，更是邵老师的高尚品格。20世纪50年代，邵老师冒着风险，对发展我国钢铁工业提出了正确的意见，却受到社会上一些人的歪曲非难，但他至今无悔。20世纪80年代，西方未来学家提出淘汰钢铁工业的主张。他们说，今后信息计算机的科学将代替一切传统工业。他们将钢铁工业称为“夕阳工业”，又说用不着制造工业了。邵老师义愤地说：“未来学家主要是美国的一些学者，他们主张社会分工，认为美国已发展了足够的钢铁等制造业，今后发展中国家不需要发展钢铁工业了。我们国内的一些科技工作者对此一知半解，也提出钢铁和汽车工业都用不着了的理论，有的领导干部也随声附和说，这个问题值得研究。有些青年人认为搞钢铁工业很辛苦，又脏乱，不少青年不愿做钢铁工业工作，不愿报考冶金专业。有些流毒至今未肃清。我花了很多时间，查阅未来学派及现实工业发展的资料，发现未来学派的学说即使在美国也只是一部分人的主张。美国一些教授发表的论文也提出不能为发展高技术就不要钢铁工业。我不仅写论文公开批驳钢铁工业是夕阳工业的理论，并在国际国内各种有关会议上大声疾呼：我们要高技术，要发展信息工业，但我们的钢铁很少。现在世界上平均每人有500公斤钢，而我们每人只有100公斤钢。我国的钢铁工业不是夕阳工业，而是欣欣向阳的现代工业。”在邵老师的大力批驳下，抑制了钢铁是落后工业的思潮。

师生畅谈了近3个小时，邵老师意犹未尽。他又告诉我们，为什么他年老而且曾患过重病，却至今仍很健康，一个重要原因就是有多方面的生活情趣，从青年时代就爱好足球，又喜欢音乐，曾是学校乐队的小提琴手，现在忙碌过累时，就以听音乐为最好的休息。邵老师的书橱里装满了古典音乐的录音带，还编了藏带目录册。他每天坚持到紫竹院公园走一两个小时，这也是健身之道。我们感到，他无私奉献，淡泊名利，性格开朗，更是他的健身之本。

20世纪50年代邵先生就是第一届、第二届、第三届全国人民代表大会代表。1955年被选为中国科学院学部委员，1993年改称院士。1994年邵先生当选为中国工程院院士。双院士是我国最高荣誉，充分说明邵老师对国家作出的重大贡献和在我国科技界的崇高威望。至今邵老师还不断为研究钢铁工作执著地追求着。

（作者1942年毕业于武大矿冶系，系中国工程院院士）

我与老师夏军院士

左其亭

我和夏军老师相识于1995年的一次国际会议，1997—2000年间我在他的指导下攻读博士学位。经师易遇，人师难遭，他不仅是我的授业恩师，更是我待人处世的好导师和工作上的好伙伴。22年的接触，夏老师对我的科研之路和处事态度都产生了深远的影响。尤其是夏老师与我之间的几件小事，现在依然历历在目。

1995年，我硕士毕业后当教师已有两年，在一次国际学术会议上偶然的机会让我有幸见到了夏老师。夏老师在此次国际学术会议上主持大会报告，并作了大会报告，他流利的英语发言与丰富的专业水平给我留下深刻的印象，这也是我对夏老师的第一印象。会后，我立即开始收集夏老师的资料，了解了一些情况。夏老师作为我国第一个自主培养的水文水资源专业的博士，刚刚被国务院学位办评为博士生导师。此时的夏老师意气风发，谈吐不凡，儒雅和善。虽是初次见面，更谈不上相交深浅，其闪耀的光芒和大家风范便让我敬佩不已，心中暗暗下定决心要跟随夏老师继续深造。经过两年的时间，克服了种种阻力，于1997年，我终于成为夏老师门下的一名博士生。

夏老师为人师表，对学生尽心负责。1997年入学时，由于我是水文地质专业出身，水文学及水资源专业基础薄弱，心里有点惆怅。清楚记得夏老师第一次与我谈话，是在入学后的10月，当时夏老师生病在校医院住院输液，我去看望他。在交谈中他发现我对专业知识的犹豫和迷茫，就鼓励我说“地表水与地下水本身是相互联系的，都是水资源的一部分。你以前学习地下水，再把地表水知识补上，就比一般人更全面了解水资源。博士就应该博学”。这次如沐春风的“医院”谈话对我鼓舞很大，解决了一个初入门学生的困惑，也激发了学习积极性。实际上，夏老师自己也是这么要求自己的，他不仅仅熟悉地表水而且熟悉地下水，在水系统科学研究方面造诣很深，为我们学习树立了很好的榜样。为了弥补我的短板，夏老师让我跟随水文与水资源工程专业本科生一起上课，还专门为我挑选了几门主干课程。通过学习本科生课程，我的专业素养有了很大提升，其间也结识了很多老师和同学，收获颇丰。有了夏老师的因材施教，我的专业基础才会这么牢靠。在后来自己的教学过程中，我谨记和发扬夏老师的教育方法，多与学生交流，多了解学生的学习和生活情况，不断优化学生结构，积极开展“传、帮、带”工作，提高工作质量与效率，鼓励学生扩展知识面，以便更好地发掘学生的潜力，为国家培养更优秀的人才。

夏老师是个处事严谨、力求完美的人。1998 年，夏老师第一次组织承办国际学术会议，会务的方方面面都精益求精，安排很是周到，我也从中学到了很多安排会议的工作精要，为以后自己承办和组织会议打下了很好的基础。在此期间还出现了一个小插曲，会议议程需要用 Office 办公软件修改，现在看这是最基本的办公工具，但是 90 年代的我还没有用过。夏老师让我到他家帮他修改会议议程，他一边说一边让我改。非常遗憾和羞愧的是，我当时还不会用 Word 软件，最后还是交由另一个博士生做的。夏老师第一次批评了我，现在还记忆犹新，他说“其他博士生会，你怎么不会。这些基本功必须有”。我明白了学生不只是简单的学习专业知识，待人接物，基本的工具操作等方方面面都应该学好，更不能比别人落后。带着夏老师的批评和教导，在之后的一个月内，我努力学习并熟练掌握了 Office 办公软件，为我后来撰写报告和论文打下很好的基础。这也得益于夏老师的批评教育。

夏老师对科研的态度很严谨，同样，他也这样教导我们一定要把工作做好，做好工作才能出有价值的成果。1999 年年初，我写了一篇文章给夏老师审阅，原本是想让夏老师修改后推荐发表的。但夏老师看后，认为学术成果质量不高，水平还不行，便让我重新进行修改完善，在夏老师的指导下，我对这篇文章进行字斟句酌，前前后后改了多少次我已记不清楚了，直到最后得到夏老师的认可。其实最后的论文发表与否已经不重要了，更重要的是我从夏老师那里懂得了作为一名科研人对科研事业应该持有的严谨与认真的态度。在以后的学习和科研生涯中，我一直秉承着夏老师的处事方式和凡事尽善尽美的态度处事待人，力求做有价值高质量的工作。

所谓师者，传道授业解惑也，于我，夏老师是良师，更是乐于学术交流的益友。夏老师喜欢集思广益，喜欢和同仁甚至学生探讨学术问题。从 1998 年开始，我参与了夏老师主持的博斯腾湖水资源研究项目，第 2 年 4 月的一天，我把研究报告初稿送到夏老师家，夏老师听我的介绍后，非常高兴，对我的研究初稿给予肯定，说“确实下了工夫”，别提当时我多高兴了，对我是一次人生的勉励，也激发了我更大的干劲，让我坚信“只要努力就一定能有回报”。他在对我研究成果肯定的同时，也提出了很多具体且有前瞻性的意见。曾经有三次，在夏老师家里，我和他对于水资源可持续利用量化方法和计算结果进行了激烈的争辩。其中有一次，对可持续发展量化准则计算问题，我们有不同的思路，从上午争论到下午，中午还在夏老师家吃饭，这是我第一次在夏老师家吃饭。在夏老师的启发下，我慢慢探索出一套新的可持续发展量化研究方法，那也是我博士论文的核心内容之一。这样的过程增进了师生间的友谊也使得我的工作做得越来越好。

毕业之后，我与夏老师也没有停止学术上的讨论，印象深刻的是在 2010 年，夏老师主持的淮河重大水专项课题研究中，有一次在蚌埠集中工作会议上针对研究内容有不同意见，甚至争得面红耳赤，更让外人觉得我对夏老师竟然如此大不敬。其实不然，我们自得其乐。只有交流与争论，才能促进科学问题的更好解决，才能取得更大的进步。

夏老师经常说，学术需要争论，学术界百家争鸣才能更加繁荣地发展，只要是学术争论就应该平等争论。对科学不懈追求，对学生工作认真负责，没有架子，喜欢和学生平易近人的探讨学术问题，夏老师就是这么一个治学严谨，尽职尽责，追求卓越的科研工作者。正是由于多年来他对科研始终如一的严谨与共同探索，夏老师一步步地成为一名走在水文水资源科学最前沿的学术大家，也推动了我国水文水资源事业的发展。

夏老师对学生的负责和督促不止在学生的求学期间，更在学生们工作之后。每次相见，夏老师首先问的就是学生们的工作进展，督促大家志存高远，好好工作，教导我们做人做学问要积极向上，不断进步，再接着进行批评指导。夏老师在科研之路上一直矢志不渝，勇于探索，每次与夏老师的见面，都是继续学习，聆听教诲的好机会。当然，他不只是严格的老师，也有慈爱和善的一面，私下时常和学生谈心交心，帮助我们解决问题，教导我们在学习工作之余多锻炼身体，也常常和我们一起聚餐、表演、唱歌、游武大樱花园。多年来，夏老师的言传身教潜移默化地影响着我，让我更加兢兢业业地投入到科研工作中，并取得了一定的成绩。

22 载，夏老师从一个博士生导师成为一名中国科学院院士，一名蜚声国际的水文水资源科学家，我也从一名普通的老师成长为一名有着自己研究团队和众多弟子的教授和博士生导师。夏老师对我不只是学业上的教诲，更是在处事待人，科研态度上树立了良好的榜样。正如他常说的“高标做事，低调做人”，夏老师一直秉承着这一理念，孜孜不倦，严谨治学，尽心育人，专注地投身于水文水资源事业。夏老师的人格魅力之大，我在心里暗暗钦佩。身为他的学生、后辈及工作伙伴，自当见贤思齐，继续努力，为我国的水文水资源事业的发展作出贡献。

（作者 2000 年毕业于武汉大学水利水电学院，系郑州大学教授）

吾师晓红校长

冯 淦

李晓红院士是我的导师，每每想起他，总是既敬佩又骄傲。他常说这样一句话：“人生为棋，我愿为卒。”此话很实在，也意味深长，正是他真实的写照。他是一名朴实的科研工作者，在学术领域上坚持拼命学、拼命干、应用于实际、开拓创新；他是一位辛勤的耕耘者，在教育事业上兢兢业业、勇往直前、奉献自我；他更是一名灵魂的工程师，引领着莘莘学子将科研精神和崇高品质薪火传承，发扬光大。

在科研道路上，他奋力前行。1978 年老师考入重庆大学采矿系学习，于 1982 年获得工学学士学位，1985 年获得工学硕士学位。1989—1991 年，在美国加州大学伯克利分校学习并做研究助理。1993 年获得工学博士学位。1996 年 3—8 月，老师在澳大利亚昆士兰大学做高级访问学者，1997 年获国家杰出青年科学基金，1998 年入选国家百千万人才工程第一层次人选。2006 年获国家创新研究群体基金，2011 年被评选为中国工程院院士。

从参加工作以来，他长期致力于水射流技术的研究与应用，是水射流破碎煤岩技术及其在矿山安全与环境工程应用方面的专家，是我国矿业工程领域学科带头人之一。他主持国家及省部级科研项目 20 余项，获国家科技进步二等奖 2 项、三等奖 1 项、省部级科技进步一等奖及发明一等奖 4 项，国际性学术奖励 2 项，获发明专利 4 项，出版著作 2 部，发表论文 170 余篇。

老师是我的榜样。他在科研上取得的成就，是我所向往的。然而，在一项项科研成就和一个个荣誉光环的背后，是他辛勤的付出。记得有一次外出考察，正值酷暑，天气十分炎热，大家的心里早就浮躁起来，想尽快收工。而老师虽然早已经汗流浃背，但顾不上炎热，更加投入地研究实地的状况，拿着图纸和资料，观察、分析、思考，并且说："实践出真知，仅仅考察一个地方是不够的，还要到多个地方查看。"随后，带着大家去了多个地点，甚至一些步行都十分困难的高地，他都要前去弄明白。李老师对待科学研究的实干精神，深深地影响着我，使我对于科学研究不再害怕麻烦、不再畏惧困难。

自从2003年担任重庆大学校长起，他便立志要做一名师生们认可的校长。在2010年告别重大时，他说："这些年来，我努力践行着自己的诺言，努力推进学校的事业发展，从不懈怠；我一直坚持把学校的发展与师生的利益，特别是工作和生活条件的改善融在一起，不畏困难和矛盾；我追求的是无愧于组织和师生对我的信任和期望！"这是他对自己在重大期间的工作总结。在重庆大学担任行政领导期间，重庆大学的发展持续向前，他受到师生们的认同，被称为"平民校长"。赵凡、杜占元评价道："李晓红政治过硬、视野开阔、作风深入，担任重庆大学校长八年，学校各项事业都取得较快发展，得到了组织上和广大师生员工的充分肯定。中央认为，李晓红任武汉大学校长是合适的。"2010年，李晓红告别学习工作了30多年的重庆大学，出任武汉大学校长。

初到武大，他感到自己面临着挑战。后来回忆当时的情景他说："武汉大学是百年名校，国内外声名显赫，但当时却正处低谷。我单枪匹马来到这里，就能让武大扭转颓势，重振雄风？再一个，从理工科大学到一个综合性大学，各自的办学理念都不相同。还有，武汉大学是百年名校，我要考虑，武大能否接纳你？自己又如何融入武大？"他那时思考着这些问题，同时践行着自己的诺言："我义无反顾选择挑起这副担子！人生为棋，我愿为卒！"他用自己的果敢和睿智挑起"发展好武大"这副沉重的担子，勇往直前。他有思路：依靠教师、学生、校友三支力量；把武汉大学办成国际一流的大学；让武汉大学扎根湖北和中原大地，为地方经济和社会发展服务。

老师果然是治校有方。作为校长的他十分重视教学。我国高校教师的评价体系重点关注学术水平，关于教学的考核指标偏软，教学质量的评价缺乏完善、有效的评价标准。为了解决这个问题，2015 年，武汉大学开展了本科教育改革大讨论。最终，武大出台了《武汉大学关于教师教学工作考核评价与绩效激励的实施意见》《武汉大学关于完善本科教育质量保障体系的实施意见》等文件。他还对学生充分照顾，研究生学费不设限全免，所有学生都享有一定金额的补贴。作为武大校长，他积极拜访校友，获得校友们的建言献策及直接支持。

老师要努力把武汉大学办成国际一流的大学。在他任期内，武大的全球排名得到大幅度提升，引进了许多高层次人才，参与了多个国家重点项目。获批“973”重大研究项目、取得国家科技进步奖、新增院士、获得国家基金资助和青年基金资助等的数量也大大增加。

老师要让武汉大学扎根湖北和中原大地，为地方经济和社会发展服务。他刚上任武大校长，就为学校的发展积极奔走，赢得支持。他说：“政府有需求，学校有行动”，“不能因为自己是中央在鄂单位，就把自己封闭起来。既然你在这个地方，就是这个地方的学校，只有支持地方发展，才能获得地方支持”。2011 年 2 月，他为武大争取到了支持发展的协议，该协议规定湖北省按照整体规模不低于中央投入经费的 1∶1 比例给予资金和配套政策支持武大。他还十分有智慧地处理好了“武大牌坊事件”，果断地拆除牌坊重建，使得八一路地下通道顺利修建。如今的武大不再是南北两片校区，而是连在了一起，师生们的通行也畅通无阻，新牌坊也焕然一新。

我的老师被昵称为“平民校长”。无论是重庆大学还是武汉大学，师生们都亲切地称呼他为“晓红哥”，都一致认同他是一位“平民校长”。

他做事果敢，力行实践。初到武大时，他面临着许多问题，但是从来都不回避，积极地解决问题和迎接挑战。到任之初，他就走遍了学校的各个院系、部门、食堂等校园角落，深入实地掌握学校情况。当得知生命科学学院杂交水稻实验室在申请国家重点实验室，他就立即亲自前去了解详情。他离开后，大家认为他是干实事的。

他积极与学生们互动。在各大晚会上，经常能听到他的歌声。他还在 BBS 上注册了账号，与学生们近距离沟通。有一次，在武大校友的千人婚礼上，许多校友回归校园，举办集体婚礼，场面十分热闹。李校长也身着西服，佩戴好武汉大学徽章，亲临现场，见证校友的美好婚礼，送去自己的祝福。

这些年来，晓红院士在担任校长时所做出的成绩，有目共睹。2016 年 11 月，李晓红出任中国教育部副部长。得知此事，武大师生们通过各种方式，向李校长表达了依依不舍之情，就像 6 年前，他从重庆来到武汉担任武汉大学校长时，重庆大学的师生们表达的留念之情一样。

我攻读的是土木工程专业岩土方向，这个方向有好几个导师，“晓红哥”就是我的导师。初见李老师的情景，记忆犹新：他面带微笑，眼神中透露出睿智，中等身材，不胖不瘦，装束整洁，腰杆笔直；谈话时，语速不紧不慢，言语诙谐风趣，说话耿直明了，气质出众，显得格外平易近人。我向他介绍道：“我是您的学生。”他微笑答道：“你好……”接着便讲述他的研究方向，这也是我第一次感受到了学术大家的风范。

记得有一次，他把我叫到办公室。

“你对什么研究感兴趣？”他问。

“还不十分清楚。”我回答道。

“那我给你一一道来。”

他向我详细地介绍了具体研究方向，让我回去收集相关论文，先仔细阅读，了解研究现状，并让我把想法和疑惑记录下来，每过一段时间都要向他汇报。如此过了几个月，我对研究的方向有了深刻地认识，理论、实践研究也逐渐进行，并取得了一些成果。我把论文交到他的手里，大概一周后，他便反馈给了我。打开论文，我十分惊讶，同时也感到内疚和感激。我的论文从头到尾，都已经修改过了，李老师不但指出了我学术上的一些观点不充分的地方，需要加以补充，而且从文章结构到语法也都一一订正。这样论文得到了修正，很快便被同行专家认可。从中我也体会到了做学问时，必须有深究细探、一丝不苟的品质。

我有时学习不够用心，有些浮躁。有一次，李老师打开我的一篇论文来，指着其中一些实验图片，向我说道：“你看，这个图不太清晰，是用软件截图的吧！当然这样比较省事，截图十分方便。但是科研工作者不能回避繁琐，更不能提供草率的图片，应该提供原始像素的清晰的照片，以便学者们研究审阅。”我向李老师反省了自己的问题，觉得自己在心态上过于急躁，遇到事情没有梳理清楚、厘清主次。而李老师则安慰我：“在学术研究中，面对问题有情绪化是很正常的，多想一步，多做一步，扎扎实实搞研究，踏踏实实做事情是十分重要的。”我被深深地触动了，李老师诲人不倦、循循教导的话语如一股暖流，让我感动不已。我也意识到，在学术研究的道路上来不得半点马虎与敷衍，勿以错小而为之，要踏踏实实才能做好学术研究。后来我在科研上更加严谨，也取得了一些成果。

他还通过讲述自己的经历来传授道理。在一次毕业典礼上，他讲述了这样一件事情。在1989年，他刚去美国时每月只有420美元的生活费，生活相当拮据，但埋头苦干1个月，完成了4篇研究报告。导师每天晨跑时看到他还在工作，见这个中国人如此刻苦，便问他生活有无困难，李晓红如实告诉导师：“钱太少了！”导师觉得找这么个助手不容易，立即决定再给他每月2000美元的补贴，这就使他在那个年代，一个月就成了万元户。他想告诉同学们的是，在任何岗位，首先要苦干做出一番成绩，有了资本后，要主动地寻找一种合适的方式提出诉求，体现自己的价值。我不仅领会到这个道理，而且结合自己的经历也触动很深。1989年，他30岁，初到美国生活拮据，但是仍然埋头苦干，专心科研。而现在的我28岁，作为科研工作者，不能因为太多外界因素而使自己内心浮躁，我要像李老师那样，静下心来学习，那么未来才会有所成就。

后来李老师调往北京工作去了，我也有一段时间没有见到他了。又因为科研太累，时时一个人静静地养神，脑海里浮现得最多的就是李老师在武大的日子。他的人格魅力让我十分想念。每当我心情浮躁时，回想起他的那句话“人生为棋，我愿为卒”以及和蔼的面貌，便会使我内心豁然开朗，践行做人做学问的真谛。

（作者系武汉大学土木建筑工程学院博士研究生）

回忆夏师坚白

高时浏

我和已故前武汉测绘学院院长夏坚白教授交往的时间不算短。从他1939年回国后的秋季在国立同济大学测量系任教之时起，到他1977年10月逝世，共历38个春秋。

当然，我们也有几段不在一起的时候，但彼此的情况是相互了解的。可以说在我的师辈中，较了解我个性和关心我事业者莫过于夏师了。这不仅是由于我们有较长的师生和同事关系，有共同的大地天文测量专业，更重要的是由于夏先生的强烈事业心和责任感，以及远大的眼光和宽大的胸怀所决定的。是他在关键时刻敦促我并给我以鼓舞和指导，使我得有参加1946年的全国留学考试和嗣后出国学习的机会；在我最困难的年代里，不但同情我的处境，而且只要有可能，便给我以发挥我专长的机会。他想的不是私人之间的感情，而是测量事业的发展。夏师的治学态度、为人处世、无限忠诚于测绘教育事业，无微不至地爱护和提携年轻一代的风范和精神永远铭刻在我和所有接触过他的正直而无偏见的人们心中。

夏师在中央测量学校工作的时间有三年多，而我和他在该校共事的时间是其中的三分之一，前后两次(贵阳和北碚)合计14个月。这三年是战火连天、日寇侵略气焰最为嚣张、国家民族面临危亡的国共合作共同抗日最艰难的岁月，在军事和民用测量界双方缺乏相互合作的情况下，夏师以其渊博的学识、坦率的胸怀，刻苦勤劳的精神和卓越的才智，仍取得了巨大成绩。正值夏师九十诞辰之际，怀念他的为人，赞颂他的贡献，发扬他的精神，抒发各自的看法，回忆者为数众多，各有侧重。因此本文所述有关夏师的记忆着重在中央测校时期，但也不完全局限于此。

我班来了一个留德归来的博士副教授

1939年上半年就传说有三位非同济毕业的由庚子赔款派去留英、后转德国学习测量的三位博士夏坚白、陈永龄、王之卓回国了，其中一位要来同济测量系任教。这三位在当时我们称为“后三杰”（前三杰是指曾广梁、叶雪安二教授和王南原先生）。秋季一开学，果然来了一位高个子、戴眼镜、风度翩翩的副教授。他先教我班“平差计算”（陈适先生当助教），后教我班“仪器学”（龚谨先生当助教），这位就是夏坚白博士。他的来校，给测量系师生打了一剂强心针。青年学生都怀着强烈的好奇心和求知欲，渴望从这位新教授身上得到一些由于在抗日战争中被迫流亡到西南边区、多年几乎与国外隔绝听不到的国际形势与科技消息。那时候东西两个法西斯轴心国家侵略气焰凶猛不可一世，而这三位博士来自西方，他们是国内何校毕业？何时出国？何时回国？我们不清楚。是传奇式人物、兴趣的焦点、学习的模范。

夏教授初上同济讲台就打破同济的传统，不是满口德语、整板德文，而是汉语与中文。可能他早有宏图，要和陈永龄、王之卓二位合作用中文合编一整套测量学科的大学丛书。当时我与夏师虽是师生，但课后交往很少，这也是当时师生居住和生活条件所限制的。

1940年春的某一天，夏先生通知我和范家鼎（1942年毕业的同济测量系第六届学生）到他家中接受一次选拔留学生的预选考试，这可以说明他是关心培养年轻一代的。

1940年夏季日机滥炸昆明，我班同学及贵重测量仪器迁往呈贡县城。我们是毕业班，主要的五六门课（包括地面摄影测量）全由系主任叶雪安教授一人唱独角戏。辅导及实习则由孔广楚先生一人承担。夏先生此时已同其他二杰去重庆北碚利用中英庚款筹建“中国地理研究所大地测量组”了。

1941 年春，同济工学院各系都提前毕业，唯独测量系在叶雪安主任坚持原则下，从云南呈贡迁往四川李庄。这样，同济测量系就有可能从北碚聘请王之卓先生来我班讲授航空摄影测量学和几何光学，请夏坚白先生来讲授地球形状与矿山测量，补完这几门课程并考试及格后，才允许毕业。

1941—1942 年，夏先生又从北碚来李庄，正式担任测量系专任教授，我们共事了一年。他教土木系的平面测量学，我和熊全滋当他的助教。在当时的情况下，测量实习一经拟定之后，便由助教专职承担，教授可以不来；但夏先生每次总要来检查，到每组巡视一番，其重视实践和认真负责的精神于此可见。他有时也让我们试讲，有计划地培养年轻助教。

共同的目标把我们会合到贵阳测校

大约 1942 年年底，地理所大地测量组从四川北碚迁来李庄。陈永龄、夏坚白、方俊、叶雪安测量界巨星云集李庄。但大地测量组主任曹谟先生没来李庄，却回到贵阳参谋部中央陆地测量总局工作，嗣后接替刘述文担任中央测量学校教育长职，因此夏、王二人相继离开大地测量组去贵阳测校与测局任职。

大约 1943 年冬，我从大地测量组的老同学处获悉夏先生已到曹谟先生处担任中央测量学校教育处长，要聘请一位教德文及工程测量学的讲师，当时没人愿去。一因教这两门课前景并不太好，二因贵州穷省与测校这个军事穷校，人们确实不感兴趣。我当时受夏师影响认为同济测量系的出路主要应向测量局发展，故毅然应聘。

大约 1944 年 1 月，我来到贵州镇宁县的中央测量学校。此时测量局已改名为军令部第四厅，厅长晏勋甫。我就临时住在原天主教堂，后改为测校高干的宿舍。第二天早晨在院子里见到了夏师，他立即将聘书交给我，讲了一些欢迎和勉励的话。上班时给我介绍当时“少壮派”钱君伟、陈主一等人，并请他们协助我办理报到及报销手续。

贵州是个天无三日晴、地无三尺平、人无三分银的穷省。在镇宁住了三天便到贵阳。两周后在南厂兵营安居下来。测校确是个穷单位，吃的是发了霉的军米。在最初的一个月中，我认识了不少人，了解了一些情况，深感夏师在此环境中开展工作实非易事。好在有不少人深感测局和测校有改革的必要，要发展中国的测绘事业必须吸收军外高等院校如同济大学测量系毕业生及留德留美学生参加工作。他们对夏师的来临寄以希望，对夏师的改革方案给予支持。

夏师对测校的改革方针是在体制上脱离封闭而狭窄的军事院校系统，把三年制的大专体制改为四年制本科体制，把实用主义忽视基础的课程设置加以改革，扩充并加深数、理、化、地质、工程、外文等基础学科，英德语都成为必修课。

在 20 世纪 40 年代中期，一方面由于抗日战争，我国面临财政困难，国民党政府对军事学校的经费和教师待遇都低于地方同等国立大学的标准，因此聘请不到好教师。夏先生当时以他的声望，一方面调整充实测绘专业的教师队伍，另一方面采用聘任制以提高待遇，且来去方便，不属军人编制，聘请名流来校兼课，使当时的专业师资力量已相当雄厚：在大地测量方面有周卡、周家银(即周江文)、夏嘉贞、张睿文、钱君伟、陈主一等；在航空摄影测量方面有古振今、楼敬祥；在制图方面有卜孔书、闵布裘、刘功第、陈建良；在地形测量方面有练天章、讷全、沈镜祥等人。这些专业人员现在有的在大陆，有的到台湾，40 多年来在海峡两岸对我国测绘事业都做出不少成绩与贡献。在基础课教师方面有聘任教授陆志芬、徐步墀、张国隆(都是贵州大学名教授)，聘任讲师有张汉衡、胡继勤(1949 年后任广东省某地天文台台长)和我。

中央测校在 1945 年迁到四川北碚后，基础学科的师资队伍更为加强，因为抗战时有不少江浙一带的大学内迁来重庆沙坪坝一带，聘请教师就更加容易了。中央测量学校就在夏先生这种思想、方针的指导和具体措施下，不到两年的时间，基础课程的水平就有明显的提高，赶上了当时国立大学理工科的水平了。

现在来谈一谈夏师如何对我的使用与培养。

我在1944年3月间到达南厂之后，和钱君伟同住一室，我们经常到胡继勤、张汉衡老师房内聊天。此时夏先生的家眷还没搬来，因此有时也参加我们年轻人的谈话。夏先生平易近人，谈笑风生，把他在德国留学时代的见闻、趣事也讲给我们听。当然更重要的把他的办学设想、目标、方针、测校的过去和现在的状况告诉我们。希望我们在测校工作的时候支持他的方针和措施，尽快改变测校的面貌。他深知这些外来的年轻教师不会长久留在测校的。人可调换，但方针、措施要有连续性，更要深入人心。

对我个人来说，他告诉我，在该校聘用的目标是较短的，但培养的目标是长远的。他希望我不仅要教好目前的德语和将来的工程测量，而且要向测校的同事学习，学习他们在野外工作中刻苦耐劳，在专业上的精益求精的精神。他指出别小看他们都不是大学毕业生，但是他们的测量业务水平却超过了同济大学测量系水平。因此他安排我立即协助周卡，指导地形专业某毕业班的三角测量实习。我发现实习内容确比同济测量系所学的和所操作的都丰富而且较难。

夏先生还要我兼管图书资料室工作，要我整理图书资料目录，定出借还规章制度，有空要我跑书店和其他图书馆，订购必需的书刊。图书室的日常管理工作则由一位不懂外文、不懂业务的上士文书负责。我在测校只不过是聘任教师，教的两门课都不是竞争的目标，是个小人物；但不想有人把夏先生以及同济大学联系起来，有人认为我们是“同济派”，要占他们“地盘”，抢他们“饭碗”了。有一天当我一进图书资料室时，打开门便看到地下有一张纸条，上面写着：“高时浏，回到你们的同济去吧！我们这里不需要你们。”此事我没告诉夏先生，怕影响他的情绪，但告诉了钱君伟。他笑着说这只是极个别的人干的，别放在心上。大多数的少壮派如钱、陈、刘等人都是通情达理，和我志同道合，愿为中国测绘界大联合，首先是测校和测系的合作而努力。所以夏师和我两人在测校不是孤立的。我当时教本科二年级的德语（有地形、航测、大地、制图等专业共约四五十人），学生们都尊敬和喜欢我，经常来问我德文或英文。我们还组织了一个合唱队，登台表演过一次，把死气沉沉的南厂测校活跃起来。毕业生中有的留在大陆，有的去了台湾。有一位去台湾的毕业生叫侯德富，1949 年从夏先生处打听到我在加拿大大地测量局工作，因此我们还通了几封信。还有一位张芝先生曾任台湾“测量署署长”，1990 年 5 月下旬率代表团来汉参加国际航测与遥感会议时，他任副团长。他对我说他在南厂听过我的德文课。国家测绘局也有喻沧等两位局长是夏先生当教育处长时入学的学生。可见夏先生在测校对培养测绘界人才也是卓有成绩的。

由于在抗战艰苦年代，夏先生在测校待遇不高，又廉洁办学，其生活是简朴的。在南厂我的收入只够一人花，我弟弟在平越交通大学念书时，我都无法给以经济帮助。夏先生那时一家四口其困难是可以想象的。夏先生家就住在南厂兵营后面的一栋平房里。我晚饭后有时散步到他家，看到他们的饭菜，几乎同我们所吃的一样。我从来没听过他对生活有什么怨言。在最困难的时刻，他不得不出卖一些在国外留学时的衣物以补充家用。

1944 年四五月间，我经徐步墀教授的介绍，在贵阳某中学兼课，以增加收入，夏先生知道后批评了我。他说：“你是为了经济困难吗？你只一个人，我四口之家，经济比你还困难。”“你是觉得时间很多吗？那你可以读书嘛！到中学兼课，我总觉划不来。时间有时比钱还可贵。”

听了夏师的劝说，学期一结束，我就停止到中学兼课。可是尽管我拿的是聘任讲师的薪津，说实在话只够我一人花，但我还要帮助弟弟呀。那时日寇快打到独山了，我借口母亲生病要我返闵，其实我已联系好待遇高的工作到昆明去。夏先生也知道留不住我，批准了我的长假(当时国民党军事单位，只能进不能出)。要辞职只能请长假，我的位置就由同济测量系毕业的朱顺之来代替，然后陈乙惊，最后郁祚瀛，一直保持着中央测校与同济测系之间的联系，直到夏师离开测校为止。

中央测校北迁后的发展

1944年8月我离开贵阳，西去昆明，终日忙于野外勘测工作，很少与测校、测系师友通讯。后来从我弟弟处才知道测校也在同年冬从贵阳北迁四川重庆附近的北碚，他由夏师协助，由平越到贵阳，乘搭测校便车到重庆。此时测校迁到北碚附近的澄江镇，当时有不少高等院校云集北碚与沙坪坝一带，聘请外校名教授的条件比在贵阳时更为有利。测校即由夏师聘请了复旦大学数学系教授李达、陈传璋，曾任中央地质调查所长的名教授黄汲清，曾与夏师等三人同时考取庚款留英而转到美国学测量的董钟林博士，还有光机研究所的赵元。

夏师主持中央测量学校教育的功绩莫过于改革旧的军校教育体制，设置新的课程且聘请了具有真才实学和丰富教学经验的教授。受益最大者是1943年秋入学、1947年毕业以及前后两届的学生。中央测校是军事院校，必须受军训半年，但学习的总年限又不能超过四年，因此半年的军训时间必须缩短寒暑假的天数以资补偿。因而学年、学期的起终都与一般国立大学的规定有所不同。

在抗日战争时期，国民党在大专院校设有训导处以控制学生思想，在军事学校设置政治部，其作用与大学中的训导处相同。一般来说，教务处掌握在教育家手中，训导处或政治部则掌握在国民党党部骨干人员手中。这两部门经常有矛盾，特别是在处理学生中涉及政治思想或某种行为时，因其观点立场不同而采取处理的手段也不同。夏先生是一位测量教育家，因此在处理学生事件时当然难免与政治部主任发生矛盾；但夏先生能凭借其在社会上与学生中的威望，再灵活运用其斗争策略，使测校在他任职的三年中，学校正常教学秩序得以维持，学习不受干扰，学生的安全得到保障，这不是容易办到的。

教育的成绩要看学生毕业后在社会上、工作中所表现的才能和做出的贡献来评价。对此我在第二次与夏师共事于北碚测校时，得到了仔细观察、多方见闻的机会。

1946年中央测校与同济测量系在北碚的会合

抗战胜利后，1946年迁徙到四川的大专院校开始复原。同济大学在暑假一开始便逐步复原迁回上海。数十所学校，成千上万的师生员工及其家属，千万吨的校产和仪器设备从重庆沿江东下，在八年抗战刚结束之际，交通困难是可以想象与理解的。同济师生不少集结重庆办事处，有秩序地等待乘船通知。夏师得此消息后，立即派人向测量系叶雪安主任商议聘请测系教师前往北碚测校讲学兼课。于是，方俊教授先于六七月间前往讲授重力测量，七八月间叶先生便去讲授地图投影；接着是我和张海根、吴仕杰，我们的任务是接替郁祚瀛先生的工程测量实习。

测校大本营在澄江镇，校级领导及聘任教授住北碚。我和叶先生同住浓荫别墅的一间房内。三餐吃测校的食堂。张海根、吴仕杰和钱君伟、陈主一等住在一起。每天上午或下午都可步行到北温泉游泳，游泳后便在茶馆谈天，国家大事，测绘前途，对国共两党和谈看法以及个人的私事，无所不谈。夏先生也不回避和我们年轻人谈论一些敏感的政治问题。

这时传来八九月间全国在重庆、南京两地要举行公费留学考试的消息，测量专业有一名额，凡土木系和地球物理系的毕业生均可报名。夏先生得此消息，特告我及早准备。我因自1944年初离同济后，搞外语、中等数学及野外勘测工作，已两年半不搞理论工作，不敢报名。夏先生多次敦促并鼓励，说我和叶先生同住一房，有问题随时可以得到答疑和指导，要有敢闯的精神；我终于在沙坪坝和一位同班同学熊全滋自始至终参加了考试；尽管没取得全国仅有一个名额的公费留学的资格，但获得了按官阶购买外汇自费留学的资格；这就导致我第三次进苏州中央测校兼课，筹款买外汇，获得了国外学习的机会。每想到当时在北碚浓荫别墅的情境，夏、叶二师的教导与恩德，都觉终生难忘。

1946年10月左右，测校从北碚迁往沙坪坝。夏师不久调到南京国防部测量局任二处处长。我和张海根、吴仕杰二位担任大地毕业班的工程测量实习，这一班学生就是张儒杰、何绍基、汪胶生、韩天岂等十余人，和他们朝夕相处，无事不谈。对测校迁到北碚后的发展以及他们对夏先生的正直为人，竭尽心力为提高测校的教育水平的精神所表示敬爱之情，有了进一步的了解。

从政治课罢考事件的处理经过看夏师如何挺身而出保护学生

1945 年某日，1947 届大地班与航测班应在上午举行一次政治课考试，但主考教官找不到考题及试卷放在何处，因此没有来主考，而学生却在教室内等着。下午政治教官才带着考题和试卷来了，学生拒绝考试。教官发现班长韩天岂不在场，就认定他是领导罢考的“主犯”，不是星期天又不请假而擅自离校，犯了校规，便把韩天岂关进禁闭室，拟把他从学校开除。后来张儒杰把此事向夏先生报告，请他出面营救。夏先生挺身而出据理力争，认为规定考试日期权在教育处，政治处不能擅自更改变动，下午学生拒绝考试并不违法，可以由教育处再定考期举行补考；至于韩天岂那天下午不请假擅自离校，可根据具体情况，给以警告处分。于是立即释放，且免开除。政治处对此亦无办法，只好让步。

从 1947 届毕业生的成绩与毕业后在社会上所作出的贡献来评估夏师在测校的教育方针

我 1944 年在贵阳南厂所教过的学生有航测、大地、制图三个专业，1946 年我在北碚曾见到其中的几位如林树铮、吴潮第等人，他们是 1946 年毕业。后来，有的去美国留学如侯德富，有的在台湾当了“测量署署长”如张芝生先生，其余的毕业生我不甚了解。

至于 1947 级大地班，可以说是夏先生在中央测校主管教育期间的“产品”。这班招进来的学生共有 30 名，经过四年严格考试淘汰后，只有 12 人毕业。在那 12 名毕业生中成绩最好的有张儒杰、何绍基、汪胶生、韩天岂等人。且看这四人的成就吧。

张儒杰，毕业后留校当助教。1949 年 5 月上海解放后便应征参军，相继在二野三野服役，他从美军军用图译制西南军用图为解放大西南作出贡献。建国后，夏、叶二师向三野申请把他调到同济大学，任天文测量讲师兼系秘书。后虽生活曲折，但受夏师之熏陶，始终不离天文专业。主持编写了《大地天文学》和参加编写了《全能经纬仪 T_4检验与应用》等著作。曾高精度测定武汉天文基本点、拉伯拉斯方位角和超短边文方位角，提出适合于全能经纬仪 T_4测定天文方位角的第二纲要，为国家天文测量细则所采用。在我国参加首届南极考察建站前，受国家测绘局委托进行了南极测绘调研，拟出首次南极测绘计划及实施细则。张先生实为夏师所开拓的我国大地天文学的继承者之一。

何绍基，曾任教于解放军测绘学院，深得该院院长、我国测量界老前辈刘述文教授的器重，对重力测量有较深的造诣。在 20 世纪 50 年代中期就著有《重力测量学》一书，该书为我国最早出版的有关重力测量的教科书。1957 年，他曾来武汉测绘学院，在天文与重力测量教研组做过报告，可惜“文革”期间他因病早逝。他在学术上的成就，反映了夏师在测校教育方针与课程设置的成功。

王胶生，曾任黄河水利委员会测绘队总工程师，为黄河流域测绘工作作出贡献，现已退休。

韩天岂，1951 年经夏先生的推荐在中国科学院地理所大地测量组工作，该组后发展为中国科学院测量与地球物理研究所。韩先生是该班级最为幸运者，在学生时代身为班长，1945 年因政治课罢考问题几陷囹圄，幸有夏师及同学张儒杰多方解围才幸免于难；中华人民共和国成立后韩先生未受任何政治冲击，专心一致地研究大地天文学。在中华人民共和国成立初期与苏联专家合作测定天文基本点，为我国天文大地网的建立作出贡献。1957 年随该所由南京迁来武汉后，又为时辰站的建立作出贡献。组织编算大地星表，为21世纪的大地天文研究打下了基础。韩先生在大地天文方面连续工作近半个世纪，是该班最有成就的大地天文学者，他也是夏坚白教授事业的忠实追随者和继承人。

此外还有冯尊汤曾任新疆测绘局总工程师，王家谟曾任云南测绘局总工程师。

夏师在中央测校三年中处境不易，但仍能做出显著成绩。他在教学方针与课程设置上特别注重外语与基础学科。因此毕业生都有英德两种外文作为直接吸收外国信息的有力工具和进一步研究专业的理论基础。他在中央测校建立严格的考试制度，将不合格学生淘汰掉，终于培养出高质量的测绘专业人才。为抗日救国作出贡献，并为以后创办新中国高等测绘教育积累了宝贵的经验。

夏师早在中央测校时期就曾为全中国测绘界的合作不遗余力创造条件。作为夏师的学生应学习他热爱祖国、刻苦钻研、奋发图强、忠于教育事业的精神，学习他廉洁奉公、严于律己、宽以待人的胸怀，学习他既爱护学生又严格要求的师道准则。他的第一代、第二代学生，还活在世界上的都已退休了，但绝大多数是身退心不退。夏师的风范永活在我们心中，我们一定沿着他的足迹，实现他所未完成的事业与志愿。

（选自《学部委员夏坚白》，测绘出版社2003年版，作者系武汉大学教授，是中国测绘界第一位环游地球表面一周的人，也是中国第一位到达磁北极的人，又是第一位在加拿大政府机构联邦大地测量局正式供职的外籍工程师）

我的老师陈永龄教授

陈俊勇

我的老师陈永龄教授，是大地测量学家，也是中国大地测量学科的带头人，曾主持制定我国的测绘科技发展规划和大地测量法式，指导我国国家天文大地网平差，制定世界最高峰珠穆朗玛峰高程测定的技术方案，推动我国卫星大地测量新技术的开展。陈永龄教授是一位卓越的测绘教育家，关心青年成长，重视教材建设，他的《大地测量学》曾是 50 年代至 70 年代间我国大地测量学最重要的教材之一。先生是中国科学院院士，一级教授，近七十年来始终奋斗在测绘教育、科研、生产战线上，为我国测绘事业作出了重要贡献。

先生 1910 年生于北京，是原国家测绘总局总工程师、武汉测绘学院副院长、国家测绘总局测绘科学研究所所长，曾任第三届全国人大代表，第五、六、七届全国政协委员，中国测绘学会第二、三届副理事长，第四届名誉理事。近七十年来，他在测绘高等教育、科学研究和生产技术方面都有突出成就，为我国测绘事业的建设和发展作出了重要贡献。

先生的父亲是旧社会的一个小职员，怀才不遇，因此教育子女一定要学有一技之长，才能立身社会。家中只有他们兄弟二人，惜其兄早年去世，因此父亲对他期望更殷，不满五岁即上了北师大附小直至北师大附中毕业。1927 年夏考入清华大学工程学系，1929 年工程学系因故停办，他遂转入上海交通大学土木工程学院继续攻读，1931 年毕业，又回清华大学任教。

1934 年中英庚款董事会招考第二届公费留学生，陈永龄先生被录取去英国学习大地测量，进入伦敦大学帝国理工学院。1935 年又转入德国柏林技术大学测量系学习，1937 年取得特许工程师学位，1939 年取得工学博士学位。他的指导教师是德国著名大地测量学家、波茨坦大地测量研究所所长埃格尔特教授，博士论文是《大地测量用矢量和用经典平差方法的比较》。

1939 年秋，先生学成回国，在香港与清华大学 1937 届毕业生高棣华女士结婚。那时祖国遍地烽烟，半壁河山遭日本侵略军铁蹄践踏，东部沿海地区已全部沦陷，他遂乘船由香港转去昆明，任西南联合大学教授，主讲测量平差和地图投影等新课程。

1940 年，先生出于推动中国大地测量科学技术发展的愿望，在中国地理研究所成立之际，即应邀去重庆北碚任该所大地测量组研究员。

1943 年大地测量组与同济大学工学院测量系合作，先生在同济大学主讲大地测量学、测量平差法等课程。1944 年先生应印度大地测量局局长、英国著名大地测量学家邦福德的邀请，赴印考察大地测量工作。1945 年抗战胜利前夕，先生就任交通部铁路测量总处处长兼总工程师。1948 年冬，先生去广州中山大学和岭南大学任教。

1951 年，先生出任岭南大学第一位中国籍理工学院院长。1952 年中山、岭南及粤、湘、鄂部分工科院校合并成立华南工学院，1953 年陈永龄教授任该学院副院长，并被选为广州市人民代表及市政府委员。

1956 年，高教部决定筹建武汉测量制图学院(后改称武汉测绘学院，现名武汉测绘科技大学，以下简称武测)。先生认为这个决定对发展我国的测绘教育和科技事业影响深远，因此亲任武测筹委会副主任委员，积极参与主持武测的筹建工作。1955 年，他亲自率领有关人员风尘仆仆来到武汉，为该校选定了珞珈山以南的天门山一带为校址。1956 年建校后，先生任武测副院长兼天文大地测量系主任。在他的直接领导下，武测第一年就招收了副博士研究生，他还亲自担任了研究生的指导老师。他主持制定了武测的《1956—1957 学年工作纲要和教学科研工作计划》和《1957 年科研工作计划》，并在 1957 年举行了武测第一次教师科学研究讨论会和学生科学报告会。同年创办了《武汉测量制图学院学报》。这些工作都为该校的发展奠定了基础。

先生在武测工作期间，曾当选为湖北省人民代表大会代表、湖北省政协主席团成员、湖北省测绘学会理事长等。1959 年 6 月，先生调任国家测绘总局总工程师，兼国家测绘总局测绘科学研究所所长。先生作为测绘研究所的第一任所长，他坚定不移地依靠党的组织，团结该所全体科技人员，自力更生，艰苦奋斗，经过短短几年时间，就建立起大地、航测、制图、地名、电子和情报等研究室，并帮助这些研究室制订了长远的科技发展目标，选配了各方面的科技管理干部和研究人员。辛勤的劳动终于育出丰硕之果，一所综合性的测绘科学研究机构很快就为国家出成果、出人才。

1969 年，国家测绘总局及所属的测绘科学研究所均被撤销。先生被下放到河南正阳农村“五七”干校劳动。1970 年后，因总参谋部测绘局工作的需要，调回北京帮助工作。1973 年 4 月，国务院决定重建国家测绘总局，先生恢复总工程师职务，直至 1982 年卸任。

在长期的大学教学工作中，先生始终十分重视高等测绘教育中的教材建设。1931 年，他在清华大学刚恢复的土木工程学系任助教时，就与同任助教的夏坚白共同编写了《养路工程学》。这是一本结合我国当时实际的好教材，被收入大学丛书，于 1935 年由商务印书馆出版。这位年仅 20 多岁的青年，在教育界开始崭露头角。先生于 1939 年在西南联合大学任教时，开始编写大学测量教材《测量平差法》，1943 年写成。该书曾由商务印书馆前后发行六版，影响甚广。1943 年他在同济大学任教时，着手中国第一套《大地测量学》教材的编写，并于 1949 年末完成。其间，他还对 1932 年夏坚白著的《实用天文学》进行了大量修改和充实。这两部著作连同已出版的《测量平差法》等大地测量用书，形成了中国第一套内容比较充实、文字深入浅出的大学测绘教材，商务印书馆作为大学丛书分别于 1952 年和 1953 年出版并再版，受到我国测绘界的欢迎。

先生在武测任教期间分别于 1957 年和 1958 年撰写出版了《大地测量学》上

卷一、二分册。该书吸收了国外大地测量教材的优点，紧密结合我国测绘事业建设和发展的需要，理论与实际并重，对大地测量学的重大问题都作了精辟的论述，成为新中国成立后一部理论系统、内容完整、阐述全面、切合我国实际需要的大地测量教科书。此书至今仍对大地测量教学和教材的编写起着积极的指导作用。可惜的是先生编写的《大地测量学》下卷原稿，在“文革”中他的办公室被查抄时丢失，一直未能找到。这对我国大地测量教材和学术来说，无疑是一个不小的损失。

先生是中国测绘科学事业的奠基人之一。早在1940年，他在中国地理研究所大地测量组任研究员时，就曾主持布测了“北培测量实验区”的二等大地网，并对该网进行了理论探索和实践总结，相继写出了《嘉陵江北碚渡江水准测量》、《基线网图形强度之研究》、《大规模三角网之平差方法》等论文11篇，陆续发表在地理研究所编辑的《测量专刊》上。当时他还对我国局部的天文大地资料进行了研究分析，推算出适合我国国土的地球形状和大小。曾用英文写成《由中国三角测量的成果初步推算地球形状和大小》的论文，1946年由美国地球物理学会发表，引起了国际测量学界的关注。此外，他曾建议将当时我国采用的兰勃特正形圆锥投影，改用高斯正形投影，但这一建议直到中华人民共和国成立以后，才得到采纳。

1947年，他在交通部任职时，首次将航空摄影测量技术应用于闽赣路线的勘测，在通过武夷山区的选线中，取得了几条比较线路，为中国铁路航测技术的发展奠定了基础，也对新中国成立后修筑鹰厦铁路提供了有益的资料。

先生在武测从事教学的同时，还积极开展测绘科学的理论研究，曾先后在《武汉测量制图学院学报》、《测绘通报》等测绘杂志上发表了十多篇学术论文。其中包括《关于参考椭圆体定位的理论》《菱形基线网图形强度的理论》等论文。

先生对我国测绘科学技术的重大贡献主要表现在以下五个方面：

第一是主持制定我国测绘科技发展规划。为了改变国家成立初期测绘科学技术落后的面貌，他积极参与“1956—1967年国家最重要科学技术发展规划”

（简称"十二年规划"）中的国家级测绘项目计划的制定，提出了诸如大地测量法式的制定、各种测量基准的建立、天文大地网的整体计算和地球形状的研究等一系列战略性课题，为发展大地测量科学技术指明了方向。1962 年又根据测绘科学技术发展的需要，在国家科委测量制图组的领导下，主持制定了全国"1963—1972 年测量与制图科学技术发展规划"（以下简称"十年规划"），内容包括大地、航测、地图制图、工测、仪器等专业共 16 个中心问题、6 个主要项目。他主笔的前言，精练地阐明了我国测绘科学技术的现状、主攻方向、主要内容和重大措施。由于"十年规划"方向任务明确，切实可行，对推动我国测绘科学技术发展起到了重要作用。

第二是主持制定大地测量和其他全国性测绘技术标准。先生作为国家测绘总局总工程师，主持了我国测绘的根本大法——《大地测量法式》的编写和论证工作。他对当时全国正在实施的天文大地网的布设结构、图形强度和观测精度等进行了深入研究分析。那时我国天文大地网的布测方案完全是参照苏联 1939 年大地测量法式制定的，他认为这种布网方案等级层次较多，不仅经济上不合算，而且出现高低两级结合部由于高级网薄弱部分的强制控制，使作为全面实用基础的二等补充网精度降低，难以适应大比例尺的测图要求。因此，在他负责组织制定的 1957 年及 1959 年我国大地测量法式及其相应的规范细则中，对上述因素作了充分考虑，减少了布网层次，去掉二等锁，改作全面网，适当提高观测精度，并顾及经济建设和国防建设的需要，增加了四等三角测量。1959 年 10 月，我国颁布的相关草案改变了我国过去大地测量完全按照苏联细则规范进行作业的状况，从而能在一定程度上结合我国的实际进行大地测量工作。在他撰写的《中华人民共和国大地测量法式（草案）》的说明中，突出了我国天文大地网的上述特色，并阐明了我国国家大地网布设方案的主要技术规定，论证分析了该网实际所能达到的程度。国家测绘总局历年所编写的细则、规范、技术规定、图式、技术总结以及涉及测绘技术业务的管理办法等，大多经他审核把关，然后颁发。军事测绘及经济部门测绘工作中所编的重要规范，也多向他征询意见。他总是对这些审核工作非常认真，而且经常询问主管专业的工程技术人员的意见或加以指导。这对保证全国性主要测绘技术标准的统一，起到了重要作用。

第三是指导我国国家天文大地网平差。在20世纪60年代初，我国正在大规模进行国家大地控制网布测时，作为总工程师的陈永龄教授就开始组织力量研究我国天文大地网平差问题。他在对天文大地网整体平差理论和技术方案的研究中，发现“1954年北京坐标系”所根据的椭球及其定位与中国大地水准面的差距较大，沿海地区最大达68m，天文大地垂线偏差在东部有规律地由西往东倾斜。在60年代初他就先后撰写出《关于参考椭球体定位的理论》《我国参考椭圆体定位的初步研究报告》《天文大地网平差有关的科学技术问题》等重要论文，论证了我国选择的椭球大小及定位不够理想，提出重新选择与我国大地水准面最佳拟合的椭球及其定位，由此建立新的大地坐标系。

1975年国家测绘总局召开了平差座谈会，先生在会上作了“天文大地网平差方法——矩阵分块分解法”的发言。国家测绘总局和总参测绘局一致同意先生的意见，不再采用旧的1954年北京大地坐标系，建立我国新的大地坐标系。建立的新坐标系定名为“中国1980年大地坐标系”。这项巨大工程在1982年完成，参加这次平差的大地点共计5万个，含近20万个未知数。经整体平差后，我国天文大地网的精度得到了很大的提高，相对于西安大地原点的最远大地点点位误差小于±1m(未顾及系统误差)；根据与200条左右的激光测距边长相比较，二者的绝对差值一般都在±1dm以内，相对误差在30万分之一以内。因此说，我国天文大地网整体平差的完成时间、规模、精度以及所采用的理论和技术等，在当时都属世界前列。该项成果获得了国家级科技进步二等奖，先生在理论和方法上都起到了极为重要的指导作用。

第四是珠穆朗玛峰高程的测量技术方案的研究制定。珠峰是世界第一高峰，它的高程历来为人们所关注。近百年来，国外对它进行过多次测定，但由于珠峰地区特殊自然地理条件的限制，加之一些特殊理论和技术问题没有很好解决，使珠峰高程测定精度较低。1965 年先生开始进行测定珠穆朗玛峰高程基本技术方案的研究，提出了解决精确测定珠峰海拔高程的技术难题和特殊理论问题的方法和途径，即求定观测珠峰时的大气折光系数和推求珠峰附近大地水准面起伏的方法。1965 年、1968 年和 1975 年的中国珠峰高程测定基本上是根据他的意见组织实施的。1975 年测得珠峰海拔高程值为 8848. 13m。珠峰的这一海拔高程是世界上迄今为止最为精确的数值，已得到国际的公认。

第五是曾努力推动我国卫星大地测量新技术的发展。20 世纪 70 年代卫星大地测量发展很快，涉及范围很广。陈永龄借鉴了国外经验并根据中国情况，力主在中国引进卫星多普勒技术。这一建议于 1976 年被采纳。这一工作的重要意义是在中国建立了比较精确的地心坐标系，为我国空间技术的发展作出了贡献；另外，为探索天文大地网总的尺度因子、方位偏差等量的大小，提供一种独立的可资参考的外部检核数据。陈永龄教授是将这一崭新手段应用于中国测绘工作的倡导者。

1980 年，古稀之年的先生不仅身患多种疾病，而且视力已完全衰退，不能正常地阅读和写作了，但他仍接受了负责《中国大百科全书 · 测绘学》卷的总编辑任务。《测绘学》卷 200 条词目，近 40 万字。在编辑该书的 4 年时间内，他不仅对测绘词目的选择、全卷的框架结构花费了不少精力，还亲自撰写了近 6000 字的大地测量学方面的词条。测绘学作为自然科学的独立类别，列入我国第一部大型综合性百科全书而自成一卷，这在当代世界众多百科全书中也是仅有的。先生对此书的编写作出了重要贡献。

1989 年，陈永龄教授已 80 岁高龄，仍孜孜不倦，关心祖国大地测量事业的发展，再次写下《从卫星大地测量技术的崛起展望今后的大地测量任务》的论文，指出了我国现在和将来的大地测量可能发展的技术和方法。接着又倡议和组织了有几十位专家参加的“地球动力学座谈会”，以进一步推动大地测量学和地球动力学的结合，为开创大地测量的新领域而努力。

先生襟怀坦荡，对人诚恳，遇事认真，近 60 年来奋斗在测绘教育、科研、生产战线上。他是集教育、科研和生产技术于一身的大地测量学科的带头人，对当代中国大地测量事业的发展有着不可磨灭的功绩。

（选自《大地测量学论文专集：祝贺陈永龄院士 90 寿辰》，测绘出版社 1999 年版，作者 1960 年毕业于武汉大学测绘学院，系中国科学院院士）

我的导师李德仁院士

龚健雅

学者的一生要经历小学、中学、大学和研究生阶段，在这过程中，遇到好的老师引导和指导是人生的幸运。一次偶然的机会与李德仁老师相识，由此改变了我人生的轨迹。

1982 年，我从华东地质学院（现东华理工大学）本科毕业，并作为优秀毕业生留校任教，主讲“航空摄影测量”课程。

一名毕业于华东地质学院工程测量专业的本科生，留校当老师要教好“航空摄影测量”课程，会有一定的难度。所以工作以后，学校将我送到武汉测绘科技大学摄影测量与遥感系（现为武汉大学遥感信息工程学院）进修。

1983 年，我和来自全国各地高校的十余名教师一起，成为航测系的插班生。华东地质学院给我的任务是，用一年时间学完航测系的主要专业课程，包括“基础摄影测量学”“解析摄影测量学”“数字摄影测量”“近景摄影测量”和“遥感基础”等课程，而这些课程当时跨越了几个年级，我要同时选修二年级、三年级、四年级甚至是研究生的课程。

在进修的一年里，除了这些专业课程外，我还选修了其他与航测相关的课程，包括研究生课程。由于我的基础比较好，学习目标比较明确，学习比较努力，这些专业课学得都很好，所以系里的老师对我印象比较深、关系比较好。当时“近景摄影测量”课程由李德仁老师的夫人朱宜萱老师主讲，在这门课程的考试中，我考了年级第一，有一道题仅有我一个人做出来了，所以朱老师对我的印象就特别深刻。

我在跟班学习的同时还跟着几个老师做科研项目。由于我在华东地质学院留校以后教过计算机程序设计，编程能力挺强，就帮老师们编软件。在武测进修的一年期间，我不仅圆满完成了航测系主要专业课程的学习，还用当时的PC1500编写了航带法空中三角测量软件和近景摄影测量直接变换数据处理软件，后来移植到苹果机上。由于那时微型计算机才刚刚兴起，我编的这些软件是最早的微机上的摄影测量软件，所以航测系就作为系里的科研成果组织了鉴定，同时举办培训班推广使用，获得了较好的效果，我作为项目负责人获得了两项省部级科技成果奖。这样，虽然我仅是一名进修的学生，但是航测系的老师，包括朱老师都对我印象很好。

1984年，结束了武测一年的学习后，我回到华东地质学院继续担任测量系讲师，主讲“航空摄影测量”课程，其间我又参与了中南矿业大学杨善慈教授主持的国家自然科学基金项目，采用数学地质和矿体几何的方法，用微型计算机计算矿产储量。几年时间我们完成了南京梅山铁矿、江西东乡铜矿和湖北大冶铁矿的储量探测，取得了良好的社会经济效益。1982—1988年，在华东地质学院执教的6年里，我相继被学校记大功2次，还被评为“江西省优秀教师”。

1987年，我借在大冶铁矿做科研项目的机会回武测探望航测系的老师，当我去拜访朱宜萱老师时，朱老师不在家，李老师热情地接待了我，并和我交谈起来。我在武测进修时李老师还在德国留学，他1985年回国以后可能经常听航测系的老师或者朱老师提到我，所以当我一报名字，李老师就对我说：“系里老师和朱老师经常提到你，说你既聪明又很勤奋。”他说：“你调过来吧，我们系会很欢迎你。”我当然非常高兴，但是我说我现在只是一个本科毕业生，没有研究生学历，调武测可能会有困难。他又说那你考研究生吧。但我当时凭研究成果正在申请中南矿业大学在职人员的硕士学位，所以我说我已经30多岁，工作了6年，再来考硕士研究生，似有不值。李老师又说那你直接考博士吧。我当时真是高兴坏了，没有想到我一个本科生，李老师能够让我直接考博士。在这之前我与李老师并不认识，既不是他的学生，也没有深入交往过，仅凭其他老师的相传评价和当时一个多小时的谈话，李老师就让我一个当时仅有本科学历的年轻老师直接考博士，足可见李老师对我的厚爱和担当。

李老师答应让我考博士，我自然很开心，但是挑战也是非常大的。虽然我在武测进修期间选修了几门研究生的课程，但是要数学、外语、基础课和专业课都通过博士生入学考试还是有相当的难度。1988 年，武测航测系只招收 2 名博士生，一名是王之卓先生与李德仁老师合作指导，一名是王之卓先生与张祖勋老师合作指导。李老师向自己的恩师王之卓先生推荐了我，说我特别勤奋和聪明，虽然不是研究生，但有研究生的学力，是个可造之材。

向来以治学严谨著称的王老先生对录取博士生十分慎重，尤其当他了解到我仅有本科学历时，更加慎重。不仅亲自向给我上过课的老师了解情况，还询问我的同学，甚至给中南矿业大学杨善慈教授写去亲笔信了解我的科研能力。即便如此，在我通过博士生入学考试初试以后，王先生还是决定组织一场严格的面试。

当时组织的那场面试，我现在还记忆犹新。王之卓先生、李德仁教授、张祖勋教授、郑肇葆教授坐在台下，我在台上，他们现场提问，我现场解答。有时问概念问题，有时要写公式甚至推导公式。他们整整考了我一个下午，从 14:00 考到了 18:00 以后。经过认真考察与面谈，他们认为我的基础很扎实，反应也比较灵敏。复试完离开武汉前，我与李老师告别。他告诉我，王先生和其他几位教授对你很满意，录取应该没有问题。就这样我被破格录取为王之卓院士和李德仁教授联合指导的博士生。

1988 年 3 月，距上一次进修近 5 年，我再一次来到武测当起了学生，只是这一次，是正规的博士生，还是当年航测系唯一的博士生。师从王先生和李老师后，我的学术方向和科研视野上了一个新台阶，慢慢地融入了行业最新科学研究行列。

王先生和李老师原来的研究方向主要是摄影测量，我是摄影测量的博士生，理应从事摄影测量方向的研究。但20世纪80年代末，GIS开始在中国兴起。王先生和李老师认为这是一个重要的发展方向，希望我从事GIS的研究。当时的地理学科、地图制图学科都在涉及这一领域，而我们摄影测量与遥感学科从事这方面研究的学者还比较少。如何让我进入这一领域并能够顺利毕业，李老师颇费了一番心血。在我进入武测攻读博士学位几个月以后，他就决定送我出国进修，到国外从事地理信息系统的学习和研究。1988年5月，李老师借在芬兰参加学术会议的机会，向丹麦的Jacobi教授推荐我到丹麦技术大学从事GIS的学习和研究，Jacobi教授欣然允诺，还帮我申请了丹麦政府奖学金。

当时的丹麦在数字制图和地理信息系统领域处于国际先进水平，80年代就建立了全国的地理信息系统。我到丹麦以后，丹麦技术大学为我创造了良好的学习和工作条件，不仅给予了我与丹麦技术大学摄影测量系老师一样的工作环境，还专门为我买了一些设备和软件，如世界上第一套基于关系数据库的面向对象地理信息系统软件System9，使我能够接触到国际上最先进的地理信息理论、方法与技术。

在丹麦留学期间，李老师叮嘱我："要敢于跨越，有跨越才有创新，你仅仅跟在人家后面，捡人家做过的重复做，你就总在后面。"我不敢辜负李老师的期望，潜下心来做研究，主攻面向对象的GIS，但是没有走前人的基于图层数据模型的GIS和基于关系数据模型GIS的研究路子，而是提出了新一代面向对象空间数据模型和一体化数据结构，在此方面走在了世界前列，国际上对此给予了高度评价。我提出的面向对象空间数据模型，在1990年召开的欧洲第一届地理信息系统年会作口头报告，获得好评，两篇相关的学术论文分别在德国和澳大利亚摄影测量与遥感学报上发表。现在，面向对象地理信息系统成为了GIS的主流技术。

我在丹麦留学时，有几个单位如丹麦农业部等希望我留下，但是李老师一直给我写信，王先生也很关心我，说国内现在很需要人，希望我能够按期回国。我现在还记得李老师当时给我写信的一段话，他说："我现在正在看欧洲杯足球赛，各国的球员都是回祖国参加比赛的，你也回国参加比赛吧。"从我个人来说，两位导师录取了我，并送我出国，我要是不回来，感觉不仅对不起国家，更对不起他们。所以，1990 年 10 月，我按期从丹麦回国"参加比赛"，继续跟随王先生和李老师攻读博士学位。李老师为了能够让我更好地从事面向对象地理信息系统的研究，花五万多人民币给我买了当时最好的微型计算机 IBM0520 和相关的软件。那是李老师从别的课题节省下来的结余经费为我买的计算机。李老师通常为了发展新的研究方向，总是利用其他课题结余的经费购买设备和资料支持新方向研究。由于有前面出国进修的基础和武测良好的研究条件，我很快就完成了博士论文，于 1992 年 3 月以全优的成绩通过博士论文答辩。

我是统招统分的博士生，毕业面临找工作的问题。当时清华大学和同济大学都希望我去工作，但是李老师坚持把我留在武测，而且找到当时的学校领导，把我爱人从江西调入武测工作。我非常感谢李老师的挽留，使我有机会继续跟随李老师从事教学和科研。

留校工作以后，李老师就把国家测绘局的一个几百万的"七五"重点攻关项目"面向对象 GIS 的研究与开发"交给我主持，并说服校领导从全校多个院系调集 20 多个老师和研究生参与项目研究，让我全面负责组织实施。这对我来说，挑战也是非常大的，我刚刚博士毕业，要组织协调这么大的团队协同攻关，没有李老师的全力支持是很难完成的。经过几年的攻关，我们研发出国际上第一个基于面向对象空间数据模型的地理信息系统软件——吉奥之星，并开始在市场上推广应用，扭转了我国 GIS 人才出口、软件进口的局面。我本人也得到学校和国内有关专家的认可，1992 年博士毕业后，1993 年晋升为副教授，1994 年破格晋升为教授，1995 年获得国家杰出青年基金资助，1999 年入选教育部第一批长江学者，成为武测最早获得国家杰出青年基金和入选长江学者计划的年轻学者。

1996 年 1 月，测绘遥感信息工程国家重点实验室领导换届，我又被学校任命为实验室常务副主任。李老师 1996 年下半年担任武汉测绘科技大学校长之后兼任了重点实验室主任，我继续在李老师的直接领导下工作。但李老师对我十分信任，放手让我去管理和发展测绘遥感信息工程国家重点实验室。2006 年换届，武汉大学又让我担任实验室主任，李老师担任学术委员会主任。经过 20 多年的发展，实验室发生了很大的变化，从不到十名教师发展到上百名教师，连续四次评估获得国家优秀重点实验室称号，不仅在武汉大学，而且在全国都成为国家重点实验室建设的一个标杆。

李老师是公认的战略科学家，我国的测绘学科能够发展得如此红火，与他和其他老一辈科学家不断推动测绘学科交叉融合发展分不开。我在李老师身边学习工作近 30 年，深刻体会到他对学科发展的敏锐眼光和远见卓识。

1988 年，我进入武测读博时，李老师当时主要从事解析摄影测量的研究，特别是在粗差检测和光束法区域网平差方面做出了国际上有重要影响的研究成果，他回国以后带的几个硕士和博士生也都从事摄影测量方面的研究。我当时也想选摄影测量方向做博士论文，一是我可以参与李老师现有的研究课题小组，相对比较容易进入研究状态；二是我自己对摄影测量也相对熟悉，我在华东地质学院教的就是摄影测量，在武测进修时也编过两个空中三角测量的软件，做区域网平差有研究基础。

但是，当时地理信息系统开始在中国兴起，地理、地图制图和计算机领域许多学者都向这一方向发展，而我国当时的摄影测量与遥感的学者从事这一研究方向的比较少。李老师认为这是一个新兴研究方向，而且摄影测量与遥感的学者应该在这一领域占有一席之地。所以李老师动员我从事地理信息系统研究方向，而且亲自帮我联系到丹麦技术大学的 Jacobi 教授，邀请他作为我的合作导师，请他为我申请丹麦政府奖学金，使我得以入校的第二年就能够到丹麦留学。在丹麦留学期间我一直与李老师和王先生保持密切联系，经常讨论论文的研究方向，当我提出选择当时最前沿的面向对象 GIS 作为研究方向时，他们全力支持。李老师把我介绍给当时国际摄影测量遥感学会(ISPRS)GIS 理论与方法工作组组长，ITC 的著名学者 Molenaar 教授，让我参加 ISPRS 的理论与方法工作组。经过几年的研究，我们提出了面向对象一体化数据结构和数据模型，文章分别在澳大利亚和德国的相关学报上发表，并有两篇论文在华盛顿召开的第 17 届国际摄影测量与遥感大会上口头报告，获得了学术界的好评。这一研究也初步奠定了我们在地理信息系统领域的工作基础。

“七五”期间，国家测绘局立项研发国产地理信息系统基础软件，而且明确要研发面向对象的地理信息系统，李老师和我作为主要负责人承担了这一课题。经过几年的努力，我们推出了国际上第一个基于面向对象模型的地理信息系统基础软件——吉奥之星(GeoStar)，成立了吉奥公司，尔后又发展了新的版本和系统如 GeoSurf、GeoGlobe、GeoSmarter 等，在全国得到广泛应用。国家地理信息公共服务平台(天地图)就是基于吉奥的系列产品，扭转了国家大型地理信息系统依赖国外软件的局面，推动了我国测绘遥感向地理信息领域的发展。

20 世纪 90 年代与测绘领域相关的三项技术：卫星导航定位技术、遥感技术和地理信息技术，发展迅速。但是它们之间的关联和集成研究不够。李老师就组织团队开展“3S”集成的研究，.先后解决了 GPS 辅助空中三角测量，使外业工作量大幅减少；解决 GPS、惯导和 CCD 等传感器的集成问题，研发出移动测量系统，成立武汉立得公司，推动移动测量系统在国内外的广泛应用。将遥感影像与 GIS 数据集成，形成了虚拟数字地球平台 GeoGlobe，成为各种地理信息系统和数字城市的基础软件平台。

最近，李老师又意识到遥感与地理信息实时服务的重要性，提出了导航、定位、授时、遥感与通信(PNTRC)集成的天基空间信息系统，以及对地观测脑的概念。通过“一星多用、多星组网、天地互联、在轨处理、实时服务”，大幅提高天基导航系统和天基对地观测系统的系统效能与应用效率。相信在李老师的全力推动下，一定会将测绘遥感与通信进行更紧密的结合，为测绘遥感与地理信息学科提供更广阔的发展空间。

（作者系中国科学院院士、武汉大学遥感信息工程学院院长、测绘遥感信息工程国家重点实验室主任）

测绘世界文化遗产的朱宜萱先生

张 帆

朱宜萱老师是我在武大老一辈教授中接触得最多的一位，她从不给我刻意地讲大道理，而是在各种小事中，让我学到了严谨、好学、认真、负责的处事真谛，这让我受益匪浅，也将影响我的一生。

2003年的一天，我因参与数字武大项目需要采集院士楼的墙面纹理。早就听说这栋楼的主人不普通，男主人李德仁老师是中国科学院和中国工程院双院士。女主人朱宜萱老师也相当了不起，她父亲是原湖北医学院创始人朱裕壁教授，大抵是在这书香门第的长期熏陶和润泽下铸就了她卓尔不群的优秀品质。朱老师于1963年武汉测绘学院航空摄影测量本科毕业，1981年被评为航测工程师，1991年和1995年先后两次在瑞士苏黎世联邦理工学院（ETH）工作，1998年2月获“国务院政府特殊津贴”，是测绘界教育和社会服务中均贡献卓著的前辈人物。因此，这栋小楼在我们心目中一直戴着神圣的光环。

那天，我和项目组同学一起拿着数码相机小心翼翼地拍着，有种“不敢高声语，恐惊天上人”的感觉。不一会儿，一位慈祥而端庄的妇人从小楼中走了出来，衣着朴实但不失优雅整洁，个子不高但脚步沉稳，目光犀利但不失温和，正是小楼的女主人朱老师。看到敬重的前辈突然出现，更令我们忐忑不安了。没想到朱老师问明来历后，竟热情地邀请我们进院子，为我们的拍摄工作提供了极大的便利。随后，朱老师和我们侃侃而谈，介绍了小楼的历史和结构，耐心不倦地交代了拍摄技巧，并指出建模中要注意的问题。和朱老师的聊天欢快而亲切，我们心中的惶恐一扫而光。那天，天气很好，太阳照在院子里生机盎然的郁金香上，伴随着愉悦的交谈和朱老师的指点，纹理采集工作很顺利地完成了。我和小伙伴都感叹：原来，我们眼里的“圣人”竟如此和蔼可亲。

几年后，我顺利进入了测绘遥感信息工程国家重点实验室开始了我研究生的求学历程，和朱老师距离更近了。一天，在实验室组织的学术交流活动中，我有幸听到了朱老师题为《中国古建筑的 V3D 测量》的报告，那次报告真让我大开眼界，受益匪浅。原来，朱老师从 1983 年就开始了文化遗产的测绘工作，利用航空摄影测量与近景摄影测量建立文化遗址的航空影像图库、数字线划图库、三维模型数据库和三维仿真平台等，先后服务于国内的北京明清建筑群及卧佛、呼和浩特元代白塔和五塔、四川乐山大佛、山东青州云门山石窟与大佛像雕刻、河南黄河母亲浮雕、湖南开佛寺、三峡库区新滩、姊归屈原祠、四川大昌古镇等文化遗址。不仅如此，朱老师还将她的技术带到瑞士，服务了也门萨那古代皇宫和土耳其伊斯坦布尔古代皇宫等世界文化遗址，她的测绘人的智慧惠及全球。最值得一提的是她主持的香港志莲净苑“仿唐木构建筑群现代工程监理与真三维数字建筑信息系统研制”项目，利用现代测绘技术保护文化遗产，建立古建筑的数字化信息档案，历经了近十年时间完工，可谓十年磨一剑。观看了成果演示，该项目建立的志莲净苑大雄殿三维模型气势恢弘、斗拱梁架结构刻画入微、虚拟组装过程清晰生动、木构组件尺寸精准细致，瞬间改变了对测绘的认识：原来，测绘并不仅仅是绘制地图那么简单，还能做出这么精美的成果，服务于我们未曾涉足的行业啊！于是我立志加入朱老师的文化遗产数字化保护团队，当即向朱老师提出了申请。不久之后我就得到了朱老师肯定的回复，我喜出望外，激动万分。

从那以后，我便有了更多的机会和朱老师交流，在她桃李春风的吹拂下汲取知识的养分，学习科研的精髓。一次给朱老师的工作汇报时我走进了她的办公室，一进办公室就被眼前的景象惊呆了：满满书柜全是关于中国古代建筑的各种资料，每本书都被翻得有些破旧了；书柜最下层整齐摆放着的厚厚 4 本手绘木构组件图纸足有 20 公分高，每页图纸旁边还有朱老师的批注，字迹娟秀而工整；朱老师的书桌上还有一部《香港志莲净苑仿唐木构建筑群计算机三维数据库的建立与建筑工程监理》书稿，朱老师介绍，这部书稿约 35 万字，是她和许妙忠等项目组成员无偿为志莲净苑撰写的珍贵技术资料，她再修改一遍就可以交给香港志莲净苑审查出版了。看到此情此景，我不禁感叹，为了做好这个项目，朱老师仔细钻研古建筑相关知识，已经将自己培养成了古建筑专家。朱老师一丝不苟、孜孜不倦、笃实好学的科研精神造就了学术贡献巨大且实用性显著的项目成果，立下了古建筑数字化保护中不朽的丰碑，该项目也顺其自然地获得了测绘科技进步一等奖。通过这个项目朱老师让我认识到，测绘是一个服务行业，服务于其他专业领域时，需要认真学习该专业的知识才能把测绘服务好。

项目完成后，朱老师安排我进行志莲净苑三维模型后期的虚拟现实展示工作。志莲净苑精细的三维模型凝结着朱老师团队的心血和汗水，但其巨大的数据量着实给虚拟现实展示增添了不少麻烦。在朱老师耐心细致的谆谆教诲下，一个个技术问题得以突破，志莲净苑三维场景顺利地搬到了实验室虚拟现实展示大屏，将我们测绘的成果立体生动地展示给了海内外同行专家和各级领导，受到了众多好评。

2008 年 4 月，朱老师带领文化遗产数字化保护团队赴敦煌进行精细测绘外业数据采集作业，我有幸与朱老师随行。在前往莫高窟的路上，第一次来到大漠的我兴奋不已，一路上用相机记录着沿途的风景，而朱老师望着车外茫茫的戈壁滩，眼神中透露出更深沉的情感。原来，早在 40 多年前，朱老师就作为国家测绘总局第一分局地形七队的一员走进了大西北的沙漠丈量着这里的一草一木，一寺一龛。朱老师边讲过去大西北测绘的故事，边给我们展示当年的老照片。照片中朱老师骑着骆驼驮着测绘仪器和干粮，英姿飒爽，坚毅的目光望着远方，充满了青春的激情和测绘队员的干劲。如今的敦煌已经修好公路通了汽车尚且路途遥远，而当年在一望无际的戈壁滩上，在蓬勃的生长的野蒺藜、骆驼刺丛中，测绘工作的艰辛可想而知。朱老师在大西北一测就是 8 年，洒下的是青春的岁月，留下的是一幅幅珍贵的地图。这期间，铸就了朱老师坚忍不拔的毅力和强健的体魄。

一天，在敦煌作业时，为了寻找测绘控制点，朱老师脚步轻快地爬上了近50米高的莫高窟标志性建筑九层楼的顶部，把我们年轻师生甩得很远。待我们跟上了她的步伐，她早已找到了控制点，指着地上的控制点说，控制是一切测绘工作的基础，测绘人一定要首先把控制做好，才能纲举目张，进行其他工作。是啊，控制就像一个人的脊梁，脊梁正了走路就不会歪。

敦煌莫高窟崖壁较高，前期数据采集时总是因采集点高度不够而留有较大死角，为解决这一问题，朱老师购买了一台高20多米的液压升降机。液压升降机启用的第一天，朱老师就要求自己上升降机顶查看。升降机升到最高点后，朱老师站在升降平台上，不时用手对着崖壁比划，不时还在手心写着算着什么。4月的敦煌阵风呼呼，升到顶的升降平台随风在空中左右摇晃，我们在升降机旁都为朱老师捏了一把汗。朱老师在升降机顶查看了近半个小时才让操作员把升降机降下，这半个小时对我们来说仿佛过了一个世纪。可朱老师下来后就兴奋地跟我们说道："升降机上进行激光扫描和双目相机数据采集的角度可以和地面形成绝佳的互补。"丝毫没有登高的恐惧感。

敦煌莫高窟的数据采集经常是不同单位的几个团队交叉进行的，我们在158号洞窟采集三维激光扫描数据时，就是这样。我们进窟后，洞窟内有一些敦煌研究院工作人员拍摄用的钢架、灯光等设备。为了数据获取的完整性，我们采集数据时将这些设备搬出了洞外，临收工时再搬回洞窟。一次，我们因赶时间，搬回洞窟的设备横七竖八的放着，很是杂乱。朱老师见状，批评我们："我们出来工作，每件事都是代表武汉大学的，你们动了别人的东西就要整理好，这是对其他团队最基本的尊重，也是我们武大团队素质的体现。"在朱老师"横平竖直"原则的指导下，我们不一会儿就把设备摆放整齐了，整个洞窟整洁了许多。我回头望了一眼，侧卧在佛床上释迦牟尼的嘴角仿佛也露出了一丝微笑。

那次数据采集临近结束时，我们请敦煌研究院老师检查我们的数据成果。交流中，敦煌研究院老师批评我们做出的佛像没有“敦煌的感觉”，而我们年轻师生总是强调我们用的是当前最先进的技术，数据精度达到了毫米级，对他们的批评不屑一顾，很不理解。朱老师在一旁笑而不语，只是事后给了我们《讲解莫高窟》《敦煌鉴赏精选 50 窟》等几本介绍敦煌石窟历史背景、艺术风格和佛教内涵的书籍，让我们认真研读。刚开始，我们不为所动，但读完这几本书后，再看敦煌的壁画和雕塑，仿佛看到了更多更深的东西，再看看我们做的成果，确实有太多缺陷。原来，敦煌佛像的神韵表达依靠眼角、嘴角、手型、顶髻等很多的细节，古代虔诚而技艺高超的工匠非常注意这些细节的处理，而我们做出的模型细节上哪怕差了一个毫米，整个感觉就差了很多，难怪被批评没有“敦煌的感觉”呢！在对敦煌文化了解的基础上，我们重新处理了模型数据，成果很快就得到了敦煌研究院老师们的肯定。后来，每次做文化遗产项目前，我都会先找几本相关的书籍仔细阅读，对其文化内涵了解了才知道哪些是重点，哪些细节该如何表现，就没再闹出“有知识、没文化”的笑话了。

从那以后，我们团队在朱老师带领下，攻克了高精度几何重建和高保真度纹理重建难题，这些技术得到了敦煌研究院的高度评价，并作为关键技术应用在国家发改委投资的 2.6 亿元敦煌莫高窟数字展示中心球幕电影的素材制作中。而我们的团队，也被敦煌研究院打上了“特别能吃苦，特别能战斗”的标签。数字敦煌的成果也被列为实验室六大标志性成果之一为实验室评估贡献了一份力量。

朱老师业余热衷于各种公益事业。汶川地震、玉树地震、舟曲泥石流等特大自然灾害发生后，都是朱老师和李院士夫妇带头为灾区人民捐款捐物，奉献爱心。此外还有两件很有代表性的事情是她为了环保和生态一直坚持在做的。为了掌握世界水大环境，从 2005 年在青海湖取得了第一瓶水之后，凡走到了哪里看到重要的水源朱老师都要取水。朱老师的取水行动得到了先生李院士及家人，还有地理信息圈内林晖教授、孟春玲教授、周启明教授、沈欣博士的大力支持，他们都被朱老师的取水行动所感动，纷纷从考察路过的世界各重要水源地帮朱老师取水。截至目前，在大家的共同努力下，已经取世界水 100 多瓶。在实验室水环境遥感专家陈晓玲教授的帮助下，对这些水样进行了重金属成分分析。因为取水化验，看到世界水的大环境，使我们的眼界大开，保护水环境的责任心也越来越强烈。

朱老师一直坚持做的另外一件公益事件就是赴新疆植树。自 2014 年以来，朱老师每年都会召集两批志愿者，分别于 4 月和 11 月份赴新疆麦盖提进行植树活动，朱老师带领志愿者们挖坑、下苗、填土、补水、施肥，在新疆沙漠恶劣的环境下干劲十足。几年下来，朱老师的志愿者团队已经累计在新疆种下了上万株树苗，早期种下的树苗，如今已生根发芽，茂密成林。

朱老师将她的青春岁月留在了大西北，以测绘人的服务保护了人类共同的文化遗产，将胡杨和红柳种在了新疆戈壁滩上，而她在人间种下的一片片桃李如今也已芬芳满天下。

（作者系武汉大学测绘遥感信息工程国家重点实验室副教授）

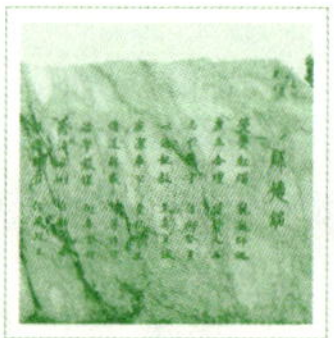

我的老师张祖勋院士

胡翔云

我于 1991 年从江西考入武汉测绘科技大学电子工程系，在测绘学府学习与测绘不怎么相干的电子工程类专业。大约在大三的时候，在学校组织的讲座上，我第一次见到了主讲的张祖勋老师。他给我们展示了从两张具有重叠度的航空照片通过计算机自动重建的三维景观，里面有三峡坝区和澳大利亚的巨石，当时感觉真是太酷了。后来考上了测绘遥感信息工程国家重点实验室的研究生，那一届我记得有 7 个硕士生，选导师的时候多数选了当时热门的地理信息方向，而我就选择了加入张祖勋和张剑清老师的团队，从事数字摄影测量和影像信息提取方向的研究。

作为一个在大学时候学了一门完全没有搞懂"测绘概论"课的门外汉，要搞数字摄影测量方面的研究，第一件事就是要学习摄影测量相关的知识，包括测量学的基本理论，例如测量平差。我至今仍然清楚地记得张祖勋老师给我讲解测量平差的基本原理的情景。那时他担任学校的常务副校长，行政和科研事务极为繁忙。他挤出时间，在两张信纸上将测量平差的基本原理和计算模型推演和讲解得清楚、严谨。我那时真是第一次切身感受到了老一辈学者的治学态度和学术功底，除了佩服，也发现了自己的差距。

跟随他读研究生和博士的六年间，除了学业上他教会了我太多终身受用的知识和方法，他的事业心和专注如一、精雕细琢的精神，用现在的时髦词来说就是"工匠精神"，是我感受到的最大的正能量。2000 年在瑞士南部的小城 ASCONA 召开了第三届遥感影像人工地物自动提取国际研讨会，会议不接受投稿，由组织者，即著名的瑞士联邦理工学院邀请在这方面有代表性成果的学者参与。我们受邀参加了这次比较高端的学术会议，表明在这个方面我国学者已经被国际学术界认可。在会议的间隙，我陪他在湖畔散步的时候，他向我讲起了螺丝的故事。20世纪70年代末他去瑞士学习摄影测量技术，外国人跟他说中国没有办法加工出一个摄影测量仪器上合格的螺丝，当时确实是这样。缩小摄影测量与发达国家的差距，赶超他们，成为他毕生的事业。他带领团队执著坚持，苦干近20年，终于完成了我国的摄影测量事业的数字化转型。他常常讲起从纸带穿孔、只有几十K内存可用的机器码编程开始的这段艰苦的研究历程，在很多人看来几乎没有希望的研究，他们坚持下来直到成功。最近在布拉格的ISPRS大会上，我跟美国的一个著名航测公司的总经理聊起他们为什么难以打开中国市场，他说，我知道你们中国的Virtuozo，已经很不错了，我们很难打进去。我出国工作以后，只要回到武汉就会去看望他，老师总是鼓励我回国工作。他的感召，是我在2010年辞去美国ERDAS公司的高级工程师职位回武大任教的主要动力之一。

务实是我从他身上看到的另外一个突出的特质。我读研究生的时候，主要任务是研究开发遥感影像上人机交互式线状地物提取算法。当出现了一些比较好的结果的时候，就有些得意，觉得差不多了。我向他汇报的时候，他问我："你那玩意能用吗？可以交给生产单位使用吗？"一下子把我从小骄傲中浇醒。对应用学科而言，应用和实践的检验是评价研究成果的最好标准。不可否认，由于竞争压力，现在的科研院所和高校在研究成果的产出上，或多或少有些浮躁和急功近利的做法。作为一名从事应用型学科研究的学者，他坚持科研成果的实践检验。摄影测量的学科特点就是很强的应用性甚至工程性，发展到信息时代，又有很多的数据处理方法、模型需要研究，因此其理论和实践结合的要求就比较高。以遥感影像的地物提取为例，搞图像处理、计算机视觉和遥感的人都在研究，能用于自动化测绘矢量图的技术却少之又少。对于难题，需要认真、专注，但他也教导我："有些问题很难，你也许可以暂时放一放，但不能放弃，经过一段时间可以捡起来继续思考和钻研，说不定能有突破——我的老师王之卓先生就是这样教我的。”这主要指的是一种韧性和坚持，也反映了科学研究的某种规律。在 2001 年博士毕业以后，我去加拿大多伦多的 York 大学地球空间科学与工程系做博士后研究，仍然继续思考没有解决好的人机交互式线状地物提取问题，终于找到了一种比较好的改进模型，写出了 SmartDigitizer 算法。这个技术先后被转让给了加拿大和美国的著名遥感公司 PCI 和 ERDAS，后来又被微软公司收购。加拿大国家科研网（NCE）、欧洲的 GEOInformatics、美国的 American Surveyor 和 Cartography 等专业杂志分别报道了这一技术的新闻、专家评述和应用案例。在科研上，我能取得一点小小的成绩，与老师的教导是分不开的。作为一名教师，他在数十年的教学生涯中培养了很多优秀的学生。他们中有杰出的学者，例如澳大利亚联邦科学与工业研究组织最高科学奖获得者、‘千人计划’专家吴晓良教授，获得中国青年科技奖的张力研究员等；有业界知名的企业家，例如上市公司四维图新的创始人孙玉国博士，还有一些走上了领导岗位。先生发起创办的武汉适普软件公司多年来为我国测绘地理信息行业提供了高质量的软件产品，也培养了大量创新创业的人才。

科研是一件苦乐兼有的事情。我感觉，对张祖勋老师而言，更多的是乐趣。有时候，在他亲自开发出了一些算法的时候，会兴奋地给我们演示、讲解，然后说：“怎么样？好玩吧？”神情像一个考了满分的小孩子。现在流行说“不忘初心”，发现自然规律和改造世界的方法，乐在其中，就应该是科学工作者的“初心”，而不是追求名利和物质享受。记得在他担任适普公司董事长的时候，有一次跟他去北京出差，安排他住在一个比较豪华的五星级酒店，他跟我说：“唉，花这么多钱干什么，晚上呼噜呼噜睡着了哪知道五星还是没星呢？”对于院士称号，他常说，这玩意就像炒股票一样炒得太高了，院士哪有那么大能耐，给的待遇太高了。他跟我讲过一件事情，我印象很深。一次几位院士去一个郊县参观，乡里面的领导首先去迎接陪同的县领导，把院士们晾在一边，因为人家不知道院士是什么名堂，还以为是看管院子的什么人呢！说完他哈哈大笑起来。这个故事给我了很大的启发，关于头衔、名誉与事业，蕴含了一些道理。现在为了更好培养人才，除了职称以外，从国家到各个单位设置了很多人才计划、头衔和职位，人分三六九等，申报这些东西消耗了不少科研人员的宝贵时间精力。应该更多地进行科研条件的保障和科研文化的建立。

除了干事业，张老师很热爱生活，保持了对新事物的强烈兴趣，也关怀学生。他手机拍照的技术已经到了相当水准，应用微信等好的沟通手段比年轻人还快、还熟练。他常说，既要好好工作，也要好好生活。那次跟他去瑞士参加学术会议，最后的一天，他说："你难得来一次，今天你坐火车去瑞士的几个主要城市看一看吧，我在旅馆工作一下。"在我临近博士毕业的时候，他跟我说希望我可以留下来继续研究，同时对我想出国学习工作的想法也非常支持，亲自向海外的教授推荐。在我出国前，他跟我说："你最好走之前先去看看牙医，国外牙科既贵又不见得好"。当时没在意，后来在加拿大因为发炎拔了一颗门牙，才知道要是早做处理不至于这样。

"雄关漫道真如铁，而今迈步从头越。"在2016年6月8日武大遥感学院举办的摄影测量发展研讨会上，张老师引用毛主席诗词激励大家迎接大数据时代的挑战。他的"活到老，学到老"的精神，对事业和生活的热情深深打动了大家。作为学生，我们衷心地祝福他健康长寿，继续引领我们轻装前行，攀登科学的高峰，同时领略人生的美丽风景。

（作者系武汉大学教授）

我的老师和朋友刘经南院士

徐培亮

第一次知道刘经南老师的名字，是在我的恩师刘大杰老师的家里，时间大约是 1981 年年底，我读大三的时候。

听恩师说，崔希璋先生和他带的硕士研究生刘经南(老师)极其优秀，很有天赋，在做卫星网与地面网的联合平差，取得了很多新成果，发表了很多关于卫星网与地面网联合平差方面的独到新见解。从那时起，几乎时不时就会从恩师那里听到他们合作的新成果，如卫星网与地面网联合平差的严密性，转换模型的等价性和精度影响的微分公式，等等。作为大三大四的我，自然是像在听天书，心里很是佩服刘经南老师的才气，羡慕老师们的科研成果与独到见解。后来，又听恩师说，刘经南老师硕士毕业后回了湘潭矿业学院。再后来，就是不时听恩师说，他和崔希璋先生在努力把刘经南老师调回武测。功夫不负有心人，刘经南老师终于回到武测，在这样的天地发挥他的才干。所以，我们有幸目睹了中国大地测量界的一系列前瞻项目与辉煌成果，如 GPS 精密定位在我国抗洪抢险中发挥的至关重要的作用，中国 CORS 网、PPP 技术在中国的发扬光大，还有先行于时代的时空互联网，也成就了刘经南老师的中国工程院院士之梦。

时间回到 1986 年，我有幸成为崔希璋先生、陶本藻教授和刘大杰教授的博士研究生。记得有一次，在恩师家里和恩师一起讨论稳健估计与粗差剔除的问题，恩师建议我找刘经南老师聊聊，这才有了第一次机会到家中拜会大名鼎鼎的刘经南老师。初见刘经南老师时，刘老师一家住在老武测的筒子楼里，刘老师和师母非常热情地接待了我，然后师母忙着去做晚饭，我和刘老师就开始了我们的科学讨论。当然，学生虚心学习，老师悉心指导，受益多多。此后不计其数，经常拜访，求教刘老师。时间一年一年过去，转眼到了1989年，在我博士论文答辩时，是刘老师跑前跑后，帮我接送外地来武汉的答辩专家，感动至今，无以为谢。

博士毕业后，离开母校，赴荷兰、德国和加拿大继续深造。不像现在有互联网，当时通信条件不佳，只是时不时与恩师刘大杰老师保持联系。1999年第二次受洪堡基金会支持到斯图加特大学大地测量研究所与国际著名大地测量学家 Grafarend 教授合作研究时，得知因为生源不足，斯图加特导航研究所可能关闭。受 Grafarend 教授之托，我联系了当时已经是武汉测绘科技大学副校长的刘经南老师，充当斯图加特大学和母校的联系人，在刘老师的全力支持下，最终促成了两校的合作，派遣留学生赴斯图加特大学学习。

更重要的是，2003或2004年间，有一天晚上在日本家中，接到刘经南老师打来的一个电话，希望我多回母校看看。也是这一通电话，真正揭开了我与刘经南老师亲密合作的序幕。近10来年我们的合作研究，可以说成果丰硕，我们率先证明了 EIV 模型方差分量的不可估性，率先演示了短时间内 PPP 可以达到相位噪声的极限精度，给出了最快模糊度解算算法，发现了2011年日本东北大地震的大规模运动相象，等等。我们也经常谈论学科的未来发展方向，从精密海底大地测量，卫星重力到时空几何互联网，感慨多多，受益匪浅。今天借这个机会回忆一下关于刘老师的点滴印象。

为国家、学科与学校发展广纳人才

每次回到母校，哪怕是刘老师在任武汉大学校长的极度繁忙期间，也一定会安排出时间见面，除了我们例行的合作科研话题和学科的未来发展方面的话题，总是有机会听刘老师谈起又请了哪位学者来学校。让我深切感受一位科学家为国家、为学科发展出谋划策、内外兼修、广纳天下贤才的胸怀与意志。可以说，除了邀请国际著名科学家如 Parkinson 教授和 Grafarend 教授等访问武汉大学，行业内在国外的华人学者几乎没有不曾到访武汉大学。事实上，很多学者经常回学校交流访问，已成惯例。同时，刘老师一直坚持广纳天下贤才，作为推动学校科研发展的根本。特别是在任武汉大学校长期间，更是一直致力于发现和引进全球杰出人才的工作，把一些顶级科学家"挖"到武汉大学工作，为引进人才尽力提供优厚的条件和科研办公环境。如今，打开武汉大学人才招聘网的链接，我们能看见人才项目导航菜单中丰富的分项，相信其中一定融入了刘老师的很多心血和坚持。武汉大学有这样的老校长和师长，大地测量和导航学科一定会在国家创建双一流大学的步伐中稳步迈进，开启母校大地测量和导航学科的原创时代，把武汉大学从所谓的"世界测绘教育之都"变成一个引领世界的测绘原创与教育之都。说实在的，本人一直对这个称谓"世界测绘教育之都"深感痛心，真正让人敬佩的必须是测绘原创与教育之都。

谦谦君子，虚怀若谷

据说，刘老师常说自己是"被学生培养出来的院士"，一个成绩斐然，对科学和教育作过极大贡献的科学家能这样自评是何等的谦逊！在近 10 多年的紧密联系中，我深切感受到：生活中，刘老师平易近人，爱护年轻一代。工作中，刘老师前瞻严谨，胸怀宽广，为学科谋发展。

刘老师总是鼓励学生放眼世界、胸怀祖国，认真踏实做研究。遥望学科未来的星空，不卑不亢、不骄不躁，一步一个脚印前行。

从认识刘老师至今，30 多年的岁月，如白驹过隙，我自己已从一个不谙世事的青年步入中年(现在也好像没有什么进步)，老师亦至致政之年，走过了很多路，栉风沐雨，收获时，失意处，或明或暗，老师的为人处世，科研精神已经融入我的生命，时刻鼓励自己不忘初心。

天天学习、工作、思考的长者

刘老师给我另一个深刻的印象就是一周工作学习 7 天，一年工作 365 天，全年无休地不断吸取参考当今科技前沿知识的钻研精神。甚至在担任武汉大学校长最繁忙的时候，周末与晚上也总会去卫星导航定位技术研究中心的办公室工作学习。刘老师曾很自豪地说，他对 GPS 领域问题的理解程度，比很多年轻研究员都多都深，我对此深以为然。刘老师离开校长岗位后，又接受教育部推荐，担任昆山杜克大学校长一职，尽管新的管理工作和社会活动花费了刘老师大量的时间和精力，但刘老师总是说，他最喜欢的还是科研工作。因此，在卫星导航定位技术研究中心，我总能看见刘老师不知疲惫地工作在第一线的忙碌身影和晚上 10 点多中心 14 楼他办公室依然明亮的灯光。刘老师对于工作的热情和冲劲已经融入骨髓，贯穿于生活的每时每刻，是我们这些“晚辈”学习的楷模。

（作者 1989 年毕业于武汉大学大地测量专业，系国际著名大地测量学家，日本京都大学教授）

恩师建成院士

徐新禹

自 2001 年我师从李建成老师，至今已有 16 年。

第一次认识老师，是在他的办公室。我本科毕业后，想要找他做我的研究生导师。严谨少言是老师留给我的第一印象，他的话虽不多，但总能切中要点，予人莫大的启发。老师问我是否想从事科研。那时我还没有明确的规划，于是怀着试一试的想法答应了他，哪知这一做就是 16 年有余。

老师渊博的学识、严谨的治学，以及对所从事工作的热爱与专注，无一不令我耳濡目染，引导着我从测绘领域一个初出茅庐的学徒，成长为一名久经历练的科研工作者。

“随风潜入夜，润物细无声。”老师平时言语简洁，不喜说教，更多的是通过身体力行给我们带来潜移默化的熏陶和影响，但在我硕士毕业答辩前他与我的一次交谈，却在我的记忆中留下了深刻的印记。

当时我的论文方向选择的是与卫星重力梯度测量技术相关的领域，这是一个很有前瞻性的方向，那时网络不及如今发达，可查阅的参考文献更是难得一求，老师专门从国外带回来一套资料让我学习。后来在撰写论文时，因为有一处关于积分奇异点处理方法的介绍并不是论文中的重点，所以就直接引用了参考文献中的内容。一向温和的老师看到之后非常生气，严厉地批评了我。我解释在引用内容时仅仅照搬了一些公式，并根据自己的理解做了简单变化和说明。但他明确告诉我，做学问最重要的是求真务实，容不得半点投机取巧，合理引用与直接照搬之间是截然不同的。事后我认认真真按照他的要求重新修改。老师平时言简意赅，那一次却说了很多，因为他非常看重科学研究的创新性和原创性，这件事情使我受益匪浅、终生难忘。如今在我从事科研的道路上，这件事都常常会浮现在我的脑海，督促鞭策着我要严谨、要负责，而且我也会把这个事情讲给我的学生们听，让他们明白原创的重要性。我深深钦佩当时老师的敏锐洞察，也非常感谢他在科研这条道路上及时又细致的引导。

“我是一名战士，一名在人生的沙场上、在科学的重任中顽强不屈的战士；我希望自己是一名奋斗不息的永远的战士，为社会作出的贡献多些，再多些。”每次想起老师多年前所说的话，都能感受到老师对祖国、对科学事业的一片赤诚。这么多年来，他是这么说的，也是这么做的。

老师是我国大地水准面工程化应用研究的主要开拓者，自 1990 年进入该领域以来，解决了精密区域大地水准面确定的多项理论和技术难题，用 26 年的时间实现了大地水准面精度的三次跨越，将我国大地水准面精度提高到小于 1 分米，将省级大地水准面的精度提高到 3~5 厘米，城市大地水准面精度提高到 1 厘米；同时，创新性地提出用大地水准面数值模型取代传统水准标石，实现了我国高程基准建立与维持模式一次变革性转变。这一成果已经规模化推广应用到我国 200 多个省市区域的大地水准面精化工程，产生了巨大的社会效益和经济效益。老师的导师，测绘界泰斗宁津生院士曾这样评价其意义：“只需要凭借 GPS 卫星接收机以及所求出的大地水准面，就能直接测出各类工程建设所需要的海拔高度，这在过去是想都不敢想的。”

“黄沙百战穿金甲，不破楼兰终不还。”精益求精始终是老师在学术研究中的追求目标和自我要求。“我们要有工匠精神，盯着一件事情，就一定要把这件事情做透。”自从老师选择做大地测量研究的那天起，就不断地向世纪难题发起挑战，力求建立一个统一精确的“全国大地水准面”。听武汉大学测绘学院副院长闫利教授说，他们那时候一起读研究生，不论是炎炎夏日还是湿冷冬天，总会看到李老师在电脑前忙碌的身影。师从李老师这么多年，我所看到的是老师一直在努力抓住一切可利用时间，几乎每次在办公室，都会看到他面对着布满数据和命令的电脑屏幕的情景，在出差的路上，在外地的宾馆里，甚至是在过年的时间，你都会发现他工作的身影。我常常情不自禁地感到惭愧，自己真的不能做到像老师这样专心、这样刻苦、这样坚持。

老师多次教导我们，做学术，要么不做，要做就要下定决心、全力以赴，做到最好、最优秀。他给我们布置的任务，我们往往要反复推敲，来来回回三五次，不断地对工作方法进行改进和完善，才能达到他的要求。尤其记得有一次老师和我一起开发大地水准面的并行计算程序，当时我对此并不擅长，但老师再三叮嘱：要学就要学透彻，不能浅尝辄止，要充分理解并行计算的运算原理和内涵，然后再将其灵活地运用到我们专业的程序设计中，对现有程序的运行效率进行全面改进。这些经历为我从事科研工作打下了扎实的基本功，也养成了寻根问底、追求卓越的习惯，使我受益匪浅。

与治学中的严肃不同，老师在生活中却是一个非常随和的人，在方方面面都非常关心学生的成长。2009 年我去德国斯图加特大学访问，老师暑假访问德国。平日若是聚餐，他会为我们亲自下厨，大家围坐在一起，一边吃饭，一边畅所欲言，交流着各自的学术见解和理想情怀，那是一段非常难忘的记忆。

自跟随老师读硕士开始，他先后担任武汉大学测绘学院院长、武汉大学副校长，行政上的工作事务很多，同时还要负责许多科研项目，但老师从未疏忽对学生的关怀。一直以来对学生的就业非常上心，常常见到老师忙前忙后的为学生推荐工作，甚至不是自己名下的学生，老师也积极向用人单位推荐，老师的一个毕业的博士生曾对我说："我感觉我找工作李老师比我还要上心，每次见面都会询问上次给你推荐的单位联系怎样了？有什么进展？还说，我太忙，有问题你们要积极找我啊。"老师如果知道自己的学生生病住院，他也一定会积极询问病情、联系专家、帮忙分析治疗方案等，这时候他更像一个家长，而且不管自己有多忙，也会亲自到医院探望慰问。老师常常晚上在办公室加班，有些时候处理完一天的工作，还会把学生叫到办公室谈心，了解学生们最近的情况和遇到的问题，所有学生的毕业论文研究方向均亲自把握，对毕业论文的水平层次也亲自严格把关。

“不以有事急，不以无事弛。”多年来，无论遇到什么事情，处于什么境遇，老师都保持着从容、执著和自律。他习惯于许多事情都亲力亲为，努力为学生们留出足够的自由和成长的空间。从青年时满怀着青云之志，到如今成为该学科的集大成者，他始终兢兢业业地做着自己所热爱的事业，投入了自己毕生的精力，而所有荣誉在他看来，只是前进路上的附属品。

时代的惊涛骇浪滚滚而来，不断冲击着海岸。而老师就像一座伟岸的高山矗立在那里，坚守着“方正为人，勤慎治学；敢为人先，开拓未来”的信念，坚守着做“科学重任中顽强不屈的战士”的誓言，坚守着自己“最纯粹，最本真”的理想。

相看恍如昨，许多年月。老师昔日的很多学生，如今抑或已走上讲台，或进入科研单位、国家机关；或扎根社会，成为测绘行业中各个领域的翘楚和骨干。老师对我们的殷殷期望和谆谆教诲，言犹在耳，岂忘初心？仰起头，所望老师开辟并引导我们走上的道路；而埋下头，又是新一代人前进的方向。路漫漫其修远兮，吾等将上下而求索！

（作者系武汉大学测绘学院副教授）

我的老师和革命引路人陈潭秋

伍修权

我少年时的家境和我的社会环境，实际上成了我的人生第一课堂，我在这里得到的教育，大大有助于自己后来的投身革命。

1919年，五四运动爆发。这场运动从北京开始，迅速波及武汉市，街上不断出现各个学校的游行队伍。有一天，11岁的我同几个小伙伴在蛇山上挖红土，准备弄回家和泥炭。山下突如其来的喧闹声吸引了我们，循声望去，只见南坡下的大马路上人流滚滚、彩旗飞扬。好奇心使我们丢下手里的活计，迅速跑下山去看热闹。只见学生们正在游行，他们挥动着彩色纸旗，此呼彼应地高喊着口号。从未上过学的我，听到"反对二十一条""打倒卖国贼"等，并不明白是什么意思。我和小伙伴们挤进围观的人群里，从人们的言谈中得知，当晚还要举行提灯游行。晚饭后，小伙伴们相约赶到贯穿武昌的南北长街和当时名叫察院坡的东西向大街上，那里早已是人潮涌动。游行者提着红绿纸糊成的灯笼，数千个灯笼在江城大道上形成了一道彩虹。游行队伍走到哪里，哪里就是一片欢腾。挤在人群中的我们，哪儿热闹就往哪儿钻，像过年一样兴高采烈。我兴奋中带着羡慕：渴望成为那些学生中的一员，内心撞击着越来越强烈的想要上学的愿望。

我父母又何尝没有想过让孩子们进学堂呢！然而贫寒的家境使他们的这种想法成了奢望。为了弥补心中的缺憾，父亲常抽空教子女们认字、读书，我学得特别认真，是兄弟姐妹中最用功的。

在五四时期倡导的新文化运动和教育平等思想的启示下，一些有远见卓识的人士把眼光投向了平民教育。就在五四运动的第二年，国立武昌高等师范学校的附属小学附设了一个复式班——初小 4 个年级的 40 多名学生挤在一间教室里。由同一个老师授课。复式班条件虽差，却给上不起学又很想读书的寒门子弟提供了机会。我的小伙伴中有人进了这个班，我一听说就兴奋地告诉了父亲。父亲听说那个班免收学费，当即同意我去报名。1920 年开春，12 岁的我第一次踏进了学堂的大门。因为有父亲教的文化底子，老师没有让我从一年级上起，而是插入了二年级。上课时，老师先布置不同年级的学生做各自的课堂作业或自学指定内容，有的写作文，有的做算术，接着一个年级一个年级分头上课。这种复式教学使我同时学了几个年级的教学内容，一年之内学完了初小四年的课程。1921 年夏，由于上头给学校的拨款难以为继，我所在的复式班不得不停办，我又面临失学。老师不忍眼看着成绩优异的我失去学习机会，鼎力向武昌高师附属小学推荐。经过测试，我跳级插进高师附小四年级。

附小对学生的要求严格，规定学生入学后必须穿统一的校服。我家穷得吃了上顿愁下顿，哪有钱给自己做校服呢？就向关心我的老师诉说了家里的境况。爱生如子的老师不仅免收了我的学费，还破例允许我不穿校服。于是在附小四年级的课堂后排、队列末尾，就出现了一个穿着家常旧布衫的特殊学生。底层社会生活让我过早地懂得：一个人要能自立并受到别人尊重，不在于衣着外表，而在于品行学识。我并不理会一些同学的冷眼和嘲讽，而是以刻苦学习所取得的优异成绩，逐渐赢得了同学们的认可。我课余主动热心帮助成绩差的同学，更赢得了许多同学的友谊和尊重，也成了受老师器重的尖子生。

我除了学习刻苦，还积极参加学校组织的活动。我的级任老师熊器叔是湖南长沙第一师范学校的毕业生，不仅思想进步，教学经验丰富，而且是个文艺爱好者，负责主持全校至少每月一次的游艺会，组织演讲比赛、话剧演出等。熊器叔写的演说稿、编写的剧本，多半由我主讲或主演。

体育方面，我也不甘落后。学校运动会，按年龄分为甲、乙两组，结果我几乎囊括了乙组各种比赛项目的冠军。当时武昌高师附小的运动项目，除了跳远、跳高、赛跑和高低栏外，还有算术竞走和提灯竞走。前者边走边算题，一到终点马上写出答案，体力脑力一起赛；后者既要走得稳，保证烛火不灭，又要走得快，首先到达终点。在这类比赛中，我也常常夺冠。校内各种球赛，我也是主力队员之一。由于我注重体育锻炼，身体相当结实，同学给我取了个“台炮”的绰号，这是湖北方言中对体格特别健壮者的叫法。

1922 年秋，我升入五年级。因为个子高坐在教室的倒数第二排，从个头到年龄我都是小伙子了。

当时每个年级都有一位级任老师，除教学之外，还负责所在班级学生的教育管理工作，与学生的接触比一般任课教师多。我此时的级任老师是陈潭秋。陈潭秋是湖北黄冈人，与董必武等都是中国共产党在武汉地区从事革命活动的早期领导人，1921 年参加中共一大后回到武汉，他按照大会宗旨开展活动，任务之一，就是壮大革命队伍，我成了他发现、培养的对象之一。

陈潭秋给五年级上国文课和历史课。通过这两门课，他向学生传授了许多社会知识和革命思想。讲授历史课时，他反复启发学生不要仅仅从帝王的更迭来看待历史的演变，而要从经济和社会的发展来考察历史的进步。他还给学生讲解社会发展史，从劳动怎样创造了人类本身，讲到新的更先进的社会制度必然要取代旧的落后的社会制度，这是不以人们的意志为转移的历史发展规律。每个想要对社会有所贡献的人，必须站在推动社会前进的方面，而不是站在逆历史潮流而动的一面。

20 世纪 20 年代的中国，各种代表人物竞相登上历史舞台，各派治国方略众说纷纭，有主张教育救国的，有提出实业救国的，听起来都颇能吸引人。陈潭秋结合中国的历史和现实，指出这些办法治标不治本，认为彻底改变现存的社会制度，推翻反动统治，根除人压迫人、人剥削人的不平等现象，才是救国富民的唯 道路。

我生活在社会的底层，切身的感受使我格外爱听陈潭秋讲的这些道理，从中受到的教育、启发也更深，常常提出一些自己想不明白的问题。有一次，我问潭秋师，许多像自己这样的穷孩子都上不起学，该怎么办？陈师说，这不是个别人的问题，要根本解决问题，只有彻底推翻旧社会，让劳动人民当家做主，穷孩子才能都获得上学的机会。

陈潭秋还常带学生走出校门，把社会当课堂。一次，我们来到停泊着许多外国舰船的长江边，陈老师指着炮管又粗又长的列强的军舰，以及不断吐出洋货又吞进中国特产的外国商船，要学生们好好想想，为什么外国舰船能在中国内河长驱直入，洋人为什么能肆无忌惮地在中国倾销商品，掠夺资源？他用眼前的事实剖析中国半封建半殖民地社会的特点，告诉我们只有反对帝国主义侵略，彻底改变中国的封建剥削制度，才能求得民族的独立解放。

陈老师让我参加党团组织的外围活动，读进步书刊。在他的熏陶下，我的视野逐渐开阔起来，从自己一人一家的境遇，渐渐扩大到对整个社会和国家民族命运的关注。我感到这位陈老师不仅是我学习上的老师，更是我人生的导师。

经过一年多的教育、考察，当时武汉中国共产党组织中负责青年团工作的何恐于 1923 年冬介绍我加入中国社会主义青年团。与我同时入团的还有附小的两个同学。陈潭秋和何恐主持了我等的入团仪式。由于条件的限制，这个仪式没有大会宣誓，而是在下课以后由陈潭秋和何恐把我等带进一间小屋子里，通知我们，组织上已经批准我们加入青年团，还对我们讲了青年团的任务、对团员的要求、今后的工作等，同时决定我和另两名一起入团的同学组成高师附小的第一个团小组，我为第一任小组长，这年我 15 岁。加入中国社会主义青年团被我视为一生中第一个最重要的转折点，社会的不平，国家的不幸，深深地刺痛了我们这些开始观察社会和思索人生的少年的心。陈老师成为我们思想上的启蒙人，也成为我走上革命道路的第一个引路人。

我入团后的首要任务，是发现和物色志同道合者，将他们吸收到团组织中来，以扩大革命队伍。在上级党团组织的领导帮助下，我们最初的三人团小组，后来扩大为十名，成为中国共产党在高师附小的重要助手。我加入青年团后，虽然遵照组织纪律，不能向父母兄长透露，但是家人还是慢慢发现了我的一些秘密。父母看到藏在家里的传单、内部刊物等，总是叮嘱我多加小心，并帮助我把那些“违禁品”藏得更严密些。

我升入六年级后，级任老师是张朗轩。他是陈潭秋师的密友，思想进步，学识丰富，朴实可亲。张朗轩老师对我也十分关心，从课外到课内都给予许多帮助、教育和指导，是我又一个终生难忘的恩师。出于当时的纪律规定，我没有也不便问张朗轩是不是中国共产党党员，但确信他是一位值得信赖的长者。

当时，武汉的革命形势风起云涌。我遵照上级的要求和布置，参与组织了种种革命活动。1924 年春天，为了支持孙中山先生提出的“联俄、联共、扶助农工”三大政策，实现共产党与国民党的第一次合作，高师附小三年级以上的同学，在进步教师的带领下走上街头，与武昌各校师生一起，联合举行了一次声势浩大的游行。领导这次游行的钱介磐(又名钱亦石)是由董必武、陈潭秋介绍加入中国共产党的早期党员，又是武汉国共合作机构的负责人之一。我带领团小组成员，事先制作了一批写好标语口号的彩色纸旗，游行前分发给同学们，又在行进中边走边领着大家高呼“打倒帝国主义”“打倒军阀”等口号。在这次游行中，我还负责附小游行队伍殿后的一个笛鼓队。笛鼓队由几十名同学组成，有十几支竖笛、几支铜号、两只大军鼓和十来只小军鼓，一路上号笛鼓乐齐鸣，成了游行队伍中一支格外引人注目的小分队。

1924 年夏天，我从高师附小毕业。同年秋，陈老师在安源组织发动铁路和煤矿工人斗争后再回武汉，继续以高师附小为红色据点，并使之成为共产党在当地的重要指导中心。我对母校充满感激之情，为自己启蒙教育阶段接连遇上陈潭秋、熊器叔、张朗轩等老师而庆幸。在毕业离校时，我对这个小小的革命摇篮万分留恋。我在这里的生活，实际上影响和决定了我一生的道路。

1924 年 7 月，由于家境贫寒，小学毕业的我升学无望，不得不找一份工作，从经济上分担一点家庭困难。好在这时我已有了不断关心帮助我的组织与战友。当地的开明人士在武汉开了一家共进书社，向知识分子和青年学生出售进步书刊，兼卖一些文化用品。我打听到那里要招收学徒，就跑去应聘并被录用。书社内已有一男一女两名共青团员，我去后就加入了团小组。

因为我刚进书社，环境和业务都不熟悉，书社经理开始只让我干杂活，如搬运书籍、给学校送书之类。但不管什么工作，我总是努力做好，我很珍惜这份工作。武汉是长江沿线“三大火炉”之一，夏天很热。这给我添了一份季节性的活儿——为经理扇扇子。那时没有电风扇，只能在房子里吊个大布幛子，用绳子不断拉来拉去，我常常因此而汗流浃背。我的勤恳淳朴、吃苦耐劳得到书社经理的赏识，干了一段时间的杂活后，被安排帮着誊写账目，也参加书店的一些业务工作。我上学时成绩就很好，有这个扎实功底，干得比较顺手，加上对工作认真负责，又待人随和，大家都很喜欢我。

我虽然有了稳定的工作，但仍为不能继续读书而深感遗憾，总渴望能有继续学习的机会。出乎我意料的是，这个愿望不久真的实现了。原来，在书店时，我常常见到或接待在附小读书时的同学和老师。这些师友也为我的失学惋惜，三番五次动员我继续读书。我只得将自己不得不来此谋生的无奈告诉他们。几个家境较好的同窗好友经过商议，决定凑钱帮我交学费。我喜出望外，经过补考插班进了武昌高师附属中学的初中一年级。

1924 年冬复学后，我十分珍惜这个来之不易的机会，全身心投入学习中。只是高师附中离我家约有十里路，我每天步行上学，来回得两小时左右。上小学时离家近，中午回家吃饭，现在可不行了，如果在学校搭伙，又得花不少钱。于是，我中午通常到街头小摊上买个大饼充饥。有时几个铜板的零用钱也没有了，只得饿肚子。有一次，我家里也断了炊，连着几天揭不开锅。尽管饿着肚子，我仍然强打精神去上学。一个同学发现我气色不对，问出隐情后，马上解囊相助，送我一枚银元，让我去买东西吃。我感激地接过银元，但并没有买吃的，而是放学后赶紧跑回家，把钱交给父母，以解全家燃眉之急。

我读初中时，中国正处于大革命高潮中，各派政治势力异常活跃，年轻的中国共产党及青年团组织也不例外。我仍然是青年团活动中的积极分子，经常按照上级指示在课余时间特别是晚上外出散发传单，在路口张贴标语，以宣传中国共产党的主张，扩大中国共产党的影响。每次受领任务后，我通常先去实地察看，摸清情况，回来再在团小组内商定对策。执行任务时，常常由一两个人先同警察故意纠缠，分散其注意力，其他人趁机迅速贴出标语，分散离开，再到新的地点相机行动。我还在街头向过往行人分发传单。街上是什么人都有的，分发传单时就得识别不同的对象，有的人会接受宣传品，有的人则不予理睬甚至投来白眼，遇到反动家伙还可能挨揍甚至被抓。我注意观察，逐渐积累了一些经验，一眼就能看出什么人可以给传单，什么人得离远些。

中国共产党建党初期，陈潭秋、董必武等在武汉组织、主持了一系列革命活动，还多次召开会议研究工作、学习文件。一次，我接到通知去高师附小，在母校临街楼上的会议室里，参加了一个 20 多人的党团员骨干分子会议。在这次会上，我不仅与潭秋师重逢，而且见到了董必武。董必武当时有双重身份：既是中国共产党汉口地委委员长，又是正与共产党合作的国民党中央特派员和湖北省临时党部委员。林育南、刘昌群、李子芬、何恐等当时武汉革命活动的活跃分子也参加了这次会议。

1925 年年初，社会主义青年团更名为共产主义青年团，在中国共产党的领导下，开展了许多重要活动。当年 3 月 12 日，孙中山逝世。为了悼念他，陈潭秋、董必武等在武汉公开组织了一次规模宏大的纪念大会。我等年轻的党团员都参加了大会服务工作，从会前分发通知、布置会场，到大会开始后维持秩序，在场内散发或出售宣传孙中山先生在国事遗嘱中提出的“三民主义”等思想、主张的书籍和材料。

不久，上海发生了日本资本家屠杀上海纱厂工人顾正红和英帝国主义在南京路屠杀工人、学生的“五卅”惨案，由此引发了全国各界反对帝国主义侵略的“五卅”运动。武汉的中共组织又发动党团员分散到武汉三镇，宣传“五卅”惨案真相，揭露列强的暴行。我所在的团小组被分派到江北的汉口市内，三人为一组，在街头向各界同胞宣传，历数帝国主义侵略中国、欺凌同胞的暴行，号召大家起来反抗侵略，抵制日货。听众多时达上百人，少时也有几十人。大家还在街头唱反日歌曲。

潭秋师为了深入工人阶层，发动工人运动，在武昌城郊江边上一个叫徐家棚的工人聚居区，开办了一所工人子弟学校。我和几个共青团员利用课余时间，去那里帮助他开展工作，参与建校、教学、家访等一系列活动。我深知，这所学校对于工人子女，就像几年前自己就读复式班一样重要，因此干得格外起劲。初来时，这里没有校舍，我们就和工人们一起，找来些竹架和稻草，搭起一座约20平方米的大敞棚，在地上垒起土坯砖块，再架上木板木条，就成了课桌和板凳。工人们把10岁上下因没钱而上不了学的孩子领来了，这些孩子成了这所子弟学校的第一批学生。徐家棚的“草棚学校”开办以后，陈老师常常因为有别的重要任务而不能来，就由我等按照他的布置，轮流来这里开展日常教学工作。课余时间和节假日，我们也常来这里辅导学生。陈老师还让我们利用这个机会进行社会调查，了解工人们的疾苦，倾听工人们的愿望。我也曾是一个上不起学的孩子，与这些学生及其家长有更多的共同语言。潭秋师布置的这些工作，我干得得心应手，而且从中学到了许多在学校和课本里学不到的东西。在这里我不仅扩大了眼界和生活圈，还启迪了思想，提高了认识，更加坚定了革命的信念。

除了潭秋师直接领导和布置的工作外，我还参加了武汉地区党团组织开展的其他活动。何恐经常组织我们上团课，学习马克思主义基本理论。何恐的工作方法灵活多样，多次组织团员到武昌的风景名胜区去上团课，这样一来增加了大家的学习兴趣，效果自然很好。我从潭秋师等的言传身教中接触到的阶级斗争理论、辩证唯物主义观点、无产阶级革命和共产主义运动的知识，在活动中得到加强。何恐还邀请当地的中国共产党负责人和懂得马列主义的武汉知识界、教育界进步人士，来为团员们讲课或主持学习讨论。我在这段时间里先后听过彭泽湘、许之桢和自己熟悉的钱介磐、张朗轩、熊器叔、何春桥、刘季良、江子麟等高师附小、附中老师的专题讲座。团课上，我们还常常可以读到一些革命书刊。我就是在那时第一次读到了《共产党宣言》《共产主义 ABC》等著作，还看过《向导》《新青年》《中国青年》等中国共产党内部刊物或由共产党人主办的刊物。有时，何恐还拿来国家主义派办的《醒狮》杂志，让我们与革命书刊比较着看。

潭秋师等革命家的诱导引领、初中阶段的早期革命活动、马克思主义的启蒙教育，逐渐使我成长为青年革命者。

（选自《伍修权传》，当代中国出版社 2016 年版，有改编。作者系著名的中国人民解放军领导人，无产阶级革命家、军事家、外交家）

后　记

2016年教师节前夕，我们怀着对几代珞珈名师的崇敬之情，出版了《我的武大老师》(第一辑)，藉由负笈从师的学子们的视角，来讲述珞珈名师为学、为师、为人之道，传承百年珞珈历久弥新的名师文化和名师精神。

《我的武大老师》(第一辑) 甫一出版即备受关注、广获好评。不少师生和校友称赞这本书情真意切、意蕴深长，体现了“一棵树摇动另一棵树，一朵云推动另一朵云，一个灵魂唤醒另一个灵魂”这一亘古不变的教育真谛。中宣部副部长鲁炜同志2017年上半年来武汉大学调研时，也高度评价了这本书，认为其体现了武汉大学厚重的师德师风传承和优良的办学传统。这些都给我们莫大的鞭策和鼓励。在2016年编辑《我的武大老师》(第一辑) 时，因为时间过于仓促，确有未尽之处，深有遗珠之憾。在校党委副书记沈壮海教授的支持下，我们决意编辑《我的武大老师》(第二辑)。

《我的武大老师》(第二辑) 中，我们依然以“学生心中的老师”为编撰初衷，遵循“一师一篇”“发乎真情”的原则来遴选或邀约文章，以学科、年岁为序进行编排。我们特意收录了回忆杨弘远、周嫦，李德仁、朱宜萱，杜予民、张俐娜等学术伉俪的文章。特意收录了一些子女眼中的名师父母，例如张文达回忆父亲张颐、缪铁夷回忆父亲缪朗山、燕今伟回忆父亲燕树棠、李维武回忆父亲李健章、熊氏兄妹回忆母亲朱君允、石定杕回忆父亲石声汉，等等，这种亦亲亦师的独特观照视角是新的开拓和尝试。今年，樊凡老师因病在美国去世，去世前夕他还从美国给新闻与传播学院写了一封长信，心系学院学科发展；朱英国院士也离我们而去，“生命不息、奋斗不止”是他一辈子的信仰。樊凡老师和朱英国院士的崇高风范让我辈感怀不已，故再次收录追忆他们的文章各一篇，以示最真切的缅怀和追思。

《我的武大老师》（第一辑、第二辑）是《珞珈百年名师文化工程》的阶段性成果之一。在学校领导的关注和推动下，我们还完成了部分珞珈名师纪录片的拍摄，进一步充实了珞珈名师库，之后还将继续推进这项工作，以更好地凝练大学精神、弘扬大学文化。

感谢武汉大学党委宣传部刘春江、李霄鹍、田贵华、杨欣欣等诸位同仁提出宝贵意见。感谢武汉大学出版社王雅红、王智梅、胡国民等作出的大量艰苦细致的工作，让这本书得以及时面世。

在 2017 年第 33 个教师节来临之际，我们推出了《我的武大老师》（第二辑），以记录更多的武大学人传奇，讲述更多的武大学人故事，展现珞珈薪火相传的盛况。我们希望《我的武大老师》还会出第三辑、第四辑乃至更多，让武大名师精神代代相传，引领更多武大学人从中吸取丰富的滋养并将其转化为“双一流”建设的强大动力！

图书在版编目(CIP)数据

我的武大老师. 第二辑/张发林主编. — 武汉：武汉大学出版社，2017.9

ISBN 978-7-307-19706-0

Ⅰ. 我…　Ⅱ. 张…　Ⅲ. 武汉大学—教师—生平事迹　Ⅳ. K825.46

中国版本图书馆 CIP 数据核字(2017)第 223704 号

责任编辑:王智梅　胡国民　　责任校对:汪欣怡　　版式设计:马　佳

出版发行：**武汉大学出版社**　(430072　武昌　珞珈山)

(电子邮件：cbs22@whu.edu.cn　网址：www.wdp.com.cn)

印刷:武汉精一佳印刷有限公司

开本：720×1000　1/16　印张:22.25　字数:316 千字　插页:6

版次:2017 年 9 月第 1 版　2017 年 9 月第 1 次印刷

ISBN 978-7-307-19706-0　定价:72.00 元